Gesammelte Werke

Band 2

FRIEDRICH RÜCKERT

Gesammelte Werke 2, F. Rückert
Jazzybee Verlag Jürgen Beck
86450 Altenmünster, Loschberg 9
Deutschland

ISBN: 9783849690526

www.jazzybee-verlag.de
www.facebook.com/jazzybeeverlag
admin@jazzybee-verlag.de

Druck: Createspace, North Charleston, SC, USA

INHALT:

ERZÄHLUNGEN

Fünf Märlein zum Einschläfern für mein Schwesterlein

Zum Christtag 1813.

Einst hab' ich Märchen zum Einschläfern dir gesungen,
Nun haben dich in Schlaf gesungen Engelzungen.
Um zu erwachen dort, bist du hier eingeschlafen;
Fahr wohl! im Sturme sind wir noch, du bist im Hafen.
Johannis 1835.

Vom Büblein, das überall mitgenommen hat sein wollen
Denk' an! das Büblein ist einmal
Spazieren gangen im Wiesenthal;
Da wurd's müd' gar sehr
Und sagt': »Ich kann nicht mehr;
Wenn nur was käme
Und mich mitnähme!«
Da ist das Bächlein geflossen kommen
Und hat's Büblein mitgenommen;
Das Büblein hat sich aufs Bächlein gesetzt
Und hat gesagt: »So gefällt mir's jetzt.«

Aber was meinst du? das Bächlein war kalt,
Das hat das Büblein gespürt gar bald;
Es hat's gefroren gar sehr,
Es sagt': »Ich kann nicht mehr;
Wenn nur was käme
Und mich mitnähme!«
Da ist das Schifflein geschwommen kommen
Und hat's Büblein mitgenommen;
Das Büblein hat sich aufs Schifflein gesetzt
Und hat gesagt: »Da gefällt mir's jetzt.«

Aber siehst du? das Schifflein war schmal,
Das Büblein denkt: »Da fall' ich einmal«;
Da fürcht' es sich gar sehr
Und sagt': »Ich mag nicht mehr;
Wenn nur was käme
Und mich mitnähme!«
Da ist die Schnecke gekrochen gekommen
Und hat's Büblein mitgenommen;
Das Büblein hat sich ins Schneckenhäuslein gesetzt
Und hat gesagt: »Da gefällt mir's jetzt.«

Aber denk'! die Schnecke war kein Gaul,
Sie war im Kriechen gar zu faul;
Dem Büblein ging's langsam zu sehr;
Es sagt': »Ich mag nicht mehr;
Wenn nur was käme
Und mich mitnähme!«
Da ist der Reuter geritten gekommen,
Der hat's Büblein mitgenommen;
Das Büblein hat sich hinten aufs Pferd gesetzt
Und hat gesagt: »So gefällt mir's jetzt.«

Aber gib acht! das ging wie der Wind,
Es ging dem Büblein gar zu geschwind;
Es hopst drauf hin und her
Und schreit: »Ich kann nicht mehr;
Wenn nur was käme
Und mich mitnähme!«
Da ist ein Baum ihm ins Haar gekommen
Und hat das Büblein mitgenomnen;
Er hat's gehängt an einen Ast gar hoch,
Dort hängt das Büblein und zappelt noch.

Das Kind fragt:

Ist denn das Büblein gestorben?

Antwort:

Nein! es zappelt ja noch!
Morgen gehn wir 'naus und thun's 'runter.

* * *

Vom Bäumlein, das andere Blätter hat gewollt
Es ist ein Bäumlein gestanden im Wald
In gutem und schlechtem Wetter;
Das hat von unten bis oben
Nur Nadeln gehabt statt Blätter;
Die Nadeln, die haben gestochen,
Das Bäumlein, das hat gesprochen:

»Alle meine Kameraden
Haben schöne Blätter an,
Und ich habe nur Nadeln,
Niemand rührt mich an;
Dürft' ich wünschen, wie ich wollt',
Wünscht' ich mir Blätter von lauter Gold.«

Wie's Nacht ist, schläft das Bäumlein ein,
Und früh ist's aufgewacht;
Das hatt' es goldene Blätter fein,
Das war eine Pracht!
Das Bäumlein spricht: »Nun bin ich stolz;
Goldne Blätter hat kein Baum im Holz.«

Aber wie es Abend ward,
Ging der Jude durch den Wald,
Mit großem Sack und großem Bart,
Der sieht die goldnen Blätter bald;
Er steckt sie ein, geht eilends fort
Und läßt das leere Bäumlein dort.

Das Bäumlein spricht mit Grämen:
»Die goldnen Blättlein dauern mich;
Ich muß vor den andern mich schämen,
Sie tragen so schönes Laub an sich;
Dürft' ich mir wünschen noch etwas,
So wünscht' ich mir Blätter von hellem Glas.«

Da schlief das Bäumlein wieder ein,
Und früh ist's wieder aufgewacht;
Da hatt' es glasene Blätter fein,
Das war eine Pracht!
Das Bäumlein spricht: »Nun bin ich froh;
Kein Baum im Walde glitzert so.«

Da kam ein großer Wirbelwind
Mit einem argen Wetter,
Der fährt durch alle Bäume geschwind
Und kommt an die glasenen Blätter;
Da lagen die Blätter von Glase
Zerbrochen in dem Grase.

Das Bäumlein spricht mit Trauern:
»Mein Glas liegt in dem Staub,
Die andern Bäume dauern
Mit ihrem grünen Laub;
Wenn ich mir noch was wünschen soll,
Wünsch' ich mir grüne Blätter wohl.«

Da schlief das Bäumlein wieder ein,
Und wieder früh ist's aufgewacht;
Da hatt' es grüne Blätter fein,
Das Bäumlein lacht

Und spricht: »Nun hab' ich doch Blätter auch,
Daß ich mich nicht zu schämen brauch'.«

Da kommt mit vollem Euter
Die alte Geiß gesprungen;
Sie sucht sich Gras und Kräuter
Für ihre Jungen;
Sie sieht das Laub und fragt nicht viel,
Sie frißt es ab mit Stumpf und Stiel.

Da war das Bäumlein wieder leer,
Es sprach nun zu sich selber:
»Ich begehre nun keine Blätter mehr,
Weder grüner, noch roter, noch gelber!
Hätt' ich nur meine Nadeln,
Ich wollte sie nicht tadeln.«

Und traurig schlief das Bäumlein ein,
Und traurig ist es aufgewacht;
Da besieht es sich im Sonnenschein
Und lacht und lacht!
Alle Bäume lachen's aus;
Das Bäumlein macht sich aber nichts draus.

Warum hat's Bäumlein denn gelacht,
Und warum denn seine Kameraden?
Es hat bekommen in einer Nacht
Wieder alle seine Nadeln,
Daß jedermann es sehen kann;
Geh 'naus, sieh's selbst, doch rühr's nicht an.
Warum denn nicht?
Weil's sticht.

* * *

Vom Bäumlein, das spazieren ging
Das Bäumlein stand im Wald
In gutem Aufenthalt;
Da standen Busch und Strauch
Und andre Bäumlein auch;
Die standen dicht und enge,
Es war ein recht's Gedränge;
Das Bäumlein mußt' sich bücken
Und sich zusammen drücken;
Da hat das Bäumlein gedacht
Und mit sich ausgemacht:
»Hier mag ich nicht mehr stehn,

Ich will wo anders gehn
Und mir ein Örtlein suchen,
Wo weder Birk' noch Buchen,
Wo weder Tann' noch Eichen
Und gar nichts desgleichen;
Da will ich allein mich pflanzen
Und tanzen.«

Das Bäumlein das geht nun fort
Und kommt an einen Ort,
In ein Wiesenland,
Wo nie ein Bäumlein stand,
Da hat sich's hingepflanzt
Und hat getanzt.

Dem Bäumlein hat's vor allen
An dem Örtlein gefallen;
Ein gar schöner Bronnen
Kam zum Bäumlein geronnen;
War's dem Bäumlein zu heiß,
Kühlt's Brünnlein seinen Schweiß.
Schönes Sonnenlicht
War ihm auch zugericht';
War's dem Bäumlein zu kalt,
Wärmt' die Sonn' es bald.
Auch ein guter Wind
War ihm hold gesinnt,
Der half mit seinem Blasen
Ihm tanzen auf dem Rasen.

Das Bäumlein tanzt' und sprang
Den ganzen Sommer lang;
Bis es vor lauter Tanz
Hat verloren den Kranz.
Der Kranz mit den Blättlein allen
Ist ihm vom Kopf gefallen;
Die Blättlein lagen umher,
Das Bäumlein hat keines mehr;
Die einen lagen im Bronnen,
Die andern in der Sonnen,
Die andern Blättlein geschwind
Flogen umher im Wind.

Wie's Herbst nun war und kalt,
Da fror's das Bäumlein bald;
Es rief zum Brunnen nieder:
»Gib meine Blättlein mir wieder,

Damit ich doch ein Kleid
Habe zur Winterszeit.«
Das Brünnlein sprach: »Ich kann eben
Die Blättlein dir nicht geben;
Ich habe sie alle getrunken,
Sie sind in mich versunken.«

Da kehrte von dem Bronnen
Das Bäumlein sich zur Sonnen:
»Gib mir die Blättlein wieder,
Es friert mich an die Glieder.«
Die Sonne sprach: »Nun eben
Kann ich sie dir nicht geben;
Die Blättlein sind längst verbrannt
In meiner heißen Hand.«

Da sprach das Bäumlein geschwind
Zum Wind:
»Gib mir die Blättlein wieder,
Sonst fall' ich tot darnieder.«
Der Wind sprach: »Ich eben
Kann dir die Blättlein nicht geben;
Ich hab' sie über die Hügel
Geweht mit meinem Flügel.«
Da sprach das Bäumlein ganz still:
»Nun weiß ich, was ich will;
Da haußen ist mir's zu kalt,
Ich geh' in meinen Wald,
Da will ich unter die Hecken
Und Bäume mich verstecken.«

Da macht sich's Bäumlein auf
Und kommt im vollen Lauf
Zum Wald zurück gelaufen,
Und will sich stell'n in den Haufen.
's fragt gleich beim ersten Baum:
»Hast du keinen Raum?«
Der sagt: »Ich habe keinen!«
Da fragt das Bäumlein noch einen,
Der hat wieder keinen;
Da fragt das Bäumlein noch einen:
Es fragt von Baum zu Baum,
Aber kein einz'ger hat Raum.
Sie standen schon im Sommer
Eng in ihrer Kammer;
Jetzt im kalten Winter
Stehn sie noch enger dahinter.

Dem Bäumchen kann nichts frommen,
Es kann nicht unterkommen.

Da geht es traurig weiter
Und friert, denn es hat keine Kleider;
Da kommt mittlerweile
Ein Mann mit einem Beile,
Der reibt die Hände sehr,
Thut auch, als ob's ihn frör'.
Da denkt das Bäumlein wacker:
»Das ist ein Holzhacker;
Der kann den besten Trost
Mir geben für meinen Frost.«

Das Bäumlein spricht schnell
Zum Holzhacker: »Gesell,
Dich friert's so sehr wie mich
Und mich so sehr wie dich.
Vielleicht kannst du mir
Helfen und ich dir.
Komm, hau' mich um
Und trag' mich in deine Stub'n,
Schür' ein Feuer an,
Und leg' mich dran;
So wärmst du mich
Und ich dich.«

Das deucht dem Holzhacker nicht schlecht,
Er nimmt sein Beil zurecht;
Haut's Bäumlein in die Wurzel,
Umfällt's mit Gepurzel;
Nun hackt er's klein und kraus
Und trägt das Holz nach Haus
Und legt von Zeit zu Zeit
In den Ofen ein Scheit.

Das größte Scheit von allen
Ist uns fürs Haus gefallen;
Das soll die Magd uns holen,
So legen wir's auf die Kohlen;
Das soll die ganze Wochen
Uns unsre Suppen kochen.
Oder willst du lieber Brei?
Das ist mir einerlei.

* * *

Der Spielmann

Der Spielmann stimmt seine Geigen
Und spricht zu ihr:
»Du sollst dein Kunststück zeigen,
Komm, geh mit mir!«
Der Spielmann geht mit ihr vor ein Schloß;
's ist Nacht, der Spielmann fiedelt drauf los.
Der Spielmann sagt: »'s ist nicht genug,
Ich muß fiedeln noch einen Zug.«

Vor dem Schloß ist ein Garten,
Mit Bäum' und Pflanzen;
Die können die Zeit nicht erwarten,
Zu tanzen.
Der Spielmann fiedelt vor dem Schloß,
Die Bäume tanzen alle drauf los.
Der Spielmann spricht: »'s ist nicht genug,
Ich muß fiedeln noch einen Zug.«

Im Garten ist ein Weiher,
Darin sind Fisch';
Die hören auch das Geleier
Und tanzen frisch.
Der Spielmann fiedelt vor dem Schloß,
Die Bäum' und die Fische tanzen drauf los.
Der Spielmann spricht: »'s ist noch nicht genug,
Ich muß fiedeln noch einen Zug.«

Im Schlosse drin sind Mäuse,
Der Spielmann spielt auf,
Die Mäuse hören leise,
Sie wachen auf.
Der Spielmann fiedelt vor dem Schloß;
Bäume, Fisch' und Mäuse tanzen drauf los.
Der Spielmann spricht: »'s ist noch nicht genug,
Ich muß fiedeln noch einen Zug.«

Im Schloß sind Tisch' und Bänke,
Die werden wach,
Sie kommen aus dem Gelenke
Und tanzen nach.
Der Spielmann fiedelt vor dem Schloß;
Bäume, Fische, Mäuse, Bänke tanzen drauf los.
Der Spielmann spricht: »'s ist noch nicht genug,
Ich muß fiedeln noch einen Zug.«

Sind denn keine Menschen vorhanden?
Der Spielmann spricht:
»Ich spiele mich schier zu schanden,
Sie hören nicht.
Bäume, Fische, Mäuse, Bänke tanzen drauf los;
Wollen die Menschen nicht aus dem Schloß?«
Der Spielmann spricht: »'s ist noch nicht genug,
Ich muß fiedeln noch einen Zug.«

Da wird das Schloß auf einmal ganz
Lebendig,
Es stellt sich auf die Spitz' und tanzt
Unbändig.
Der Spielmann spielt, es tanzt das Schloß,
Die Menschen schlafen noch immer drauf los.
Der Spielmann spricht: »'s ist noch nicht genug,
Ich muß fiedeln noch einen Zug.«

Da tanzt das Schloß bis in Stücken es geht
Mit Krachen;
Nun hören es endlich die Menschen im Bett
Und erwachen;
Sie hören den Spielmann spielen vorm Schloß
Und tanzen nun auch mit dem andern Troß.
Der Spielmann spricht: »Nun ist es genug;
Doch will ich fiedeln noch einen Zug.«

Warum denn noch einen?
Wegen des Männleins in der Gans.
Muß das auch an den Tanz?
Wird gleich erscheinen.

* * *

Das Männlein in der Gans
Das Männlein ging spazieren einmal
Auf dem Dach, ei seht doch!
Das Männlein ist hurtig, das Dach ist schmal,
Gib acht, es fällt noch.
Eh' sich's versieht, fällt's vom Dach herunter
Und bricht den Hals nicht, das ist ein Wunder.

Unter dem Dach steht ein Wasserzuber,
Hineinfällt's nicht schlecht;
Da wird es naß über und über,
Ei, das geschieht ihm recht.

Da kommt die Gans gelaufen,
Die wird's Männlein saufen.

Die Gans hat's Männlein 'nuntergeschluckt,
Sie hat einen guten Magen;
Aber das Männlein hat sie doch gedruckt,
Das wollt' ich sagen.
Da schreit die Gans ganz jämmerlich;
Das ist der Köchin ärgerlich.

Die Köchin wetzt das Messer,
Sonst schneidt's ja nicht:
Die Gans schreit so, es ist nicht besser,
Als daß man sie sticht;
Wir wollen sie nehmen und schlachten
Zum Braten auf Weihnachten.

Sie rupft die Gans und nimmt sie aus
Und brät sie,
Aber das Männlein darf nicht 'raus,
Versteht sich.
Die Gans wird eben gebraten;
Was kann's dem Männlein schaden?

Weihnachten kommt die Gans auf den Tisch
Im Pfännlein;
Der Vater thut sie 'raus und zerschneid't sie frisch.
Und das Männlein?
Wie die Gans ist zerschnitten,
Kriecht's Männlein aus der Mitten.

Da springt der Vater vom Tisch auf,
Da wird der Stuhl leer;
Da setzt das Männlein sich drauf
Und macht sich über die Gans her.
Es sagt: »Du hast mich gefressen,
Jetzt will ich dafür dich essen.«

Da ißt das Männlein gewaltig drauf los,
Als wären's seiner sieben;
Da essen wir alle dem Männlein zum Trotz,
Da ist nichts übergeblieben
Von der ganzen Gans, als ein Tätzlein,
Das kriegen dort hinten die Kätzlein.

Nichts kriegt die Maus,
Das Märlein ist aus.
Was ist denn das?
Ein Weihnachts-Spaß;
Aufs Neujahr lernst
Du, was?
Den Ernst.

PARABELN

1.
Es ging ein Mann im Syrerland,
Führt' ein Kamel am Halfterband.
Das Tier mit grimmigen Gebärden
Urplötzlich anfing scheu zu werden
Und that so ganz entsetzlich schnaufen,
Der Führer vor ihm mußt' entlaufen.
Er lief und einen Brunnen sah
Von ungefähr am Wege da.
Das Tier hört' er im Rücken schnauben,
Das mußt' ihm die Besinnung rauben.
Er in den Schacht des Brunnens kroch,
Er stürzte nicht, er schwebte noch.
Gewachsen war ein Brombeerstrauch
Aus des geborstnen Brunnens Bauch;
Daran der Mann sich fest that klammern
Und seinen Zustand drauf bejammern.
Er blickte in die Höh' und sah
Dort das Kamelhaupt furchtbar nah',
Das ihn wollt' oben fassen wieder.
Dann blickt' er in den Brunnen nieder;
Da sah am Grund er einen Drachen
Aufgähnen mit entsperrtem Rachen,
Der drunten ihn verschlingen wollte,
Wenn er hinunter fallen sollte.
So schwebend in der beiden Mitte,
Da sah der Arme noch das Dritte.
Wo in die Mauerspalte ging
Des Sträuchleins Wurzel, dran er hing,
Da sah er still ein Mäusepaar,
Schwarz eine, weiß die andre war.
Er sah die schwarze mit der weißen
Abwechselnd an der Wurzel beißen.
Sie nagten, zausten, gruben, wühlten,
Die Erd' ab von der Wurzel spülten;
Und wie sie rieselnd niederrann,
Der Drach' im Grund aufblickte dann,
Zu sehn, wie bald mit seiner Bürde
Der Strauch entwurzelt fallen würde.
Der Mann in Angst und Furcht und Not,
Umstellt, umlagert und umdroht,
Im Stand des jammerhaften Schwebens,
Sah sich nach Rettung um vergebens.
Und da er also um sich blickte,

Sah er ein Zweiglein, welches nickte
Vom Brombeerstrauch mit reifen Beeren;
Da konnt' er doch der Lust nicht wehren.
Er sah nicht des Kameles Wut
Und nicht den Drachen in der Flut
Und nicht der Mäuse Tückespiel,
Als ihm die Beer' ins Auge fiel.
Er ließ das Tier von oben rauschen
Und unter sich den Drachen lauschen
Und neben sich die Mäuse nagen,
Griff nach den Beerlein mit Behagen,
Sie deuchten ihm zu essen gut,
Aß Beer' auf Beerlein wohlgemut,
Und durch die Süßigkeit im Essen
War alle seine Furcht vergessen.

Du fragst: »Wer ist der thöricht' Mann,
Der so die Furcht vergessen kann?«
So wiss', o Freund, der Mann bist du;
Vernimm die Deutung auch dazu.
Es ist der Drach' im Brunnengrund
Des Todes aufgesperrter Schlund;
Und das Kamel, das oben droht,
Es ist des Lebens Angst und Not.
Du bist's, der zwischen Tod und Leben
Am grünen Strauch der Welt mußt schweben.
Die beiden, so die Wurzel nagen,
Dich samt den Zweigen, die dich tragen,
Zu liefern in des Todes Macht,
Die Mäuse heißen Tag und Nacht.
Es nagt die schwarze wohl verborgen
Vom Abend heimlich bis zum Morgen,
Es nagt vom Morgen bis zum Abend
Die weiße, wurzeluntergrabend.
Und zwischen diesem Graus und Wust
Lockt dich die Beere Sinnenlust,
Daß du Kamel, die Lebensnot,
Daß du im Grund den Drachen Tod,
Daß du die Mäuse Tag und Nacht
Vergissest und auf nichts hast acht,
Als daß du recht viel Beerlein haschest,
Aus Grabes Brunnenritzen naschest.

2.
Der Sultan läßt den Mewlana
Zum Thronsaal führen, ihn zu fragen:
»Du rühmst dich sondrer Weisheit ja,

So sollst du mir nun Antwort sagen.

In vier verschiedne Sekten teilt
Sich alles Volk der Muselmanen;
So sage nun mir unverweilt,
Wer geht davon auf rechten Bahnen?

Auf welchem der vier Pfade mag
Der Staub zum Thron des Herrn gelangen?
Ich zweifelte bis diesen Tag,
Nun laß Gewißheit mich empfangen.

Der Sultan sprach's und harrte stumm;
Der Mewlana, erst sah er schweigend
Im Thronsaal sich des Sultans um,
Dann sprach er, sich vor ihm verneigend:

Du, dessen Thron das Ebenbild
Des Throns der Himmel ist auf Erden,
Mich schirme deiner Gnade Schild;
So soll dir meine Antwort werden:

Du thronest hier in einem Saal,
Zu dem geöffnet sind vier Thüren;
Und deinen Thron sieht allzumal,
Wen du durch eine lässest führen.

Daß ich des Weges nicht geirrt,
Des mußte mir dein Bote frommen;
Und nun weiß ich, vom Glanz verwirrt,
Nicht, welches Wegs ich bin gekommen.«

3.
Im Feld der König Salomon
Schlägt unterm Himmel auf den Thron;
Da sieht er einen Sämann schreiten,
Der Körner wirft nach allen Seiten.

»Was machst du da?« der König spricht;
»Der Boden hier trägt Ernte nicht.
Laß ab vom thörichten Beginnen;
Du wirst die Aussaat nicht gewinnen.«

Der Sämann, seinen Arm gesenkt,
Unschlüssig steht er still und denkt;
Dann fährt er fort, ihn rüstig hebend,
Dem weisen König Antwort gebend:

»Ich habe nichts als dieses Feld,
Geackert hab' ich's und bestellt;
Was soll ich weitre Rechnung pflegen?
Das Korn von mir, von Gott der Segen!«

4.
Es ritt ein Herr, das war sein Recht,
Zu Fuße ließ er gehn den Knecht;
Er reitet über Stock und Stein,
Daß kaum der Knecht kann hinterdrein.
Der Treue schleppt sich hinterher
Dem leichten Ritt und fürchtet sehr,
Zu Falle komm' er schwer.

»Herr! Herr!« erschallt des Knechtes Ruf,
»Ein Nagel ging Euch los vom Huf;
Und schlagt Ihr nicht den Nagel ein,
So wird der Huf verloren sein.« –
»Ei! Nagel hin und Nagel her!
Der Huf hat ja der Nägel mehr
Und hält noch ohngefähr.«

Und wieder schallt des Knechtes Ruf:
»Herr! losgegangen ist ein Huf;
Und schlagt Ihr nicht das Eisen an,
So ist es um das Roß gethan.« –
»Hufeisen hin, Hufeisen her!
Das Rößlein hat Hufeisen mehr
Und geht noch wie vorher.«

Und eh' der dritte Ruf erschallt,
Da ist er an den Stein geprallt;
Das Rößlein liegt und steht nicht auf,
Geendet ist des Herren Lauf.
Er spricht nicht mehr: »Roß hin, Roß her!«
Er rafft sich auf und schreitet schwer
Mit seinem Knecht einher.

* * *

Chidher
Chidher, der ewig junge, sprach:
»Ich fuhr an einer Stadt vorbei,
Ein Mann im Garten Früchte brach;
Ich fragte, seit wann die Stadt hier sei?«
Er sprach und pflückte die Früchte fort:

»Die Stadt steht ewig an diesem Ort
Und wird so stehen ewig fort.«
Und aber nach fünfhundert Jahren
Kam ich desselbigen Wegs gefahren.

Da fand ich keine Spur der Stadt;
Ein einsamer Schäfer blies die Schalmei,
Die Herde weidete Laub und Blatt;
Ich fragte: »Wie lang' ist die Stadt vorbei?«
Er sprach und blies auf dem Rohre fort:
»Das eine wächst, wenn das andre dorrt;
Das ist mein ewiger Weideort.«
Und aber nach fünfhundert Jahren
Kam ich desselbigen Wegs gefahren.

Da fand ich ein Meer, das Wellen schlug,
Ein Schiffer warf die Netze frei;
Und als er ruhte vom schweren Zug,
Fragt' ich, seit wann das Meer hier sei?
Er sprach und lachte meinem Wort:
»So lang' als schäumen die Wellen dort,
Fischt man und fischt man in diesem Port.«
Und aber nach fünfhundert Jahren
Kam ich desselbigen Wegs gefahren.

Da fand ich einen waldigen Raum
Und einen Mann in der Siedelei,
Er fällte mit der Axt den Baum;
Ich fragte, wie alt der Wald hier sei?
Er sprach: »Der Wald ist ein ewiger Hort;
Schon ewig wohn' ich an diesem Ort,
Und ewig wachsen die Bäum' hier fort.«
Und aber nach fünfhundert Jahren
Kam ich desselbigen Wegs gefahren.

Da fand ich eine Stadt, und laut
Erschallte der Markt vom Volksgeschrei.
Ich fragte: »Seit wann ist die Stadt erbaut?
Wohin ist Wald und Meer und Schalmei?«
Sie schrien und hörten nicht mein Wort:
»So ging es ewig an diesem Ort
Und wird so gehen ewig fort.«
Und aber nach fünfhundert Jahren
Will ich desselbigen Weges fahren.

* * *

Der betrogene Teufel
Die Araber hatten ihr Feld bestellt,
Da kam der Teufel herbei in Eil';
Er sprach: »Mir gehört die halbe Welt,
Ich will auch von euerer Ernte mein Teil.«

Die Araber aber sind Füchse von Haus,
Sie sprachen: »Die untere Hälfte sei dein.«
Der Teufel will allzeit oben hinaus;
»Nein«, sprach er, »es soll die obere sein.«

Da bauten sie Rüben in Einem Strich;
Und als es nun an die Teilung ging,
Die Araber nahmen die Wurzeln für sich,
Der Teufel die gelben Blätter empfing.

Und als es wiederum ging ins Jahr,
Da sprach der Teufel im hellen Zorn:
»Nun will ich die untere Hälfte fürwahr.«
Da bauten die Araber Weiz' und Korn.

Und als es wieder zur Teilung kam,
Die Araber nahmen den Ährenschnitt.
Der Teufel die leeren Stoppeln nahm
Und heizte der Hölle Ofen damit.

Kleiner Haushalt
Einen Haushalt klein und fein
Hab' ich angestellt;
Der soll mein Freund sein,
Dem er wohlgefällt.

Der Specht, der Holz mit dem Schnabel haut,
Hat das Haus mir aufgebaut;
Daß das Haus beworfen sei,
Trug die Schwalbe Mörtel bei,
Und als Dach hat sich zuletzt
Obendrauf ein Schwamm gesetzt.

Drinnen die Kammern
Und die Gemächer,
Schränke und Fächer
Flimmern und flammern;
Alles hat mir unbezahlt
Schmetterling mit Duft bemalt.

O wie rüstig in dem Haus
Geht die Wirtschaft ein und aus.

Wasserjüngferchen, das flinke,
Holt mir Wasser, das ich trinke;
Biene muß mir Essen holen,
Frage nicht, wo sie's gestohlen.

Schüsseln sind die Eichelnäpfchen,
Und die Krüge Tannenzäpfchen,
Messer, Gabel,
Rosendorn und Vogelschnabel.

Storch im Haus ist Kinderwärter,
Maulwurf Gärtner,
Und Beschließerin im Häuslein
Ist das Mäuslein.

Aber die Grille
Singt in der Stille,
Sie ist das Heimchen, ist immer daheim
Und weiß nichts als den einen Reim.

Doch im ganzen Haus das Beste
Schläft noch feste.

In dem Winkel, in dem Bettchen,
Zwischen zweien Rosenblättchen,
Schläft das Schätzchen Tausendschönchen,
Ihr zu Fuß ein Kaiserkrönchen.
Hüter ist Vergißmeinnicht,
Der vom Bette wanket nicht;
Glühwurm mit dem Kerzenschimmer
Hellt das Zimmer.

Die Wachtel wacht
Die ganze Nacht,
Und wenn der Tag beginnt,
Ruft sie: »Kind! Kind!
Wach' auf geschwind.«

Wenn die Liebe wachet auf,
Geht das Leben raschen Lauf.

In seidnen Gewändern,
Gewebt aus Sommerfaden,

In flatternden Bändern,
Von Sorgen unbeladen,
Lustig aus dem engen Haus
Die Flur hinaus.

Schönen Wagen
Hab' ich bestellt,
Uns zu tragen
Durch die Welt.

Vier Heupferdchen sollen ihn
Als vier Apfelschimmel ziehn;
Sie sind wohl ein gut Gespann,
Das mit Rossen sich messen kann;
Sie haben Flügel,
Sie leiden nicht Zügel,
Sie kennen alle Blumen der Au'
Und alle Tränken von Tau genau.

Es geht nicht im Schritt;
Kind, kannst du mit?
Es geht im Trott!
Nur zu mit Gott!

Laß du sie uns tragen
Nach ihrem Behagen;
Und wenn sie uns werfen vom Wagen herab,
So finden wir unter Blumen ein Grab.

* * *

Die Zwei und der Dritte
Phantasie, das ungeheure Riesenweib,
Saß zu Berg,
Hatte stehen neben sich zum Zeitvertreib
Witz, den Zwerg.
Der Verstand
Seitwärts stand,
Ein proportionierter Mann,
Sah das tolle Spiel mit an.

Phantasie sich halben Leibs zum Himmel hob,
Einen Stern
Faßte sie und schwang ihn, daß es Funken stob
Nah' und fern.
Fiel der Witz
Wie ein Blitz

Drüber her, und faßt den Schein
In die kleinen Taschen ein.

Phantasie zur Wolke, die vorüberflog,
Streckt die Hand,
Sich die Wolke purpurn um die Schultern zog
Als Gewand.
Witz versteckt
Drunter steckt;
Wie sich nur ein Fältchen ruckt,
Witz heraus mit Lachen guckt.

Phantasie mit Donnersturm thut auf den Mund,
Witz verstummt;
Schweigt die Riesin, thut sogleich der Zwerg sich kund,
Pfeift und summt.
Der Verstand
Hält nicht stand,
Geht und spricht: »Das mag ich nicht,
Denn das sieht wie ein Gedicht.«

* * *

Die Polizei
Tritt der Verstand zur Polizei
Und bittet um einen Schergen:
Warum macht ihr das Land nicht frei
Von Riesen und von Zwergen?
Hier in der Stadt
Man Ruh' zwar hat,
Allein es ist doch einerlei,
Sie sitzen draußen auf den Bergen.

Geht der Verstand und geht der Scherg,
Mit ihnen geht noch einer,
Der die zwei draußen auf dem Berg
Abhobeln soll, ein Schreiner.
Wenn sein wollt ihr
Geduldet hier,
So mußt du größer werden, Zwerg,
Und, Riesin, du viel kleiner.

Wird aufgespannt die Hobelbank,
Darauf gespannt die beiden;
Der Zwerg lacht sich vor Lust halb krank,
Die Riesin will's nicht leiden;
Allein sie muß.

Mit Hand und Fuß
Schnürt sie der Scherg an ohne Wank,
Und nun beginnt das Schneiden.

Da wird der Zwerg so ausgereckt,
Daß er wird dünn wie Spinnen;
Da wird die Riesin so gezeckt,
Daß ihr vergehn die Sinnen.
Der Schreiner schnitzt,
Bis alles schlitzt;
Wie nun die beiden sind verreckt,
Wird der Verstand es innen.

»Es war für sie zu schwer die Prob',
Und sie sind dran verschieden;
Nun werden sie mich doch, Gottlob,
Nicht ärgern mehr hienieden.
Nehmt sie hier ab,
Schnell in ein Grab!
Ihr zwei Gesellen kraus und grob,
Ich wünsch' euch ewigen Frieden.«

* * *

Bestrafte Ungenügsamkeit
Es war das Kloster Grabow im Lande Usedom,
Das nährte Gott vorzeiten aus seiner Gnade Strom.
Sie hätten sich sollen begnügen!

Es schwammen an der Küste, daß es die Nahrung sei
Den Mönchen in dem Kloster, jährlich zwei Fisch' herbei.
Sie hätten sich sollen begnügen!

Zwei Störe, groß gewaltig; dabei war das Gesetz,
Daß jährlich sie den einen fingen davon im Netz.
Sie hätten sich sollen begnügen!

Der andre schwamm von dannen, bis auf das andre Jahr,
Da bracht' er einen neuen Gesellen mit sich dar.
Sie hätten sich sollen begnügen!

Da fingen wieder einen sie sich für ihren Tisch;
Sie fingen regelmäßig jahraus jahrein den Fisch.
Sie hätten sich sollen begnügen!

Einst kamen zwei so große in einem Jahr herbei;
Schwer ward die Wahl den Mönchen, welcher zu fangen sei?
Sie hätten sich sollen begnügen!

Sie fingen alle beide; den Lohn man da erwarb,
Daß sich das ganze Kloster den Magen dran verdarb.
Sie hätten sich sollen begnügen!

Der Schaden war der kleinste, der größte kam nachher:
Es kam nun gar zum Kloster kein Fisch geschwommen mehr.
Sie hätten sich sollen begnügen!

Sie hat so lange gnädig gespeiset Gottes Huld;
Daß sie nun des sind ledig, ist ihre eigne Schuld.
Sie hätten sich sollen begnügen!

* * *

Die Riesen und die Zwerge
Es ging die Riesentochter, zu haben einen Spaß,
Herab vom hohen Schlosse, wo Vater Riese saß.
Da fand sie in dem Thale die Ochsen und den Pflug,
Dahinter auch den Bauern, der schien ihr klein genug.
Die Riesen und die Zwerge!

Pflug, Ochsen und den Bauern, es war ihr nicht zu groß,
Sie faßt's in ihre Schürze und trug's aufs Riesenschloß.
Da fragte Vater Riese: »Was hast du, Kind, gemacht?«
Sie sprach: »Ein schönes Spielzeug hab' ich mir hergebracht.«
Die Riesen und die Zwerge!

Der Vater sah's und sagte: »Das ist nicht gut, mein Kind!
Thu' es zusammen wieder an seinen Ort geschwind.
Wenn nicht das Volk der Zwerge schafft mit dem Pflug im Thal,
So darben auf dem Berge die Riesen bei dem Mahl.«
Die Riesen und die Zwerge!

Lohn der Freigebigkeit
Unterm Baume stand der Knabe,
Reichte nicht bis an den Ast,
Bettelte um eine Gabe
Von der Zweige reichen Last.

Und der Baum begann zu regen
Seinen Wipfel leis' im Wind,
Schüttelt einen Apfelregen
Nieder dem erstaunten Kind.

Was es essen konnte, aß es,
Alles essen konnt' es nicht.
Aber schon so viel besaß es,
Daß ihm noch viel mehr gebricht.

Einen Apfel wirft zum Spiele
Es dem Geber ins Gesicht,
Freut sich, daß er dort vom Stiele
Einen reifen Bruder bricht.

Und so viel' als niederfallen,
Schleudert er hinauf und treibt
Es so lange, bis von allen
Früchten keine droben bleibt.

Was der kahle Baum nun denket?
Zürnend wieget er das Haupt:
»Weil ich dir zu viel geschenket,
Hast du alles mir geraubt.«

WANDERUNG

ERSTER BEZIRK - ITALIENISCHE GEDICHTE

Aus dem römischen Tagebuch, von Allerheiligen bis Weihnachten 1817.

Herr! laß mich nicht im fremden Lande sterben,
Wo keine Hand die Augen zu mir drücket
Und keine mir den Ort mit Blumen schmücket,
Wo man mich hinwirft bei zerbrochnen Scherben.

Einst wünscht' ich eine Stätte zu erwerben
An jenem Orte, der seitdem entrücket
Dem Geist ward wie den Augen, wo gepflücket
Vom Tod ich sah die schönste Blum' entfärben.

Das waren Wünsche, die ich that in Reimen,
Als ich, mit Blumenspielwerk überhäufend
Ein Menschengrab, Abgötterei getrieben.

Jetzt fühl' ich still den Ernst im Herzen keimen
In nächt'ger Stund' und flehe, Thränen träufend:
»Herr! laß mich sterben heim bei meinen Lieben!«

Aus der Jugendzeit
Aus der Jugendzeit, aus der Jugendzeit
Klingt ein Lied mir immerdar;
O wie liegt so weit, o wie liegt so weit,
Was mein einst war!

Was die Schwalbe sang, was die Schwalbe sang,
Die den Herbst und Frühling bringt;
Ob das Dorf entlang, ob das Dorf entlang
Das jetzt noch klingt?

»Als ich Abschied nahm, als ich Abschied nahm,
Waren Kisten und Kasten schwer;
Als ich wieder kam, als ich wieder kam,
War alles leer.«

O du Kindermund, o du Kindermund,
Unbewußter Weisheit froh,
Vogelsprachekund, vogelsprachekund
Wie Salomo!

O du Heimatflur, o du Heimatflur,
Laß zu deinem heil'gen Raum
Mich noch einmal nur, mich noch einmal nur
Entfliehn im Traum!

Als ich Abschied nahm, als ich Abschied nahm,
War die Welt mir voll so sehr;
Als ich wieder kam, als ich wieder kam,
War alles leer.

Wohl die Schwalbe kehrt, wohl die Schwalbe kehrt,
Und der leere Kasten schwoll,
Ist das Herz geleert, ist das Herz geleert,
Wird's nie mehr voll.

Keine Schwalbe bringt, keine Schwalbe bringt
Dir zurück, wonach du weinst;
Doch die Schwalbe singt, doch die Schwalbe singt
Im Dorf wie einst:

»Als ich Abschied nahm, als ich Abschied nahm,
Waren Kisten und Kasten schwer;
Als ich wieder kam, als ich wieder kam,
War alles leer.«

Oktaven

1.
Ich hätte Herzzerreißendes zu singen,
Wollt' ich enthüllen, was tief in mir lodert;
Ich müßte mich zu falschen Tönen zwingen,
Wollt' ich der Menge geben, was sie fodert.
Wie helle Blumen aus der Erde dringen
Und dunkler Tod still unter ihnen modert;
So soll mein Sinn sich sanft in Schmuck verhüllen
Und meine Trauer euch mit Lust erfüllen.

2.
Da ich des Lebens Lust und Leid erfuhr,
Mein Herz vermag zu zürnen und zu lieben,
Zu mir vernehmlich redet die Natur,
Mir jede Sprache lebt, die Menschen schrieben;
Und alles, das ich nicht zu denken nur,
Auch auszusprechen fühle mich getrieben:
Wie sollt' ich nicht, zum Trotz den Splitterrichtern,
Mich selber zählen zu den wahren Dichtern?

Sicilianen

1.
Ach, ein verzaubert Reich ist die Natur,
Stets hoffend, daß man sie des Banns entbinde.
Im Frühling ahnt sie der Erlösung Spur;
Sie hofft, daß ganz in Glanz und Duft sie schwinde.
Der süße Todesschauer kam und fuhr
Vorüber, wirkungslos im Frühlingswinde.
O Liebe, komm! in deinen Blicken nur
Ist Hoffnung, daß die Welt in Feuer schwinde.

2.
O Frühling, ew'ge Liebesmelodie,
Unausgetönt von allen Nachtigallen,
Unausgeblüht von allen Rosen, wie
Unausgefühlt von Menschenherzen allen!
So Frühling, wie du's nun bist, warst du nie,
Und nie so Frühling wirst du wieder wallen;
Denn nun zum Frühling macht dich blickend Sie,
Und sonst nur Blicke, die der Sonn' entfallen.

3.
Du bist von mir als wie der Lenz geschieden,
Wie war dein Abschiedlächeln zaubervoll!
Ein Thränchen Tau an deinen Augenliden,
Ein Seufzerchen, das auf der Lippe schwoll!
So schiedest du, der Wehmut stillen Frieden
In meinem Busen lassend, nicht den Groll.
So sieht Erinn'rung ewig dich hienieden,
Bis ich dich droben ewig sehen soll.

4.
Ich will aufs Grab dir duft'ge Blüten streuen,
O Blüte, die der Tod in Staub gestreut!
Das Blumenopfer will ich dir erneuen,
So oft der Lenz sein Blumenreich erneut.
Wie sollt' ich, Blumen, euch zu brechen scheuen,
Da sie zu brechen nicht der Tod gescheut?
Für sie zu sterben sollt ihr nun euch freuen,
Weil ohne Sie euch doch zu blühn nicht freut.

Ritornelle

1.
Laßt Lautenspiel und Becherklang nicht rasten,
Solang' es Zeit ist zu der Jugend Festen.
Ist Fasching aus, so folgen dann die Fasten.

2.
Der Freundin Bild ist in mein Herz geflossen;
Die Hand des Schöpfers ewig sei gepriesen,
Die mir zum Seh'n das Aug' hat aufgeschlossen.

3.
Mir träumt', ich starb, und deine Thränen flossen,
Da richtet' ich mich auf und lebte wieder,
Der welken Blume gleich, die Tau begossen.

* * *

1.
Blüte der Mandeln!
Du fliegst dem Lenz voraus und streust im Winde
Dich auf die Pfade, wo sein Fuß soll wandeln.

2.
Zierliches Glöckchen!
Vom Schnee, der von den Fluren weggegangen,
Bist du zurückgeblieben als ein Flöckchen.

3.
O Lorbeerzweige!
Ihr wachst auf einem himmelnahen Gipfel,
Zu dem ich nun schon zwanzig Jahre steige.

* * *

1.
Was ist zu machen?
Geh' ich von ihr, so wird mein Herz zerspringen;
Und bleib' ich bei ihr, wird sie aus mich lachen.

2.
Werde nicht irre
Am dunkeln Liebesrätsel! Sinn' und harre,
Bis sich's dir lieblich wie ihr Haar entwirre.

ZWEITER BEZIRK - GHASELEN

1. Mewlana Dschelaleddin Rumi

1819.

»Im Osten tagt's von unsres Feuereifers Lichte.«
J.v. Hammer,
in den Redekünsten Persiens.

Die Form des Ghasels
Die neue Form, die ich zuerst in deinen Garten pflanze,
O Deutschland, wird nicht übel stehn in deinem reichen Kranze.
Nach meinem Vorgang mag sich nun mit Glück versuchen mancher
So gut im persischen Ghasel wie sonst in welscher Stanze.

1.

Solang' die Sonne nicht den Nachtflor bricht,
Sind Tagesvögel ohne Zuversicht.
Der Blick der Sonne ruft die Tulpen auf;
Jetzt ist, o Herz, dir zu erwachen Pflicht.
Das Sonnenschwert gießt aus im Morgenrot
Das Blut der Nacht, von der es Sieg erficht.
Voll Schlafs das Auge, sprach ich: »Es ist Nacht.«
Er sprach: »Vor meinem Angesichte nicht.«
Solang' es graut, ist zweifelhaft der Tag;
Am hellen Tag, wer zweifelt noch am Licht?
Im Osten steht das Licht, ich steh' im West,
Ein Berg, an dessen Haupt der Schein sich bricht.
Ich bin der Schönheitssonne blasser Mond;
Schau weg von mir, der Sonn' ins Angesicht!
Dschelaleddin nennt sich das Licht im Ost,
Des Wiederschein euch zeiget mein Gedicht.

2.
Zum Himmel thu' ich jede Nacht den Liebesruf,
Der Schönheit Gottes voll, mit Macht den Liebesruf.
Mir jeden Morgen Sonn' und Mond im Herzen tanzt,
Zu Sonn' und Mond thu' ich erwacht den Liebesruf.
Auf jeder Au' erglänzt ein Strahl von Gottes Licht,
Ich thu' an Gottes Schöpferpracht den Liebesruf.
Die Turteltaub' im Laub, erweckt von meinem Gruß,
Thut mir entgegen girrend sacht den Liebesruf.
Dem Felsen, der zu deinem Preis mit Licht sich krönt,
Zuruf' ich, und er nimmt in acht den Liebesruf.

Dir thu' ich für die Blum' im Feld, die schüchtern schweigt,
Fürs Würmlein, das du stumm gemacht, den Liebesruf.
Das Weltmeer preist mit Rauschen dich, doch ohne Wort;
Ich hab' in Worte ihm gebracht den Liebesruf.
Dir thu' ich als das Laub am Baum, als Tropf' im Meer,
Dir als der Edelstein im Schacht den Liebesruf.
Ich ward in allem alles, sah in allem Gott,
Und that, von Einheitglut entfacht, den Liebesruf.

3.
Ich sah empor und sah in allen Räumen eines;
Hinab ins Meer und sah in allen Wellenschäumen eines.
Ich sah ins Herz, es war ein Meer, ein Raum der Welten,
Voll tausend Träum'; ich sah in allen Träumen eines.
Du bist das Erste, Letzte, Äußre, Innre, Ganze;
Es strahlt dein Licht in allen Farbensäumen eines.
Du schaust von Ostens Grenze bis zur Grenz' im Westen,
Dir blüht das Laub an allen grünen Bäumen eines.
Vier widerspenst'ge Tiere ziehn den Weltenwagen;
Du zügelst sie, sie sind an deinen Zäumen eines.
Luft, Feuer, Erd' und Wasser sind in eins geschmolzen
In deiner Furcht, daß dir nicht wagt zu bäumen eines.
Der Herzen alles Lebens zwischen Erd' und Himmel,
Anbetung dir zu schlagen soll nicht säumen eines!

4.
Wohl endet Tod des Lebens Not,
Doch schauert Leben vor dem Tod.
Das Leben sieht die dunkle Hand,
Den hellen Kelch nicht, den sie bot.
So schauert vor der Lieb' ein Herz,
Als wie von Untergang bedroht.
Denn wo die Lieb' erwachet, stirbt
Das Ich, der dunkele Despot.
Du laß ihn sterben in der Nacht,
Und atme frei im Morgenrot.

5.
Ihr Augen, geht, den Lenz zu schauen,
Der lächelnd liegt auf unsern Auen.
Ein Himmelskind in Blumenwiegen,
Gesäugt von Milch der Wolkenfrauen.
Die Ostluft ist die Amm' und schaukelt
Die Wiege mit dem Hauch, dem lauen.
Das Kindlein thut, als schlaf' es, blinzet
Mit seinen Äugelein, den schlauen.
Und wie's die Augen aufgeschlagen,

Träuft Tau von seinen Augenbrauen.
Und Bienen kommen, saugen emsig
Den Tau, aus dem sie Honig brauen.
O kommt und laßt euch doch vom Lächeln
Des Himmelkindleins auch durchtauen.
O kommt aus euern dumpfen Zellen,
Die euch des Himmels Licht verbauen.
Laßt uns die Zell' aus Wachs und Honig
Sechseckig, wie die Bienen, bauen.
Erwarmt am bunten Blumenfeuer,
Und laßt die Aschen ruhn, die grauen.
Die Buß' ist tot, die Liebe lebet,
Ihr Atem weht in unsern Gauen.
Geht in des Frühlings Liebeschenke,
Trinkt seines Weines ohne Grauen;
Auf daß ihr liebestrunken werdet,
Eu'r Herz sich öffne mit Vertrauen.
Die Lieb' ist wach an Erd' und Himmel,
Im Grünen Rose, Sonn' im Blauen.
O Nachtigall, sieh deine Rose;
Du Adler sollst zur Sonne schauen.

6.
Ich sah, wie auf zur Sonne sich schwang ein Adelaar,
Und wie im Schatten girrte ein Turteltaubenpaar.
Ich sah, wie Wolkenherden der Ost am Himmel trieb,
Und auf der Flur dem Hirten sich stellten Lämmlein dar.
Ich hörte Sterne fragen: »Wann sollen wir entstehn?«
Und Keim im Körnchen: »Sollen wir schlafen immerdar?«
Ich sah ein Gras am Morgen erblühn und vor der Nacht
Verblühn und Zedern trotzen den Stürmen tausend Jahr.
Ich sah des Weltmeers Wogen wie Kön'ge schaumgekrönt,
Vorm Fels sich niederwerfen wie Beter am Altar.
Ich sah ein Tröpflein funkeln, Juwel am Sonnenstrahl,
Das, aufgeglüht zu werden, nicht scheute die Gefahr.
Ich sah im Menschenwimmeln sich Städt' und Häuser baun,
Und Hügelein zu häufen sich mühn Ameisenschar.
Ich sah das Roß des Krieges zertreten Stadt und Land,
Daß seine Hufe wurden vom Blute rosenfar.
Ich sah den Winter weben aus Flocken ein Gewand
Der Erde, die der Frühling verlassen nackt und bar.
Den Webstuhl hört' ich sausen, der Sonnenschleier wob,
Und sah ein Räuplein weben sein Grab aus Fädlein klar.
Ich sahe Groß' und Kleines, und sah auch Kleines groß;
Denn Gottes Gleichnis sah ich in allem, was da war.

7.
Unser Haus hat viele Thüren,
Die hinein zum Herren führen.
Wer den Herrn sieht, muß anbetend
Mit der Stirn den Boden rühren.
Viel' im Haus sind blind geboren,
Die des Herrn Gebot doch spüren.
Auch den Lahmen sind gegeben
Hausgeschäfte zu vollführen.
Selbst der Wind mit kaltem Atem
Muß des Hauses Feuer schüren.
Thun muß jeder, was ihm obliegt,
Wahl hat keiner, selbst zu küren.
Mancher wähnt sich frei und siehet
Nicht die Bande, die ihn schnüren.
Trägest du dein Band in Demut,
Wird es dir zu Blumenschnüren.
Schwöre Treu'! und Gnad' antwortet
Dir mit höchsten Liebeschwüren.
Knecht im Hause! gegen deinen
Mitknecht will kein Stolz gebühren.
Sei verträglich! denn der Herr hat
Keine Freud' an Ungebühren.
Wer darf trotzig Einlaß fordern,
Den nicht Er ein lässet führen?
Wer kann mit dem Hausherrn hadern,
Den er stößt aus seinen Thüren?

8.
Tag ist's, auf, steh auf, o Jüngling Muselmane!
Packe dein Gerät und komm zur Karawane.
Horch, o horch, sie ziehet schon, indes du schläfest.
Horch! ihr Glöcklein, daß es nicht zu spät dich mahne!
Wann der Wüste Sand verweht hat ihre Spuren,
Hoffe nicht, daß sie dein Fußtritt wieder bahne.
Auf dich raffe! sei ein Mann, ein Held, ein Kämpe,
Bringe nicht das Leben hin in eitlem Wahne.
Sei gedenk des Ahnenstammes, Perserjüngling,
Wie Rostem ein Held, wie Sal ein Pehlewane.
Mann des Lichtes, Held des Rechtes, Sonnenkämpe!
Falle nicht anheim dem dunklen Ahrimane.
Wenn du hast die ird'sche Seel' im Kampf getötet,
Schwingt die himmlische des Lebens Siegesfahne.
Wann du dich demütigtest zum Staub der Schwelle,
Wirst du Siegelring in unsres Schachs Diwane.

9.
Die Liebe rief vom Himmelsthor:
»Wer ist, der schaut zu Gott empor?«
»Wir sind, die schaun empor zu Gott«,
Rief zu der Lieb' ein Priesterchor.
Die Liebe rief: »Wie könnt ihr schaun?
Vor eurem Antlitz hängt ein Flor,
Ein Flor, gewebt aus Gier und Haß,
Durch den das Licht den Schein verlor.
Vor eurem trüben Blicke nimmt
Die Sonne Wolkenschleier vor.
Die Gnade, die auf Wolken sitzt,
Schließt eurem dumpfen Ruf ihr Ohr,
Und die Erhörung steiget nicht
Herab, die eu'r Gebet beschwor.
O thut, eh' ihr zum Himmel schaut,
Euch Erdedunkels ab zuvor.
Statt Gier und Haß nehmt Lieb' ins Herz
Und schaut zur Gottheit dann empor.«

2. Mewlana Dschelaleddin

1.
Mit deiner Seele hat sich meine
Gemischt wie Wasser mit dem Weine.
Wer kann den Wein vom Wasser trennen,
Wer dich und mich aus dem Vereine?
Du bist mein großes Ich geworden,
Und nie mehr will ich sein dies kleine.
Du hast mein Wesen angenommen,
Sollt' ich nicht nehmen an das deine?
Auf ewig hast du mich bejahet,
Daß ich dich ewig nie verneine.
Dein Liebesduft, der mich durchdrungen,
Geht nie aus meinem Mark und Beine.
Ich ruh' als Flöt' an deinem Munde,
Als Laut' in deinem Schoß alleine.
Gib einen Hauch mir, daß ich seufze,
Gib einen Schlag mir, daß ich weine.
Süß ist mein Weinen und mein Seufzen,
Daß ich der Welt zu jauchzen scheine.
Du ruhst in meiner Seele Tiefen
Mit deines Himmels Widerscheine.
O Edelstein in meinen Schachten,
O Perl' in meinem Muschelschreine.
Mein Zucker ist in dir zerschmolzen,
O Milch des Lebens, milde, reine;

Und unsre beiden Süßigkeiten
Genießet Kindermund als eine.
Du preßtest mich zu Rosenwasser,
Nicht seufzt' ich unter deinem Steine.
In deiner süßen Qual vergaß ich,
Daß ich die Rose war am Raine.
Da brachtest du an deinen Kleidern
Mich mitten unter die Gemeine;
Und als du auf die Welt mich gossest,
Ward sie zu einem Rosenhaine.

2.
Zur Sonne schaut der Aar mit Mut,
Die weh dem Eulenauge thut.
Doch dir genüber, höchste Sonn',
Ist Eule gleich und Adlerbrut.
Was ist die blöde Seele, die
Blinzend nach dir das Aug' aufthut!
Die Kerz' umkreist der Schmetterling,
Planeten wandeln lichtbeschuht.
Planet und Schmetterling ist eins,
O höchstes Licht, in deiner Hut.
Was ist die kühne Seele, die
Dich zu umkreisen niemals ruht?
Die Flamme zehret trocknes Holz,
Das feuchte ist dazu nicht gut.
Doch feucht' und trocknes Holz ist eins,
O höchste Flamm', in deiner Glut.
Die Fluten löschen Gluten aus,
In deinen Gluten brennt die Flut.
Unliebe selbst zu lieben, halt',
O Liebe, dich nur nicht zu gut!
Du bist nicht Glut, wenn du nicht zwingst
Des spröden Stoffes Trotz und Wut:
Brich das verstockte Herz der Welt
Und bring in Fluß das starre Blut!

3.
Laß mein Streben dir gefallen
Und mich strebend weiter wallen!
Laß mich stehn durch deine Huld, wo
Ich durch meine Schuld gefallen.
Von des Berges Gipfel glänzen
Mir entgegen deine Hallen;
Und die heil'gen Chorgesänge
Hör' ich mir entgegenschallen.
Laß den Glanz und laß den Klang nicht,

Eh' ich nah', in Duft zerwallen;
Hüben ich, du drüben! laß mich
Von der Kluft zurück nicht prallen.
Zeige, die mich drüber trage,
Mir die Brücke von Kristallen!
Und dem Abgrundsungeheuer,
Schwindel, seien stumpf die Krallen.
Meiner Pilgerreise Schritte
Zähl' ich ab an Betkorallen;
Wie den Rosenkranz der Himmel
Betet ab an Sonnenballen.
Manches hab' ich nicht verstanden,
Das ich wagte nachzulallen:
Also singen dir zum Preise
Unverstandnes Nachtigallen;
Also lernen Kinder reden,
Welche lieb dir sind vor allen.

4.
Höchste Liebe, wo du thronest, laß vor deinem Throne knien
Meine schönsten, ewig deinem Thron geweihten Melodien!
Wenn sie wohlgefällig deinem Ohre tönen, wenn die Kraft
Auch in deine Seele wirket, die du ihnen hast verliehn;
Laß sie danken, laß sie beten, laß sie fragen, laß sie flehn:
Wo ist, der ein Stern auf Erden mir aus deiner Höh' erschien?
Der, sein Haupt mit deinen Rosen kränzend und sein Saitenspiel,
Liebetrunken mir vorüberzog, um mich dir nach zu ziehn;
Der in wallenden Gewanden, am gebrochnen Säulenschaft
Lehnend, Lieder strömt', auf deren Wog' er selber wollt' entfliehn;
Wo ist der dir Zugeflohne? Sag' mir's, Liebe, wie du einst
Ihn beseligt hast auf Erden, wo du nun beseligst ihn?
Wo, Volkstrachten ausgezogen, Stammabzeichen abgelegt,
Schmelzen Kastenunterschied' in deinen ew'gen Harmonien;
Wo ist unter allen Heil'gen aller Zonen (Heil sei dir,
Heilig mir sein Angedenken!) *Mewlana Dschelaleddin!*

3. Freimund

1822.

1.
Auf, zum Himmel dich zu schwingen aus der Nacht!
Herz, empor zum Licht zu ringen aus der Nacht!
Sieh, wie Gottes Liebesboten leuchtende
Grüße dir entgegenbringen aus der Nacht!
Wo im Westen sank die Sonne, blühn ihr nach
Röten, die noch nicht vergingen, aus der Nacht.

Wo sie steigen wird im Osten, sieh, wie schon
Rosen an zu keimen fingen aus der Nacht!
Lichts Erinn'rungen und Lichtes Hoffnungen,
Die sich dir zum Kranze schlingen aus der Nacht.
Und darüber schaun die ew'gen Stern' herein,
Die hernieder tröstend klingen aus der Nacht:
Eh' der Kranz von Doppelrosen dort verblüht,
Wird dein ew'ger Tag entspringen aus der Nacht!
Nachtigall der Himmelsrosen, *Freimund,* auf,
Liebend dich empor zu singen aus der Nacht!

2.
Die Seele soll am Boden schweben, wie lange noch?
Und soll sich nicht ins Licht erheben, wie lange noch?
Dem Strahl des Lichtes, der vom Himmel zur Erde kommt,
Ist hier der Schatten beigegeben, wie lange noch?
Die Sterne winken, doch du lässest, o Schmetterling,
Den Flug um Sinnenblumen schweben, wie lange noch?
Die Sonne strahlet, doch du lässest, o Nachtigall,
Dich Rosenschlummerduft umweben, wie lange noch?
Die Blume, die in Düften steigen zum Himmel will,
Sie fühlt sich fest an Wurzeln kleben, wie lange noch?
Der Frühling, der die Welt will schmelzen in Blumenglut,
Muß vor dem starren Winter beben, wie lange noch?
Und scheitern muß des ew'gen Lichtes Vernichtungskampf
An dunkler Stoffe Widerstreben, wie lange noch?
Wie lange willst du deiner Schranken, beschränkter Geist,
Ohnmächt'gen Drangs dich überheben, wie lange noch?
Sich senkt vor dir der Vorhang tiefer, jemehr du hebst,
Doch immer suchst du ihn zu heben, wie lange noch?
Es wächst die Zahl der Meereswogen, indem du zählst,
Doch immer zählen mußt du eben, wie lange noch?
O komm aus deinen Höh'n herunter! Es rufet hier
Dein Liebchen und das Blut der Reben: wie lange noch?
Sie rufen: »Gib dich uns gefangen und werde frei!
Genieß und frage nicht das Leben: wie lange noch?«

3.
Flammt empor in euren Höh'n, Morgensonnen, lobt den Herrn!
Rauscht in euren Tiefen auf, Schöpfungsbronnen, lobt den Herrn!
Die ihr, ohne zu verglühn, lang' geflammt vor seinem Blick,
Ohne zu verrinnen, lang' hingeronnen, lobt den Herrn!
Der ein mannigfaltiges Leben schaun will außer sich;
Alle, die ein Leben ihr habt gewonnen, lobt den Herrn!
Alle Tropfen seiner Huld, die zu Perlen sich geformt,
Funken Lichtes, die zu Gold sind geronnen, lobt den Herrn!
Soviel Halme von dem Tau seiner Gnade trunken sind,

Soviel sich an seinem Strahl Welten sonnen, lobt den Herrn!
Ob vor seinem ew'gen Blick ihr des Lebens raschen Tanz
Jetzt vollendet oder jetzt habt begonnen, lobt den Herrn!
Blumen, die der Frühling weckt, Garben, die der Sommer dörrt,
Trauben, deren Blut der Herbst preßt in Tonnen, lobt den Herrn!
Raupe, die das Blatt benagt, haftend an dem grünen Zweig,
Puppe, zur Verwandlung reif eingesponnen, lobt den Herrn!
Schmetterlinge, die ihr noch von dem Duft der Blüten nascht,
Schmetterlinge, die ins Licht schon zerronnen, lobt den Herrn!
Geister, eingeengt in Nacht oder aufgeflammt ins Licht,
Herzen, schmeckend Lebenslust, Todeswonnen, lobt den Herrn!
Die ihr mit dem Flügelschlag glühender Begeistrung strebt,
Oder fördert euer Werk still besonnen, lobt den Herrn!
Lobt den Herrn, des Lichtgewand auch durch dunkle Fäden wächst,
Die ein unscheinbarer Fleiß hat gesponnen, lobt den Herrn!
Lobt den Herrn, des Angesicht lächelnd in den Spiegel schaut
Auch des Tropfens, der am Halm hängt geronnen, lobt den Herrn!
Lobt den Herrn, der loben sich gern in allen Sprachen hört,
Die Bedürfnis seines Lobs hat ersonnen, lobt den Herrn!
Ob das Blatt am Zweige rauscht, ob des Menschen Zunge tönt,
Ob ein Engel höhern Gruß sich ersonnen, lobt den Herrn!
Alle, die ihr euren Gott fühlet, ahnet, denket, schaut,
Die ihr sinnt, was niemals wird ausgesonnen, lobt den Herrn!
Wenn in des Gemütes Nacht euch sein erster Schimmer brach,
Oder wenn ihr euch im Glanz habt versonnen, lobt den Herrn!
Alle Sinne, die des Sangs Woge schwellet himmelan,
Lobt mit allen rauschenden Schöpfungsbronnen, lobt den Herrn!
Alle Seelen, in der Glut des Gebetes Weihrauch-gleich,
Lobt mit allen brennenden Morgensonnen, lobt den Herrn!

4.
Durch die Himmel jüngst mit Flügelschnelle
Stieg ich, suchend nach des Lichtes Quelle.
Bei dem Monde fragt' ich, und er sagte,
Von der Sonne fließ' ihm zu die Welle.
Zu der Sonne kam ich, forscht' und hörte,
Daß ihr Licht aus höh'rer Sonne quelle.
Und ich hörte von der höhern Sonne,
Daß noch höh'rer Sonnen Strom sie schwelle.
Und es wies mich jede höh're Sonne
Von sich weg zu höh'rer Sonnenschwelle.
Und ich schweifte durch den Glanz und sahe,
Daß unendlich mich umfloß die Helle;
Bebte, daß mein Kahn an Sonnenklippen
In des Lichtes Ozean zerschelle.
Doch ein Engel, ungesehn im Glanze,
Stand bei mir und redete: »Geselle!

Wohin irrst du? wohin dich verlierst du?
Kein Gestad' hat dieses Meeres Welle.
Eine Woge fließet aus der andern,
Alle fließen aus dem ew'gen Quelle.
Der allgegenwärt'ge Quell des Lichtes
Ist gleich nah' und ferne jeder Stelle.
Näher ist er nicht der höchsten Sonne
Als dir selbst in deines Busens Zelle.
Kehre bei dir selber ein, *o Freimund,*
Und daß hell dein Haus sei, das bestelle!«

5.
Laß die Welt in deinen goldnen Strömen baden, ew'ges Licht!
Speise Geister an der Tafel deiner Gnaden, ew'ges Licht!
Wie das Meer in weiten Kreisen um das Land, so flutet dein
Äther um die Welt in weitern Glanzgestaden, ew'ges Licht!
Nicht die Sonne dich, die Sonnen zeugest du; in deinem Strahl
Tanzen sie, als wie in ihrem Strahle Maden, ew'ges Licht!
Nicht der Himmel kann dich fassen, und zur Erde steigest du,
Opfer zündend unter allen Breitegraden, ew'ges Licht!
Zu dem Meru, zum Olympos, wie zum Sinai herab
Senkst du hell durch Wolkenschichten einen Faden, ew'ges Licht!
Ab von dir ins Dunkel wendet ihren Pfad die Welt, doch du
Strömst entgegen aus dem Dunkel ihren Pfaden, ew'ges Licht!
Auch auf krummen Straßen lenkest du den Wahn zurück zu dir;
Aber laß zu dir mich wandeln die geraden, ew'ges Licht!
Wo vor dir sollt' ich mich bergen? Sollt' ich auf zum Himmel fliehn,
Wo mir funkeln deine lichten Myriaden, ew'ges Licht;
Wo vor dir sollt' ich mich decken? Flieh' ich in die Erdennacht?
Golden brichst du durch des Schachtes dumpfe Schwaden, ew'ges Licht!
Ja, dies Herz auf keine Weise kann sich deinem Dienst entziehn,
Seit du mir dein goldnes Joch hast aufgeladen, ew'ges Licht!
Du mit Strahlen hell besaitend Abendsternes Lautenspiel,
Stimmest auch die schrill'ge Leier der Cikaden, ew'ges Licht!
Auch in meiner Töne Fugen, allgeschmeid'ges, schmiege dich!
Lasse dem Juwel nicht seine Fassung schaden, ew'ges Licht!
Gleichwie deine Sonnenstrahle sende meine Lieder aus,
Alle Welt zu deinen Festen einzuladen, ew'ges Licht!

6.
O Wieg', aus der die Sonnen steigen, o heiliges Meer!
O Grab, in das die Sonnen neigen, o heiliges Meer!
O du im Duft der Nacht entfaltend den Spiegel, darein
Vom Himmel Luna schaut mit Schweigen, o heiliges Meer!
O du in stillen Mitternächten mit Wogengesang
Einklingend in der Sterne Reigen, o heiliges Meer!
Die Morgen- und die Abendröten erblühen aus dir,

Zwei Rosen deinem Garten eigen, o heiliges Meer!
Atmender Busen Amphitrites, der nieder und auf
Die Wogen sinken läßt und steigen, o heiliges Meer!
Schoß, mütterlicher, Aphrodites! gebäre dein Kind,
Um deinen Glanz der Welt zu zeigen, o heiliges Meer!
Spreng' auf den Frühlingskranz der Erde den perlenden Tau!
Denn alle Perlen sind dein eigen, o heiliges Meer!
Du sammelst alle dir entstammten Najaden der Flur
Zurück zum Nereidenreigen, o heiliges Meer!
Die Schiffe der Gedanken segeln und sinken in dir;
Atlantis ruht in deinem Schweigen, o heiliges Meer!
Der Götterbecher, der gefallen vom hohen Olymp,
Hängt tief an den Korallenzweigen, o heiliges Meer!
Ein Taucher in das Meer der Liebe ist *Freimunds* Gesang,
Der deinen Glanz der Welt will zeigen, o heiliges Meer!
Als wie der Mond will ich mit Sehnen mich stürzen in dich;
Laß mich aus dir als Sonne steigen, o heiliges Meer!

7.
Die Schöpfung ist zur Ruh' gegangen, o wach in mir!
Es will der Schlaf auch mich befangen, o wach in mir!
Du Auge, das am Himmel wachet mit Sternenblick,
Wenn mir die Augen zugegangen, o wach in mir!
Du Licht, im Äther höher strahlend als Sonn' und Mond;
Wenn Sonn' und Mond ist ausgegangen, o wach in mir!
Wenn sich der Sinne Thor geschlossen der Außenwelt,
So laß die Seel' in sich nicht bangen, o wach in mir!
Laß nicht die Macht der Finsternisse, das Grau'n der Nacht
Sieg übers innre Licht erlangen, o wach in mir!
O laß im feuchten Hauch der Nächte, im Schattenduft
Nicht sprossen sündiges Verlangen, o wach in mir!
Laß aus dem Duft von Edens Zweigen in meinem Traum
Die Frucht des Lebens niederhangen o wach in mir!
O zeige mir, mich zu erquicken, im Traum das Werk
Geendet, das ich angefangen, o wach in mir!
In deinem Schoße will ich schlummern, bis neu mich weckt
Die Morgenröte deiner Wangen; o wach in mir!

8.
Preis dir, allgewaltige
Liebe, vielgestaltige!
Licht und Schatten, Farbenspiel,
Eine, mannigfaltige!
Formenquelle, die du strömst,
Unerschöpft reichhaltige!
Fördre zur Geburt ans Licht
Alles Lichtgehaltige!

Laß im Licht gedeihn und blühn
Alles Lichtgestaltige!
Gleiche aus mit deinem Hauch
Jegliches Zwiespaltige!
Und vor deinem Blick vergehn
Laß das Mißgestaltige!
Blättre mir wie Rosen auf
Dies Gemüt, das faltige!
Und noch lange sing' ich dir
Lieder mannigfaltige!

4.

1. An J. von Hammer
Jüngst am blühenden Rosenhag sprach mit wichtiger Miene
Gegen Sängerin Nachtigall Honigsammlerin Biene:
Immer saugest du Rosenduft, immer Duft nur der Rosen,
Kosest immer vom glühenden Rosenlippenrubine.
Zur Werkstätte von meinem Fleiß dient dagegen mir jede
Von den Knospen des Frühlinges zur Entfaltung gedieh'ne.
Denn zum köstlichen Honigseim umzuwandeln versteh' ich
Alles Süße, ohn' Unterschied allen Kelchen Entlieh'ne.
Ob der Blüte die Farbe fehlt, leicht verzeih' ich den Fehler,
Nur der fehlende Nektar bleibt das von mir Unverzieh'ne.
Leider, daß mir der Flug versagt, um zu sehn, ob zu holen
Duft nicht sei aus des blühenden Morgenrotes Karmine.
Darum bin ich durch Emsigkeit die im Land Berühmte,
Du, Verliebte, durch Müßiggang bleibst mit Recht die Verschrie'ne.
Sieh, derweil du dich abgehärmt hast am Dorne der Rosen,
Stieg ich duftend aus Veilchenschoß mit vergoldeter Schiene.
Und nun sage mit Einem Wort, ob du selber nicht meinest,
Daß ich Kleine den Preis vor dir, stolze Große! verdiene?
Oder, willst du noch streiten, laß zum Schiedsrichter uns wählen
Den Dolmetschen der Pforte dort im hochtürmenden Wiene,
Der, so hat mir Hafis gesagt, löst mit glücklicher Schnelle
Jedes Rätsel aus Osten, das schwierig anderen schiene.

2. Der Bußeprediger
Als ich nach Gewohnheit saß in der Schenke neulich,
Mir zu machen Erdennot durch das Glas erfreulich;
Kam ein Bußeprediger mit bestaubtem Kragen
Und hub an den Wein zu schmähn, weit- und lästermäulig.
Selber sich in heiligen Eifer redend, malt' er
Den verdammten Freund mir mit Farben ganz abscheulich;
Hätt' ich ihm geglaubt, so war in dem Höllenrachen
Von den Drachen keiner so ganz entsetzlich greulich.
Und so tobt er weiter, bis sein Gesicht in Flammen

Selber glüht, ein Höllenschlund, rötlich, trüb' und bläulich.
Meinem Schenken winkt' ich, der ihm ein Glas kredenzte
Und mit schelm'schen Blicken es unterstützte treulich.
Erstlich sträubte sich der Held, sprach den Fluch und Segen;
Endlich nahm er's an den Mund, schlürfte leckermäulig.
Mildere Beredsamkeit drauf entfloß den Lippen,
Paradiesisch lustentzückt, himmlisch morgentäulich.
Mit dem Schenken tanzt' er um, sang das Lob des Weines,
Und den alten Schmähgesang widerrief er reulich.
»O Hafis!« sprach er zu mir, »Wein ist Seelenwollust,
Wie der Himmelsmädchen Kuß ewig neu jungfräulich.«

3. Die Entflohene
Wie die Sonne sinkt am Abend,
Sich im goldnen Glanz begrabend;
Wie der Lenz vorm Herbste flüchtet,
Im Entfliehn mit Duft noch labend;
Wie die schöne Jugendgöttin
Auf dem Roß der Zeit hintrabend;
Wie das Leben, in den Händen
Unerfüllte Wünsche habend:
Also flohst du, Sonne, Frühling,
Jugend, Leben, lustbegabend;
Und Hafis, dir ferne, fühlet
Sterben, Alter, Herbst und Abend.

4. Heim
Gott geleite die armen traurigen Kranken heim!
Gott geleite die müden irren Gedanken heim!
Gott verleihe dir einen Stab der Geduld, mein Herz!
Müder Wandrer! um am Stabe zu wanken heim.
Gott verleihe dir einen gnädigen Hauch, mein Schiff!
Aus den Wogen des Unbestandes zu schwanken heim.
Alle Triebe, dem dunklen Schoße der Erd' entblüht,
Aufwärts ringen sie, sich zum Lichte zu ranken heim.
Alle duftigen Blütenstäubchen der Frühlingslust,
Rastlos sprühen sie, bis zum Staube sie sanken heim.
Also sehnet Hafisens Seele sich himmelwärts,
Und sein Irdisches zu den irdischen Schranken heim.

5. Herbstlied
Was sagt der Herbst der Ros' ins Ohr.
Daß sie die Munterkeit verlor?
Er mahnt sie an die Nichtigkeit
Der Treue, die der Lenz ihr schwor.
Sie reißt entzwei den Schleier, den
Sie nahm, als er zur Braut sie kor;

Und wie sie bleich vom Throne sinkt,
Erseufzt der Nachtigallen Chor.
Wer brach entzwei das Lilienschwert?
So blank geschliffen war's zuvor.
Die Tulp' entfloh so eilig, daß
Den Turban sie am Weg verlor.
Beschämt senkt der Iasmin sein Haupt,
Weil ihm der Ost die Locken schor.
Es streut der Wind mit voller Hand
Von Bäumen Blättergold empor.
Das dürre Laub schwirrt durch die Luft,
Wie Fledermäus' aus Gräberthor.
Das Totenlied der Schöpfung spielt
Der Herbstwind auf geknicktem Rohr.
Die finstre Tanne trägt den Schnee
Wie weißen Bund ums Haupt ein Mohr.
Der Berg nahm weißen Hermelin,
Weil ihm die nackte Schulter fror.
O sieh des Jahrs Verwüstung an
Und hole frischen Wein hervor!
Die Sonne sandt' uns, eh' sie wich,
Den jungen Most ins Haus zuvor,
Daß er uns leucht' an ihrer Statt,
Wann ihre Kraft dämpft Wolkenflor.
Sieh, wie des Wintergreises Grimm
Des Frühlingskindes Hauch beschwor.
Er weckt im Bechertönen ein
Verzaubert Nachtigallenchor;
Und trunkne Blicke sich ergehn
Auf schöner Wangen Rosenflor.
Du trink', und seufz' im Winter nicht;
Denn auch im Frühling seufzt ein Thor.

6. Das ist dein Amt

Leucht', o flammendes Sonnenaug', über die Welt; das ist dein Amt.
Lenz! mit blühendem Rosentraum schmücke das Feld; das ist dein Amt.
Mond am Himmel! o schlafe nicht! denn hier auf Erden wollen sein
Liebesnächte von deinem Strahl lieblich erhellt; das ist dein Amt.
Sing', o liebende Nachtigall, was du von Rosen-Schönheit weißt,
Sing' und stirb im Gesang, zu Sang bist du bestellt; das ist dein Amt.
Thräne meines verlassnen Augs! für ein geliebtes Bild, das hier
Soll einkehren, mit duft'gem Flor schmücke das Zelt; das ist dein Amt.
Bild der Schönheit! mit Himmelsglanz allen in Nacht Versunkenen
Vorzuleuchten, dazu hat uns Gott dich gesellt; das ist dein Amt.
Sag' zu deinem verklärten Blick: lege die goldne Rüstung an,
Gründ' auf Erden der Liebe Reich, leuchtender Held! das ist dein Amt.
Zu dem Bogen der Braue sprich: spanne dich stolz, daß Pfeil auf Pfeil

Auf rebellischer Herzen Trotz werde geschnellt; das ist dein Amt.
Daß du flatternde Locke mich Flatternden fingest, dank' ich dir;
Immer neu sei dein reizendes Netz mir gestellt; das ist dein Amt.
O mein tönendes Saitenspiel! weil das Geschick in meine Hand
Dich gegeben, von Liebeshauch Töne-geschwellt; das ist dein Amt.
Lenk', o rüstiger Steuermann, diesen verlornen Nachen durch
Klipp' und Brandung und Wogendrang, bis er zerschellt; das ist dein Amt.
Laß die heuchlerisch dumpfe Welt scheitern an ihrer Eigensucht.
Lieb' aufrichtig und trink, Hafis! schwärm' unverstellt; das ist dein Amt.

7. Und dann nicht mehr
Ich sah sie nur ein einzig Mal, und dann nicht mehr.
Da sah ich einen Himmelsstrahl, und dann nicht mehr.
Ich sah umspielt vom Morgenhauch durchs Thal sie gehn;
Da war der Frühling in dem Thal, und dann nicht mehr.
Im Saal des Festes sah ich sie entschleiern sich;
Da war das Paradies im Saal, und dann nicht mehr.
Sie war die Schenkin, Lust im Kreis kredenzte sie;
Sie bot mir lächelnd eine Schal', und dann nicht mehr.
Sie war die Ros', ich sah sie blühn im Morgentau;
Am Abend war die Rose fahl, und dann nicht mehr.
Nur einmal weinte Gärtner Lenz um eine Ros':
Als Tod ihm diese Rose stahl, und dann nicht mehr.
Ein einz'ges Mal, als sie erblich, war herb die Lust
Des Lebens, süß des Todes Qual, und dann nicht mehr.
Ich sah die Rose Braut im Flor verschließen in
Die dunkle Kammer eng und schmal, und dann nicht mehr.
Ich will ums Rosenbrautgemach im Mondenglanz
Noch weinen meiner Thränen Zahl, und dann nicht mehr.

8. Die Rose im schönsten Glanze
Der hat in ihrem schönsten Glanz die Rose nicht gesehen,
Wer nie die Perle des Gefühls ihr sah im Auge stehen.
O Liebe! wunderbare Macht, daß deine höchste Wonne
In Menschenbrust den Ausdruck muß borgen von Schmerz und Wehen.
Die Rose lächelte mich an, und von den süßen Strahlen
Ging mir im stillen Herzen auf ein Drang zu süßem Flehen.
Ich klagte wie die Nachtigall, bis meine Rose weinte;
Und wie ich's sah, verklagt' ich mich, daß es durch mich geschehen.
Die Rose trug, in Duft gehüllt, die Fülle des Gefühles,
Sich unbekannt; mein Seufzer kam, den Schleier wegzuwehen.
Und wie sie sah vor ihrem Blick den Abgrund ew'ger Liebe
Im eignen Herzen, bebte sie darinnen zu vergehen.
Sie sah nach einem Stab sich um, sich schwindelnd festzuhalten,
Sie warf sich an mein schwaches Herz, als könnt' ich bei ihr stehen.
O Rose, wenn du trunken bist, so bin ich selbst berauschet,
Und keine Rettung weiß ich, als zusammen untergehen.

9. Schlußlied

Du Duft, der meine Seele speiset, verlaß mich nicht!
Traum, der mit mir durchs Leben reiset, verlaß mich nicht!
Du Paradiesesvogel, dessen Schwing' ungesehn
Mit leisem Säuseln mich umkreiset, verlaß mich nicht!
Du Amme mir und Ammenmärchen der Kindheit einst!
Du fehlst, und ich bin noch verwaiset verlaß mich nicht!
Du statt der Jugend mir geblieben, da sie mir floh;
Wo du mir fliehst, bin ich ergreiset, verlaß mich nicht;
O du mein Frühling! sieh, wie draußen der Herbst nun braust;
Komm, daß nicht Winter mich umeiset, verlaß mich nicht!
O Hauch des Friedens! horch, wie draußen das Leben tobt;
Wer ist, der still hindurch mich weiset? Verlaß mich nicht!
O du mein Rausch! du meine Liebe! o du mein Lied!
Das hier durch mich sich selber preiset, verlaß mich nicht!

* * *

Nachklang

1837.

Und du hast mich nicht verlassen,
Mich verlassen wirst du nie.
Wenn die Rosen hier erblassen,
Dort am Himmel blühen sie.

Wo der Himmel dort im Osten
Schmückt sein ew'ges Rosenbeet,
Laß mich Duft der Sehnsucht kosten,
Der von meiner Heimat weht!

Dankbar bin ich meinem Auge,
Daß ihm keine Blum' im Thal
Blühet, ohne daß es sauge
Einen lichten Gottesstrahl.

Der im Osten und im Westen
Höhet seiner Liebe Stern,
Der das Schöne dir zum Besten
Hat gegeben, Preis dem Herrn!

DRITTER BEZIRK - ÖSTLICHE ROSEN

Zu Goethes westöstlichem Diwan
Wollt ihr kosten
Reinen Osten,
Müßt ihr gehn von hier zum selben Manne,
Der vom Westen
Auch den besten
Wein von jeher schenkt' aus voller Kanne.
Als der West war durchgekostet,
Hat er nun den Ost entmostet;
Seht, dort schwelgt er auf der Ottomane.

Abendröten
Dienten Goethen
Freudig als dem Stern des Abendlandes;
Nun erhöhten
Morgenröten
Herrlich ihn zum Herrn des Morgenlandes.
Wo die beiden glühn zusammen,
Muß der Himmel blühn in Flammen,
Ein Diwan voll lichten Rosenbrandes.

Könnt ihr merken
An den Stärken
Dieses Arms, wie lang' er hat gefochten?
Dem das Alter
Nicht den Psalter
Hat entwunden, sondern neu umflochten.
Aus iran'schen Naphthabronnen
Schöpft der Greis itzt, was die Sonnen
Einst Italiens ihm, dem Jüngling, kochten.

Jugendhadern
In den Adern,
Zorn und Glut und Mild' und süßes Kosen;
Alles Lieben
Jung geblieben,
Seiner Stirne stehen schön die Rosen.
Wenn nicht etwa ew'ges Leben
Ihm verliehn ist, sei gegeben
Langes ihm von uns gewognen Losen.

Ja von jenen
Selbst, mit denen
Du den neuen Jugendbund errichtet,

Sei mit Brünsten
Unter Künsten
Aller Art, in der auch unterrichtet,
Wie Saadi in jenem Orden
Über hundert Jahr' alt worden,
Und Dschami hat nah' daran gedichtet.

* * *

Einladung
O wie soll der Nachtigallen
Seele denn ins Ohr dir fallen,
Wenn dir immer noch vor Ohren
Summet das Geschwätz von Thoren.

Und wie soll dir Rosenblüte
Wirklich blühen ins Gemüte,
Willst du noch nach Schimmer gaffen,
Den nicht die Natur erschaffen.

Willst du aufgenommen werden
Aus dem Irrgewirr auf Erden
In des Frühlings heitre Chöre,
So nichts andres sieh und höre.

Suche bei uns nicht Zerstreuung,
Sondern ewige Erfreuung.
Komm und trinke ganzer Seele
Rosenduft und Philomele!

* * *

Die zwei Mächte
Wein und schöne Mädchen
Sind zwei Zauberfädchen,
Die auch die erfahrnen
Vögel gern umgarnen.

Becherrand und Lippen,
Zwei Korallenklippen,
Wo auch die gescheitern
Schiffer gerne scheitern.

Kommst du in die Schenke,
Auf ein Knie dich senke!
Denn hier sitzen Fürsten,
Die nach Ruhme dürsten.

Und die Liebeszettler
Schelte keine Bettler!
Jeder trägt von Schmerzen
Einen Schatz im Herzen.

Liebe und Herr Becher!
Freigeborner Zecher
Königin und König!
Eurem Throne frön' ich.

Helfet ihr zu Rechte
Menschlichem Geschlechte,
Wird es unter Trümmern
Niemals gar verkümmern.

Gestern trat ein Weiser
Vor des Himmels Kaiser,
Frug, wie lang' die närr'schen
Leute sollten herrschen?

Und Gott sprach: So lange
Eure Weisheit bange
Wird den Menschen machen,
Soll die Thorheit lachen.

* * *

Loblied auf den Wesir
Mönch! die Predigt schenk' ich dir,
Die mir nicht kann taugen;
Denn es winkt ein Becher mir
Und zwei schöne Augen.

Niemals hat mir Doppelrausch
Tadelswert geschienen.
Ist es nicht ein edler Tausch,
Lipp- und Wein-Rubinen?

Gott sei Dank, die Polizei
Ist heut nachts gestorben.
Um die Stell' hat frank und frei
Sich der Rausch beworben.

Sitz' in Schenken mit Verstand,
Sei nicht stumm beim Weine,

Nimm ein Liederbuch zur Hand,
Wenn du willst, das meine.

Wer nach leichten Melodien
Singet meine Töne,
Wird die Sorge sehn entfliehn
Und sich nahn die Schöne.

Liebchen! gib mir nur den Duft
Von des Bechers Schaume,
Und ich nähre bis zur Gruft
Mich mit Wonnetraume.

Lilien und Rosen sind
Schön durch deine Blicke.
Würze du den Frühlingswind,
Daß sein Hauch erquickte.

Wenn du einem Mann wie mir
Ursach' gibst zu klagen,
Werd' ich dich bei dem Wesir
Unsrer Zeit verklagen. –

Er, der Wesir, der Strebepfeiler
Des Reichs der Welt,
Ihn preist als Gnadenrechtserteiler
Die Blum' im Feld.

Saatfelder segnete durch seine
Verwaltung Er.
Im Schachte reifen Edelsteine,
Perlen im Meer.

Sein leichter Wink bringt in Bewegung
Der Räder Schwung,
Und der bewegten Herzen Regung
Ist Huldigung.

Der Himmel geht in stetem Kreise,
Und Mond und Jahr
Und Herbst und Frühling wechseln leise,
Unwandelbar.

Bis zu dem Tage des Gerichtes,
Wo Gott dir lohnt,
Sei hell vom Glanze deines Lichtes
Dein Haus bewohnt.

Dein Haus, der Weisen und der Dichter
Erdparadies,
Dazwischen Schenkenangesichter,
Schön wie Huris.

Hafis, der mit dem Glanz von Eden
Dein Lob verbrämt,
Thu'st du die Lippen auf zu reden,
Schweigt er beschämt.

* * *

Die Thränenbäche
Ich zanke mit Thränenbächen
Des Auges Tag und Nacht,
Die aus dem Hause brechen
Mit ungestümer Macht.

Ich frage sie immer und immer:
Wohin denn gehet ihr?
Und andres erfahr' ich nimmer,
Als daß sie gehen zu dir.

Und wollt ihr denn niemals wandern
Nach anderm Ziel, als dem?
»Befiehl, nach welchem andern
Wär' es dir angenehm?«

Ich weiß auch keins, das besser;
Geht nur zu ihrem Fuß
Und bringt auf euerm Gewässer
Ihr diesen seufzenden Gruß.

* * *

Liebe und Entsagung
Fülle Dschemschids Becher an
Bis zum höchsten Rande,
Höchsten Himmel bist du dann
Drin zu sehn im stande.

Kennst du nicht des Bechers Glanz?
Das Gefäß Dschemschidens
Ist dein Herz; du füll' es ganz
Mit dem Schaum des Friedens!

Bleibst du niemals ohne Wein,
Ohne Lieb' und Lieder,
Fehlt nicht Erdewüstenei'n
Himmlisches Gefieder.

Ihrer Liebe Schleier wird
Lüften deine Rose,
Ostwind! wenn du ungeirrt
Fortübst dein Gekose.

Sieh! kein Schleier deckt dein Bild;
Rege, wo du gehest,
Keinen Staub nur im Gefild,
Daß du klar mich sehest.

Ruf den Blitz auf deines Ichs
Dunkles Wohngebäude,
Und verklärt erweitre sich's
Zum Palast der Freude.

Zittre nicht, Verzicht zu thun,
Herz! auf deine Deinheit,
Wenn du aufgenommen ruhn
Willst in meine Meinheit.

Forderst du das volle Glas
Von der Freundin Lippen,
Fordre nicht noch dies und das
Von der Erde Klippen.

Geh zufrieden wie Hafis
Auf Entsagungs-Wegen,
Und es geht dir hier gewiß
Einst die Lieb' entgegen.

* * *

Glückliche Rettung
Die Liebe fiel ins Grübchen am Kinn
Und war unendlich erschrocken.
Sie langte mit entschlossenem Sinn
Nach einer der flatternden Locken
Und zog sich mit Geschicke
Heraus am artigen Stricke,
Sonst läge sie, glaub' ich, noch darin.

* * *

Liebesandacht

O sei in keinem Augenblick,
Mein Herz! von Rausch und Liebe leer.
O wirf die Welt dir vom Genick,
Und deine Ichheit wirf ins Meer.

Der Liebe Meer ist reich und tief,
Die Eigenlieb' ist kahl und seicht.
Der Gang der Welt ist dumpf und schief,
Der Flug der Lieb' ist hoch und leicht.

Sieh an den frommen Mönch, und nimm
Ein Beispiel dran, nicht so zu sein.
Der Herr läßt leben gut und schlimm,
Die Selbsucht nur verdammt allein.

Wenn du den Himmel hast in dir,
So ist dir Tod und Leben gleich.
Und hast du nicht den Himmel hier,
Was nützt dir dort das Himmelreich?

Lieb' etwas hier und bet' es an,
Vergöttre nur dich selber nicht –
Mir brach der Eigenliebe Wahn,
Als ich dir sah ins Angesicht.

Du hast mit deiner Locken Band
Der Ichheit Fesseln abgestrüpft,
Und an der Seelen Vaterland
Mit deinen Blicken mich geknüpft.

Es hätte mich Verzweifelung
Getötet über deinen Glanz,
Hätt' ich in Liebeshuldigung
Nicht dir mich hingegeben ganz.

Du hast die Welt in Licht getaucht
Und hast mich außer mich gestellt,
Von deinem Odem angehaucht,
In dir zu schauen Gott und Welt. –

Ein Götzendiener bist du zwar,
Hafis, doch dienst auch du dem Herrn;
Denn wessen Rausch die Liebe war,
Wie wär' dem Quell der Lieb' er fern?

* * *

Anmeldung in der Schenke
Der Ostwind kam ans Schenkethor,
Mit lautem Gruß zu pochen;
Da trat der alte Wirt hervor,
Den hat er angesprochen:

»Ich wünsche dir Glück zu dieser Zeit,
Herr Frühling ist angekommen,
Auf Flur und Anger weit und breit
Ist neues Leben entglommen.

Nun ist die Luft ein Balsamhauch,
Ein Moschusreh die Erde,
Unter Blumen am Blütenstrauch
Froh spielender Gebärde.

Von meinem Weh'n ist der Kamin
Der Tulpen angefachet,
Und Blicke wärmen sich am Karmin,
Der Rosenwangen entlachet.

Nimm meinen Rat in kluges Ohr,
Nun fege die alte Schenke,
Steck' einen grünen Busch ans Thor
Und rüste frisches Getränke.

Schon sah ich draußen im Sonnenschein
Schmachten die lechzende Liebe,
Sie kommt zu stürzen in deinen Wein,
Ihre entflammten Triebe.

Wehr' einen Trunk der Labung nicht
Jedem aufrichtigen Zecher;
Doch kommt ein Heuchler, ein kluger Wicht,
So decke zu die Becher.

Versauern würde sogleich der Wein,
Wenn sauere Blick' ihn träfen;
Und flöss' unlautere Weisheit darein,
So würde der Trank zu Hefen.

Leb' wohl! ich will nun meinen Herrn
Hafisen sogleich dir schicken,
Du wirst den Freund von selber gern
Mit deinem Besten erquicken.

Sich wagt, wo er in der Schenke zecht,
Kein Heuchling, kein Mönch, kein Frömmling;
Denn der Hafis ist schlecht und recht
Der alten Treu' Abkömmling.«

* * *

Der Talisman des Weines
Wer trinkt soll reines Herzens sein,
Mit Wein ist nicht zu scherzen.
Der reine rote Edelstein
Veredelt zwar die Herzen;
Doch die Veredlung geht verloren,
Wo nicht ist Edles eingeboren:
Ihr Edlen, trinkt den edlen Wein!

Es ist das zarte Feenkind
Vor dumpfer Roheit schüchtern,
Und keinem ist es hold gesinnt,
Wer tobt, noch wer ist nüchtern.
Geheimnisse ihm abzulauschen,
Muß man sich mit Verstand berauschen
Und nicht sich zechen taub und blind.

Die Liebe ist als Talisman
Dem Weine unentbehrlich,
Und ohne Schönheit obenan
Ist ein Gelag gefährlich.
Drum trinkt nur ohne Fahr ein Dichter,
Weil er ruft schöne Augenlichter
Bei jedem Glas zu Zeugen an.

Huldigungsruf
Du hast an lieblicher Herrlichkeit
Erstiegen die höchste Stufe;
Die ganze Seele sei dir geweiht
Zu einem Huldigungsrufe.

O liebentglommener Rosenstrauch,
Des Himmels Tau dich erquicke!
Beschirme dich Gott vor giftigem Hauch
Der Welt und schädlichem Blicke!

* * *

Beschwichtigter Zweifel
Über meinen eignen Kopf
Bin ich nicht im reinen,
Hab' ich, wie ein andrer Tropf,
Einen oder keinen?

In der Schenke, wann der Wein
Mir zu Kopfe steiget,
Fühl' ich erst der Kopf ist mein,
Und der Zweifel schweiget.

* * *

Reiseziel
Nun ist das Leben an seinem Ziel,
Und ohne Zweck war die Reise.
O Jüngling, rühre das Saitenspiel,
Schon morgen wirst du zum Greise.

Das lecke Schiff und der morsche Kiel
In Meeren ohne Geleise,
Der Winde Ball und der Wellen Spiel,
Unnütz gewirbelt im Kreise.

So viel gehofft und gewünscht so viel,
Getäuscht in jeglicher Weise,
Hindurch durchs ewige Widerspiel,
Gequält von Glut und von Eise.

Nun sinkt die Rose auf mattem Stiel,
Die Blätter fallen vom Reise,
Nun ist das Leben an seinem Ziel,
Und ohne Zweck war die Reise.

* * *

Rosengeschmeide
Die Rose meiner Liebe,
Der keine Sonne scheint;
Daß sie nicht schmucklos bliebe,
Hat Perlen sich geweint.

Sie trägt als Brustgeschmeide
Der Thränen Perlenschnur.
Des Schmuckes mich entkleide

Die hohe Sonne nur.

Die Perlen alle wollen
Vergehn vor Ungeduld,
Bis sie zergehen sollen
An Blicken deiner Huld.

* * *

Kehr' ein bei mir
Du bist die Ruh',
Der Friede mild,
Die Sehnsucht du
Und was sie stillt.

Ich weihe dir
Voll Lust und Schmerz
Zur Wohnung hier
Mein Aug' und Herz.

Kehr' ein bei mir,
Und schließe du
Still hinter dir
Die Pforten zu.

Treib andern Schmerz
Aus dieser Brust!
Voll sei dies Herz
Von deiner Lust.

Dies Augenzelt
Von deinem Glanz
Allein erhellt,
O füll' es ganz.

Lachens und Weinens Grund
Lachen und Weinen zu jeglicher Stunde
Ruht bei der Lieb' auf so mancherlei Grunde.
Morgens lacht' ich vor Lust;
Und warum ich nun weine
Bei des Abendes Scheine,
Ist mir selb nicht bewußt.

Weinen und Lachen zu jeglicher Stunde
Ruht bei der Lieb' auf so mancherlei Grunde.
Abends weint' ich vor Schmerz;
Und warum du erwachen

Kannst am Morgen mit Lachen,
Muß ich dich fragen, o Herz.

* * *

Die Spätlingsrose
Siehe, Verzicht
Wollt' ich nunmehr auf die Rosen leisten;
Hab' ich doch nicht,
Weil sie mir blühten, geträumt wie die meisten.

Glückliches Los!
Siehe, da ist noch ein Nachwuchs gekommen,
Sei auf den Schoß,
Spätlingsrose! mir dankbar genommen.

* * *

Erziehung
Wiewohl man dir vom Nutzen spricht,
Den andre edle Wissenschaften schafften,
Doch lasse du die Liebe nicht,
Sie ist die edelste der Wissenschaften.

Wenn die Begierde nicht die Ruh',
Die Stille stört, o Seele! die du brauchest,
So kommst du noch gewiß dazu,
Daß du dich ganz ins Licht der Liebe tauchest.

O du! von deren Angesicht
Der Frühlingsruf erging an mein Gemüte,
Verwirre du die Triebe nicht,
Und hilf erziehn die zarte Himmelsblüte!

* * *

Das bittere Kraut
O Scheiden und Meiden, du bittres Kraut!
Wer hat dich zuerst im Garten gebaut?
Konnt' er nichts Besseres ziehen?
Er hat dich mit seinen Augen betaut,
Davon bist du gediehen.

O Scheiden und Meiden, vom Himmel gesetzt!
Du bringest die süßen Früchte zuletzt,
Derselben muß ich nun warten;

Doch besser wär' es, ich hätte dich jetzt
Nicht pflanzen müssen im Garten.

* * *

Erste und letzte Reise
Ich ging aus meinem Vaterland
Ein einziges Mal im Leben,
Und habe, weil ich dich draußen nicht fand,
Mich schleunig zurück begeben.
Ich werde nach keinem fremden Strand
Mich jemals wieder begeben
Und denk' einst auch nur an deiner Hand
Zu reisen ins andre Leben.

* * *

Geduld
Herz! wir haben manches Jahr
Nun gedient in Treuen,
Und gehofft wohl immerdar,
Lohn sollt' uns erfreuen.
Da die Hoffnung eitel war,
Soll es uns gereuen?
Nein, versuchen wir's fürwahr
Noch einmal vom neuen.

* * *

Weltnot und eigne
Wer die Weltnot heilen will,
Thu', was ich ihm gern erlaube,
Meine eigne muß ich still
Heilen mit dem Saft der Traube.

Glaubet mir, es ist kein Rat,
All den Jammer zu ertragen,
Als mit Trinken früh und spat
Ihn sich aus dem Kopf zu schlagen.

Sieh beständig in dein Glas,
Weiter gibt's kein Glück auf Erden.
Als ich in den Sternen las,
Fand ich dort auch nur Beschwerden.

Das ist meine größte Klage,
Daß ein Liebchen mir geworden,

Das, um ab des Lebens Plage
Mir zu nehmen, mich will morden.

Schämen solltest du dich doch,
Auch der schlechten Welt zu gleichen.
Floh ich nicht zu deinem Joch,
Um dem ihren zu entweichen?

Komm und laß in deinen Blicken
Mich den Himmel offen sehn,
In dem Becher deiner Lippen
Trinkend selig untergehn.

* * *

Wie die Ceder
Wie die Ceder will ich erheben
Über die Wolken hoch mein Haupt,
Still in Lüften des Himmels schweben,
Von Erdsorgen unangestaubt;
Wenn dereinst mir das Glück erlaubt,
Mich zur Einsamkeit zu begeben,
Zu entsagen dem Menschenleben,
Das den Frieden der Seele raubt.

* * *

Die Quelle in der Wüste
Wenn ich eine Quelle wüßte,
Die von lautrem Weine flösse,
Zu ihr zög' ich in die Wüste,
Daß ich ungestört genösse.

Eine Hütte wollt' ich baun,
So daß über ihre Schwelle
Flösse aller Wein der Quelle,
Ringsum baut' ich einen Zaun.

Menschen sollten mir nicht kommen,
Mir den reinen Quell zu trüben,
Doch erlaubt' ich's, daß die frommen
Tiere zu mir her sich hüben.

Die Gaselle sollte springen,
Nachtigall den Gruß erwidern,
Wenn ich trunken wollte singen
Stellen aus Hafisens Liedern.

* * *

Die Kerze
Wie die Kerze
Treu am Bette aller Schönen wach' ich;
Wie die Kerze
Jedem trunknen Nachtgelage lach' ich.

Wie die Kerze
Muß ich, mich verzehrend, Flammen saugen,
Und vor Schmerze
Kommt kein Schlaf bei Nacht mir in die Augen.

Wie die Kerze
Wein' ich still, wenn ich zu lachen scheine,
Und ich scherze
Lachend, wenn ihr glaubet, daß ich weine.

Wie die Kerze
Leuchtet in das Aug' der Welt mein Namen,
Seit im Scherze
Mich zwei Augen zu entflammen kamen.

Wie die Kerze
Will ich alle Welt in Flammen setzen,
Daß die Schwärze
Deines Aug's sich mög' am Brand ergetzen.

Wie die Kerze
Leuchtet mir dein Bild durch Grames Nächte;
O entschwärze
Mein Geschick durch deines Lichtes Mächte!

Wie die Kerze
Ist der Felsen der Geduld geschmolzen,
Weil die Erze
Deines Busens trotzen allen Bolzen.

Wie die Kerze
Ist Hafis in Liebesglut zerstoben,
Freimunds Herze
Hat die hellen Funken aufgehoben.

* * *

Vierzeilen in persischer Form

1.

Frühling ist, Verklärung schwebt um Busch und Strauch;
Kann so reine Schönheit blühn auf Erden auch?
Eine Himmelsunschuld jedes junge Blatt,
Noch unangerührt von des Verderbens Hauch.

2.

Eine Zauberin ist diese Erde,
Schon so alt, noch reizend von Gebärde,
In der Nacht des Winters treibt sie Künste,
Daß sie jung am Frühlingsmorgen werde.

3.

Vom Himmel kam geflogen eine Taube
Und bracht' ein Kleeblatt mit dreifachem Laube.
Sie ließ es fallen; glücklich, wer es findet!
Drei Blättlein sind es: Hoffnung, Lieb' und Glaube.

4.

Was du lieben kannst, mit Lieb' umfasse du's;
Und was du nicht lieben kannst, o lasse du's.
Überlasse du es dem, der alles liebt,
Was er schuf; und was er liebt, nicht hasse du's.

5.

Kein drückender Gefühl ist, als zu wissen,
Daß, wo du gehst, dich niemand wird vermissen.
Drum danke Gott, daß du ein Herz gefunden,
Das weinen wird, wenn du ihm wirst entrissen.

6.

Hoffnung wohnt bei Sterblichen hienieden,
Und bei Toten wohnt im Grabe Frieden.
Zage nicht, wie auch das Los dir falle,
Immer ist dir, was du brauchst, beschieden.

7.

O sei auf Gottes heller Welt kein trüber Gast!
Mach' Schande nicht dem milden Herren, den du hast.
Zeig' in Gebärd' und Wort und Blick, daß dem du dienst,
Der sagt: »Mein Joch ist sanft und leicht ist meine Last.«

ANHANG

Des Glockentürmers Töchterlein
Mein hochgebornes Schätzelein,
Des Glockentürmers Töchterlein,
Mahnt mich bei Nacht und Tage
Mit jedem Glockenschlage:
»Gedenke mein! gedenke mein!«

Mein hochgebornes Schätzelein,
Des Glockentürmers Töchterlein,
Rufet zu jeder Stunde
Mich mit der Glocken Munde:
»Ich harre dein, ich harre dein.«

Mein hochgebornes Schätzelein,
Des Glockentürmers Töchterlein,
Es stellt die Uhr mit Glücke
Bald vor und bald zurücke,
Wie es uns mag gelegen sein.

Mein hochgebornes Schätzelein,
Wie sollt' es nicht hochgeboren sein?
Der Vater war hochgeboren,
Die Mutter, hocherkoren,
Hat hoch geboren ihr Töchterlein.

Mein hochgebornes Schätzelein
Ist nicht hochmütig, und das ist fein;
Es kommt wohl hin und wieder
Von seiner Höh' hernieder
Zu mir gestiegen im Mondenschein.

Mein hochgebornes Schätzelein
Sprach gestern: »Der alte Turm fällt ein,
Man merkt es an seinem Wanken
Ich will in Lüften nicht schwanken,
Will dein zu ebner Erde sein.«

* * *

Liebesgedanken
Als ich von dir, Geliebte! mußte wanken,
Ließ ich zurück die Hälfte der Gedanken,
Die kleinre Hälfte nahm ich nur mit mir,

Die mir's nun gar nicht danken,
Daß sie nicht sind bei dir.

Sie mahnen mich in jedem Augenblicke,
Daß ich nach dir doch einmal Boten schicke,
Dann will der Liebesbote jeder sein;
Und wenn ich nicht gleich nicke,
So gehen sie allein.

Sie gehn zu dir und bringen kleine Lieder;
Sind sie erst dort, so kommen sie nicht wieder,
Und von Gedanken wird das Haus mir leer;
Bald hab' ich nur noch Glieder
Und kein Gedänkchen mehr.

* * *

Abendlied
Die ihr mit dem Odem linde
Jedes Blümchen küßt und grüßt,
Sagt mir, laue Abendwinde,
Wo ihr jetzt mein Mädchen küßt?

Ob im Spiegel eines Quelles
Sich ihr klares Bildnis malt,
Oder ob das Antlitz helles
Abendrot ihr überstrahlt?

Ob sie Nachtigallen grüßen,
Wo sie froh durch Büsche eilt,
Oder neue Blumen sprießen,
Wo ihr sanfter Fußtritt weilt?

Flattert zu ihr, laue Winde,
Sagt ihr, daß ich harre schon;
Ihr zum Führer tragt geschwinde
Mit euch meines Liedes Ton.

Durch die blauen Lüfte webet
Abenddämm'rung, ruhig, mild,
Und vom Stern der Liebe bebet
Sanfter Schimmer aufs Gefild'.

Nur wo mich ihr Arm umfasset,
Lächelt mir der schöne Stern,
Und sein hellster Glanz erblasset,
O Geliebte, bist du fern.

* * *

Der fromme Weidmann

Die Sonne deckt mit Gold die Hügel,
Der Abend senkt sich aufs Gefild',
Und zu des Waldbachs klarem Spiegel
Kommt aus dem Busch hervor das Wild.

Es rauscht hervor aus dichtem Haine
Und blickt nach mir mit keckem Mut,
Wo neben mir am grünen Raine
Mein Feuerrohr und Hündchen ruht.

Wer hat, o Reh, dir das geheißen,
Daß heut der Schütze dich nicht schreckt?
Sei unverzagt! hier ruht das Eisen,
Das mörderisch euch niederstreckt.

Heut soll durch mich kein Leben sterben,
Das noch wie ich sich freuen kann,
Heut soll kein Blut die Hände färben,
Die bald mein Mädchen hier umfahn.

Was blickst du scheu nach jenen Büschen
Und reckst den schlanken Hals empor?
Sie ist's! sie ist's! aus jenen Büschen
Schwebt meiner Liebe Bild hervor.

Nun geh, den Freund dir aufzufinden,
Mit ihm des Spieles dich zu freun;
Spielt ihr in Waldes düstern Gründen,
Wir spielen hier im Abendschein.

* * *

Der Ungeliebte

Fänd' ich doch auf ird'scher Flur,
Fänd' ich doch die Liebe nur,
Die ich liebend denke,
Daß in sie der irre Geist,
Der sich wild durch Welten reißt,
Liebevoll versänke.

Oder nur ein teures Bild,
Das aus Himmelshöhen mild
Mir sich nieder neigte,
Auf den Pfad, von ihm erhellt,

Aufwärts aus der dunklen Welt
Meinen Flug mir zeigte!

* * *

Ziel der Sehnsucht
Wenn ich durch die Fluren schweife,
Jene suchend her und hin,
Die mich schlug in goldne Reife,
Der ich ganz zu eigen bin:

Welch ein Wünschen, welch ein Wähnen
Hebt die Seele trunken auf;
In die Wolken trägt das Sehnen,
In die Himmel mich hinauf.

Mit dem Vogel möcht' ich fliegen,
Auf den Sternen möcht' ich stehn,
Mich auf Windesfittich wiegen,
Brausend über Wipfel gehn!

Bis ich komme zu dem Örtchen,
Wo aus Büschen tief heraus
Mit dem beigelehnten Pförtchen
Winkt ihr kleines Hüttenhaus.

Schnell verflogen, schnell zergangen
Sind die Wünsche groß und klein,
Und die Sehnsucht kehrt gefangen
Still ins stille Hüttchen ein.

An die Neugierigen
Von zwei schönen Schwesterrosen
Welche mir im Herzen steht?
Da ihr mich mit leichtem Rosen
Zwischen beiden flattern seht?

Forscht und späht ihr auszufinden?
Spähet nur mit allem Fleiß!
Schwerlich werdet ihr ergründen,
Was ich selber fast nicht weiß.

* * *

Der mitleidige Himmel
Nicht täglich darf ich es wohl wagen,
Zu meinen Schwesterlein zu gehn;

Was würden auch die Leute sagen,
Wenn sie mich täglich kommen sähn?

So muß nach jedem Tag der Freuden
Sich einen langen Trauertag
Mein Herzchen an Erinn'rung weiden,
Was es dazu auch sagen mag.

Doch daß es still sein Schicksal trage,
Hilft ihm der Himmel mitleidsvoll
Und macht zu einem Regentage
Den Tag, wo ich nicht gehen soll.

Ist dann der Freudentag gekehret,
Schnell kehret auch der Sonnenschein
Und führt, von Lieb' und Lust verkläret,
Mich nieder zu den Schwesterlein.

* * *

Glosse
Sie hat nicht Lust, mich freizulassen,
Noch Lust, auch mich ans Herz zu fassen.
Dem Vogel gleich im Vogelbauer,
Der Tag und Nacht von Liebe singt,
Der, ob's ihr nicht zu Herzen dringt,
Sie doch ergetzt mit seiner Trauer,
Weil oft neugierig ein Beschauer
Sein'twegen stehn bleibt auf den Gassen;
Hat sie nicht Lust, mich freizulassen.

Dem Spiegel gleich, in dessen Glanze
Sie ihre Reize gern beschaut,
Der ihr muß sagen oft und laut,
Unübertrefflich sei das Ganze;
Doch wenn sie eben geht zum Tanze,
Legt sie den Spiegel weg gelassen,
Hat Lust nicht, ihn ans Herz zu fassen.

Gleich einem Stückchen Putz, das eben
Nachlässig aus der Hand ihr fällt,
Wenn sie des Vorrats Must'rung hält;
Sie ist zu stolz, es aufzuheben,
Zu geizig doch, es wegzugeben;
So hat sie mich aus Herz zu fassen
Nicht Lust, noch Lust mich freizulassen.

* * *

Winterlied
Die schöne Sommerzeit ist hin,
Der Winter ist nun da;
Wir müssen aus dem Garten fliehn,
Der uns so fröhlich sah.

Der Busch ist kahl und abgelaubt,
Der uns im Schatten barg;
Der alte kalte Nordwind schnaubt
Und macht es gar zu arg.

O Mädchen, komm, so weichen wir
Und räumen ihm das Feld;
Ist nicht, o süßes Mägdlein, dir
Ein Hüttelein bestellt?

Und bleibt mir fortan immer nur
Das Hüttlein aufgethan;
So klag' ich nicht die öde Flur
Und nicht den Winter an.

* * *

Fränkisches Volksliedchen
Heut auf die Nacht
Schüttl' ich meine Birn',
Fallen's oder fallen's net.
Heut auf die Nacht
Geh' ich zu meiner Dirn',
Mag sie oder mag sie net.

* * *

Die Augensprache
Die seltne Sprachgewandtheit nicht
Besitzt mein Lieb, das junge,
Das mit den Augen fert'ger spricht
Als andre mit der Zunge.

O welch ein reicher Wörterschatz
In diesem offnen Briefe!
Da ist ein Blick ein ganzer Satz
Von unerforschter Tiefe.

Sie haben Liebe blind gemalt,
Man sollte stumm sie malen;
Die Sprache, die dem Aug' entstrahlt,
Ersetzt des Schweigens Qualen.

Das ist die Sprach', in der allein
Die Seligen in Eden,
Die Sprach', in der im Frühlingshain
Sich Blumen unterreden.

Das ist die Sprache, deren Schrift
Im lichten Zug der Sterne,
Geschrieben von der Liebe Stift,
Durchblinkt die ew'ge Ferne.

Die Sprache, vom Verstande nicht,
Nur vom Gefühl verstanden,
Darum in dieser sich bespricht
Die Lieb' in allen Landen.

PANTHEON

ERSTES BRUCHSTÜCK - KRITIK

An unsere Sprache
Reine Jungfrau, ewig schöne,
Geist'ge Mutter deiner Söhne,
Mächtige von Zauberbann,
Du, in der ich leb' und brenne,
Meine Brüder kenn' und nenne
Und dich selber preisen kann!

Da ich aus dem Schlaf erwachte,
Noch nicht wußte, daß ich dachte,
Gabest du mich selber mir,
Ließest mich die Welt erbeuten,
Lehrtest mich die Rätsel deuten
Und mich spielen selbst mit dir.

Spenderin aus reichem Horne,
Schöpferin aus vollem Borne,
Wohnerin im Sternenzelt!
Alle Höhn hast du erflügelt,
Alle Tiefen du entsiegelt
Und durchwandelt alle Welt.

Durch der Eichenwälder Bogen
Bist du brausend hingezogen,
Bis der letzte Wipfel barst;
Durch der Fürstenschlösser Prangen
Bist du klingend hergegangen,
Und noch bist du, die du warst.

Stürme, rausche, lispl' und säusle!
Zimmre, glätte, hau' und meißle,
Schaffe fort mit Schöpfergeist!
Dir läßt gern der Stoff sich zwingen,
Und dir muß der Bau gelingen,
Den kein Zeitstrom niederreißt.

Mach' uns stark an Geisteshänden,
Daß wir sie zum Rechten wenden,
Einzugreifen in die Reih'n.
Viel Gesellen sind gesetzet,
Keiner wird gering geschätzet,
Und wer kann, soll Meister sein.

* * *

An die Dichter
Geist genug und Gefühl in hundert einzelnen Liedern
Streu' ich, wie Duft im Wind, oder wie Perlen im Gras.
Hätt' ich in einem Gebild es vereinigen können, ich wär' ein
Ganzer Dichter, ich bin jetzt ein zersplitterter nur.

* * *

Naturpoesie
Das Schönste ward gedichtet
Von keines Dichters Mund,
Kein Denkmal ist errichtet,
Kein Marmor thut es kund.
Es hat sich selbst geboren,
Wie eine Blume sprießt
Und wie aus Felsenthoren
Ein Brunnquell sich ergießt.

* * *

Calderon und seine Bearbeiter
Calderon mit seiner steifen
Formenpracht kann ich begreifen,
Auch an seinem immer neuen
Farbenschmelz mein Aug' erfreuen,
Selbst Phantome seiner krassen
Kloster-Hofluft gelten lassen.
Aber wer ihn heut noch gelten
Machen will, den muß ich schelten.
Wo er stehn will auf den Brettern,
Wird die Zeit herab ihn schmettern,
Die mit Fürstenknecht und Pfaffen
Künftig nichts mehr hat zu schaffen.

* * *

Zu Lessings Denkmal
Jeder Deutsche, wenn er Lessing nennen höret, fühle Stolz;
Der, der Bildung Baum zu pflanzen, ausgereutet faules Holz.
Deutschen Geistes sprödes Erz mit männlicher Begeist'rung schmolz,
Und wohin er immer zielte, stets ins Schwarze schoß den Bolz.

Ihm ein Denkmal zu errichten braucht es nicht, Er hat's gethan;
Aber wie wir ihm verpflichtet uns erkennen, zeig' es an:

Er hat eingeschlagen, die wir wollen gehn, der Forschung Bahn,
Und zum Ziel der Wahrheit, das wir suchen, ging er uns voran.

Er zuerst hat unser Wesen fremder Fessel frei gemacht
Und zu Ehren vor Europas Augen unser Volk gebracht:
Drum, solang in uns Gefühl der Ehre, Mut der Freiheit wacht,
Als Befreiers, Ehrenwächters, sei, o Lessing, dein gedacht.

* * *

Goethe
Der euch das Kreuz
Mit Rosen umwunden,
Hat er vor euch
Nicht Gnade gefunden?

Nein, ihr seid stolz,
Am nackten zu hangen.
Laßt mir das Kreuz,
Von Rosen umfangen!

* * *

Heldenleben
(Zu Rostem und Suhrab.)

Das ist des alten Heldenlebens Geist,
Daß, wie du immer ihm entfremdet seist,
Du dich ergriffen von der Herrlichkeit,
Erschüttert fühlst, erhoben und geweiht,
Zugleich erkennest, daß, wie frisch und stark,
Es gleichwohl schadhaft sei im innern Mark,
Darum dem Tod verfallen rettungslos,
Doch auch im Untergang so schön und groß,
Daß so zu leben, auch um so zu sterben,
Das schönste scheint, was könn' ein Mensch erwerben.

ZWEITES BRUCHSTÜCK - SELBSTSCHAU

Zum Anfang
Mache deinem Meister Ehre, o Geselle, baue recht!
Wie das Maß er hat genommen, nimm die Kelle, baue recht!
Nicht um deine Mitgesellen sorge, wie sie mögen baun;
Dafür laß den Meister sorgen, deine Stelle baue recht!
Frage nicht, was mühsam heute deine Hand gefügt, wie bald
Wohl im Sturm der Zeiten wieder es zerschelle, baue recht!
Laß nicht deinen Unmut fragen, welch Bewohners Ungeschmack
Künftig die von dir gebaute Wand entstelle, baue recht!
Gärtner, dem der Grund zum Mörtel und zur Kell' ein Spaten dient,
Rühr' dich, und den Bau der Erde treu bestelle, baue recht!
Bau' die Formen der Gewächse, gründe Pflanzen und vertilg'
Unkraut, daß in Weg dem Kraut es sich nicht stelle, baue recht!
Ordne deine blüh'nden Staaten, freu' dich der Bevölkerung.
Beet' und Pfad' und auch die Leitung jedem Quelle baue recht!
Fischer, dem das Meer zum Acker und zum Pflug ein Nachen dient,
Furche tief das Beet der Fluten, deine Welle baue recht!
Fleug, Weltteile zu verknüpfen, Schiff, und laß den Handel blühn!
Handel, deine Mess' und Bude, Wag' und Elle, baue recht!
Laß vom Recht und von der Liebe, König, dir den Thronsaal baun!
Bau' den Giebel frei und luftig, und die Schwelle baue recht!
Wenn die Eintracht Häuser bauet, die die Zwietracht niederreißt:
Eintracht, komm, nimm unsrer Zwietracht Trümmerfälle, baue recht!
Kleinlich ist der Staaten Fachwerk vor dem ew'gen Bau der Welt:
Komm, Weltweisheit, Weltengeistes Baugeselle, baue recht!
Die Vergangenheit der Schöpfung bau' uns aus den Trümmern auf,
Und die Zukunft der Geschichte baue helle, baue recht!
Löse du die Sprachverwirrung, die den Bau ins Stocken bringt;
Daß Idee den Plan des Meisters her uns stelle, baue recht!
Sichre, stille, ungestörte Architektin, o Natur,
Baue fort nach unbewußtem Kunstmodelle, baue recht!
Bau' die stolzgewölbte Kuppel deines Saals, o Himmel, wo
Mit Musik sich ewig drehen Sphärenbälle, baue recht!
Sonnenbahnen und Milchstraßen, der Planeten Wohnungen,
Die vier Häuser für des Mondes Wechselschnelle, baue recht!
Baue die Korallenriffe und die stille Muschelbank,
Heil'ges Meer, und der kristallnen Grotten Helle baue recht!
O Baumeister an den Flüssen, Biber, daß der Menschenwitz
Von dir lerne, deine Bauten ohne Kelle baue recht!
Eure schwebenden Paläste baut, ihr Vögel, unterm Ast!
Künstlerbiene, die sechseck'ge Honigzelle baue recht!
Bau' die Gruft nach rechtem Maße für der Chrysalide Schlaf,
Raup'! und deine dunklen Flügel, o Libelle, baue recht!
Bau' dich hoch, o Königskerze, brenn' in Blüten still hinan!

Lilie, deines Kronenleuchters Fußgestelle baue recht!
Auf Gerüst der Blätter schwebend, Blume, bau' dein Heiligtum,
Duftverhüllter Liebespaare Brautkapelle baue recht!
Bauet selbst, ihr Balsamstauden, euch zum Opferduftgefäß!
Dich dem Moschus zum Behältnis, o Gazelle, baue recht!
Unbewußte Dichterseele, Nachtigall, o baue dir
Deine Kehle, daß sie lieblich Liebe gelle, baue recht!
Liebe, bau' dein Rohr der Flöten, daß es Sehnsucht atme; bau',
Andacht, deine Orgel, daß sie Himmel schwelle, baue recht!
Frühlingsprediger! Amphion der Natur! daß Herz an Herz
Der Gemeinde, Stein der Kirch' an Stein sich stelle, baue recht!
Bau' die musikal'sche Leiter der Gedanken himmelan,
Freimund! deiner Liederwogen Tongefälle baue recht!

Geist der Liebe, Weltenseele, Vaterohr, das keine
Stimme überhöret der dich lobenden Gemeine!
Eine Reihe Dankgebetes, Lobgesangs ein Faden
Zieht sich hin vom Duft des Morgens zu des Abends Scheine.
Eine Reihe Lobgesanges, Dankgebets ein Faden
Zieht sich hin vom Duft des Abends zu des Morgens Scheine.
Eine Schnur, woran geordnet dir zum Preise hangen
Aller Himmel Sterne, samt den Blüten aller Haine.
Eine Schnur, woran das Meer die Perlen seiner Andacht
Und der Erdgrund reihet seiner Inbrunst Edelsteine.
Gib, daß in das Lobgeweb', das neu die Schöpfung täglich
Dir aus tausend Fäden wirkt, ich wirken dürf' auch meine!
Der du gabest, dich zu loben, eine Stimme jedem
Leben von der lichten Sonne bis zum dunklen Steine!
Gib, daß diese Seele auch durch der Gebetesflammen
Schürung dir die innere Lebendigkeit bescheine!
Laß im Psalmenstrom der Schöpfung, in der Weltenmeere
Großen Hymnenwogen mit hinschwimmen diese kleine!
O Natur, mit deinem Hauche läutere die Seele,
Daß sie wiederhalle rein dein Glockenspiel, das reine!
Gib, daß in den großen Einklang deiner Stimmen jedes
Menschenherz harmonisch schmelze, ob es jauchz', ob weine!
Weltenohr! vor dem gesungen vom Beginn der Zeiten,
Die Jahrhunderte herab, viel Dichter im Vereine:
Ihrer Saiten Widerspruch ist vor dir ausgeglichen;
Ihre hunderttausend Stimmen hörest du als eine.
Laß in deinem Abendwinde Rosen säuseln über
Eines jeden, der dir sang, nun schlummernde Gebeine!
Laß den freien Dichtermund hier deinem Lobe dienen,
Bis in Engelzungen dort sich freier mischet seine!

* * *

Dichterselbstlob
Ich bin König eines stillen Volks von Träumen,
Herrscher in der Phantasieen Himmelsräumen.
Kaiserkron' und Königskerze mir zu Füßen
Blühen auf, mich, ihren Oberherrn, zu grüßen.
Um die dunklen Locken farb'ge Wolkenbogen
Sind, ein buntgesteintes Diadem, gezogen.
Alle Frühlingsblumen kommen, vorzutragen
Meinen Ohren ihre ew'gen Liebesklagen.
Alle Bronnen aus der Schöpfung Tiefen brechen,
Von Geheimnissen mit mir sich zu besprechen.
An der Linken trag' ich Salomonis Siegel,
Mit der Rechten heb' ich Dschemschids Weltenspiegel.
Alle Geister sind des Siegels Unterthanen,
Und die Schöpfung schwört zu meinen Sonnenfahnen.
Gegen Nacht und Finsternis in Kampfesschranken
Führ' ich eine Schar von leuchtenden Gedanken.
Kommt und helft, den Himmel auf der Erde stiften,
Helft den Tod mir töten und das Gift entgiften.
Jeden Baum des Lebens soll mein Hauch beblättern,
Und die Schlang' am Stamme soll mein Arm zerschmettern.
Morgenwinde, gehet aus auf allen Pfaden,
Mir zum neuen Paradies die Welt zu laden.
Wer dem Druck der Tyrannei muß draußen weichen,
Eine Freistatt biet' ich ihm in meinen Reichen.
Dort ist Mühsal, Drang, Verfolgung, Not und Kummer;
Hier ist Frieden, Eintracht, Stille, Ruh' und Schlummer.
Ihr Bewohner Dschinnistans, Peris und Dschinnen,
Baut mir hier ein Wunderschloß mit goldnen Zinnen.
Bauet mir den Weltpalast mit vielen Zimmern,
Wo vereint die Herrlichkeit der Welt soll schimmern.
Bauet so viel Zimmer mir als Nationen;
Jede soll mit ihrer Lust in einem wohnen.
Bauet so viel Dächer mir als Himmelszonen;
Jede soll mit ihrer Pracht auf einem thronen.
In der sieben Prunkgemächer Tepp'che wirken
Soll man Wunderwerk' aus sieben Weltbezirken.
Malerei soll Frühlingsglanz an Wänden weben,
In den Nischen sollen Marmorbilder leben.
Und Musik soll mit den ew'gen Sphärentönen
Alle Lebensstimmen der Natur versöhnen.
O ihr Geister, um das Zauberschloß den Garten
Pflanzt mit Bäumen und Gewächsen aller Arten.
Nachtigallen aller Zonen mit den Rosen
Aller Himmel lasset mir zusammen kosen.

O ihr Götter Hindostans, die ihr in Blumen-
Kelchen wohnet, kommt zu euern Heiligtumen!
Ihr, gewebt aus Mondesstrahlen, Sylph- und Elfen,
Sollet auch mir meinen Park bevölkern helfen.
O ihr dem Olymp entstürzten Griechengötter,
Rettet her zu mir euch gegen eure Spötter.
Bau' die Mauern meines Gartens, o Amphion!
Die Delphine meiner Fluten zügl', Arion!
Zähme meines Haines Wild mit Saiten, Orpheus!
Und die Scharen meines Traumvolks führ', o Morpheus!

* * *

Einkehr
Wer durchs Lebensmeer gesucht
Und ein Gut gefunden,
Flüchte sich zur stillen Bucht,
Weitrer Fahrt entbunden.

Eh' erschlafft die Segel sind,
Kann der Wind nicht rasten;
Immer lockt der Hoffnung Wind
Unversuchte Masten.

Drüben wo die goldne Frucht
Reift der Hesperiden;
Eh' auch du das Land gesucht,
Hast du heim nicht Frieden.

Nicht den Zaubergarten wirst
Finden du, den fernen,
Aber ihm, indem du irrst,
Zu entsagen lernen.

Gib dem Herzen, was es will,
Laß die Welt es lehren,
Daß kein Heil ihm bleibt, als still
In sich einzukehren.

Wer ein Leben hat gelebt,
Mag sich wohl verschließen;
Aus der Welt, die er begräbt,
Wird sein Himmel sprießen.

Doch, *Freimund,* höre, was jener spricht:
Die deutsche Sprache verstehst du nicht. –
Still, Herz, mit deinem Pochen!

Ob dieses deutsch ist, was ich sprach,
Ich weiß es nicht, ich sprach nur nach,
Was Engel zu mir gesprochen.

* * *

Weltpoesie
Was vor Jahrtausenden gerauscht
Im Wipfel ind'scher Palmen,
Wie wird es heut von dir erlauscht
Im Strohdach nord'scher Halmen!

Ein Palmenblatt, vom Sturm verweht,
Ward hergeführt von Schiffern,
Und seinen heil'gen Schriftzug, seht,
Ihn lernt' ich zu entziffern.

Darein ist ganz mein Geist versenkt,
Der, ohne zu beachten,
Was hier die Menschen thun, nur denkt,
Was dort die Menschen dachten.

Und so, wiewohl das Alte stärkt,
Das Neue zu verstehen,
Wird doch viel Neues unbemerkt
An mir vorübergehen.

Bemerken werden die es schon,
Die laut am Markte walten,
Vom Volk beklatscht; ein stiller Lohn
Ist mir doch vorbehalten.

Daß über ihrer Bildung Gang
Die Menschheit sich verständ'ge,
Dazu wirkt jeder Urweltsklang,
Den ich verdeutschend bänd'ge.

* * *

Großes aus Kleinem
Du sagest mir: »O nicht zersplittre
In Lieder dich! web' ein Gedicht!«
Ich aber sage dir: Verbittre
Mir die unschuld'ge Freude nicht!
Sieh hin, wie auf der Aue
Der Sonne Licht sich bricht
In jedem Tropfen Taue!

Wenn ich mich kann in Tropfen spiegeln,
Was soll ich Teiche legen an?
Und Meere stürmisch aufzuwiegeln,
Scheint vollends mir nicht wohlgethan.
Mir gnügt's am leisen Klange,
Den ich gewann zum Bann
Jedwedem Herzensdrange.

Ein Teppich scheinet mir mein Leben,
Und immer sticket meine Hand;
An welcher Stell' ich auch mag weben,
Am obern oder untern Rand;
Zuletzt, wo so viel Kleinstes
Sich still verband, entstand
Ein Großes, Allgemeinstes.

Goethe und die Dichtung
Reinem Meister ahmt' ich nach,
Ob es auch der größte wäre;
Seinen Lauf hat jeder Bach,
Jeder Strom hat seine Sphäre;
Aber einen muß ich nennen,
Ihn als Leitstern anerkennen!

Goethe! Wie auf eigner Bahn
Ich durchs Meer mich umgetrieben,
Immer ist als Tramontan'
Er im Auge mir geblieben;
Und wenn er soll untergehn,
Wird er mir im Herzen stehn.

Daß nicht alt und junge Neider
(Himmel, dies Gezücht veredle!)
Mich verschrein als Hungerleider,
Der um einen Brocken wedle;
Lob' ich einen toten Mann,
Der mir keinen geben kann.

Stand ich je in seinem Schutz?
Hat er mich gelobt, genannt?
Mich gehoben, anerkannt?
Lob' ich ihn aus Eigennutz?
Dennoch ja! ich weiß und sehe,
Daß ich mit ihm fall' und stehe.

Wird je der Beruf des Schönen

Buße predigen statt schildern
Und zerreißen statt versöhnen
Und verwildern statt zu mildern,
Statt zu singen dumpf zu winseln,
Statt zu malen grell zu pinseln;

Siegt das Abenteuerliche
Über das Gebührliche
Und das Ungeheuerliche
Über das Natürliche:
Dann wird Goethe nicht mehr sein,
Und wir andern gehn mit drein.

* * *

Der Schenkwirt und seine Gäste
Zur Rede ward ich jüngst gestellt
Von meinem Freund, dem alten,
Versprochen habe mehr der Welt
Mein Dichten als gehalten.

Den Vorwurf hab' ich umgestellt,
Erwidernd meinem Alten:
Ich habe mehr mir von der Welt
Versprochen als erhalten.

Beim Wirte lag ein guter Wein
Im Keller aufgehoben;
Und sprächen nun die Gäste ein,
So würden sie ihn loben.

Der Wein ist gut, der Keller schützt
Ihm wohl der Güte Dauer;
Doch wenn ihn gar kein Gast benützt,
Wird er am Ende sauer.

Wenn einer nun zuletzt spricht ein
Und muß was Herbes schmecken,
Wird er den armen Wirt verschrein
An allen Straßenecken.

Der Wirt verliert nicht die Geduld,
Sonst spräch' er: »Junge Laffen!
Wer hat, ihr oder ich, die Schuld,
Daß ich nichts Neu's kann schaffen?

Hätt' Altes man mir weggeschafft
Mit häufig zeit'gem Dargang,
So hätt' ich Vorrat nachgeschafft
Vom neusten besten Jahrgang.«

* * *

Ausdruck der Empfindung
Manches hab' ich wohl empfunden,
Als es lebend vor mir stand,
Doch den rechten Sinn gefunden
Erst, als ich die Worte fand.

Darum auch ist Weltverklärung,
Poesie, dein Zauberstrahl,
Weil ich ohne dein' Erklärung
Nicht mich selbst verständ' einmal.

* * *

Das Leben ein Gesang
Daß mein Leben ein Gesang,
Sag' ich's nur! geworden;
Jeder Sturm und jeder Drang
Dient ihm zu Akkorden.

Was mir nicht gesungen ist,
Ist mir nicht gelebet;
Was noch nicht bezwungen ist,
Sei noch angestrebet!

Von der Welt, die mich umringt,
Wüßt' ich unbezwingbar
Wen'ges nur; die Seele klingt,
Und die Welt ist singbar.

* * *

Ermutigung zur Übersetzung der Hamasa
1828.

Die Poesie in allen ihren Zungen
Ist dem Geweihten *eine* Sprache nur,
Die Sprache, die im Paradies erklungen,
Eh' sie verwildert auf der wilden Flur.
Doch wo sie nun auch sei hervorgedrungen,
Von ihrem Ursprung trägt sie noch die Spur;

Und ob sie dumpf im Wüstenglutwind stöhne,
Es sind auch hier des Paradieses Töne.

Die Poesie hat hier ein dürft'ges Leben,
Bei durst'gen Herden im entbrannten Sand,
Mit Blütenschmuck und Schattenduft umgeben,
Mit Abendtau gelöscht den Mittagsbrand,
Verschönt, versöhnt ein leidenschaftlich Streben
Durchs Hochgefühl von Sprach- und Stammverband,
Und in das Schlachtgrau'n Liebe selbst gewoben,
Die hier auch ist, wie überall, von oben.

Wer aber soll die nord'sche Nacht erheitern
Mit solchem Abglanz von des Südens Glut?
Wer den Gesichtskreis meines Volks erweitern,
Daß seinem Blick auf jene Welt sich thut?
Das enge Leben freilich geht zu scheitern,
Je mehr hereinströmt diese Geisterflut;
Doch, soll der Ost einmal zum Westen dringen,
Wer ist der Mann, ihn ganz heranzubringen?

Darum nur mutvoll vorwärts, auszubeuten
Den spröden Schacht, den nicht erwühlt ein Scherz,
Das fremde Leben deinem Volk zu deuten,
Das ohne dich ihm bliebe taubes Erz.
Wann erst der Menschheit Glieder, die zerstreuten,
Gesammelt sind ans europäische Herz,
Wird sein ein neues Paradies gewonnen,
So gut es blühn kann unterm Strahl der Sonnen.

Und laß dich nicht im edlen Tagwerk irren
Von Schülern, die nur meistern meisterlich,
Die in des Worts zerrütteten Geschirren
Den Geist verschütten, aber trau' auf mich,
Zu sammeln rein den Hauch arabischer Myrrhen,
Geweiht zu meinem Priester hab' ich dich,
Komm, mir im deutschen Pantheon zu räuchern
Und laß die trockne Spreu den trocknen Keuchern!

DRITTES BRUCHSTÜCK - KIRCHENJAHR

Der Baum des Lebens
Als Adam lag im Todeskampfe schon,
Schickt' er zum Paradiese seinen Sohn,
Zu holen einen Zweig vom Lebensbaum,
Und zu genesen hofft' er noch davon.
Seth brach das Reis, und als er's hergebracht,
War schon des Vaters Lebenshauch entflohn.
Da pflanzten sie das Reis auf Adams Grab,
Und fortgepflanzt ward es von Sohn zu Sohn.
Es wuchs, als in der Grube Joseph lag,
Und Israel in der ägypt'schen Fron.
Des Baumes Blüten gingen duftend auf,
Als David harfend saß auf seinem Thron.
Dürr ward der Baum, als an dem Weg des Herrn
Irr' ward in seiner Weisheit Salomon.
Doch die Geschlechter hofften, daß ihn neu
Beleben sollt' ein andrer Davidssohn.
Das sah im Geist der Glaube, da er saß
Im Leid an Wasserflüssen Babylon.
Und als der ew'ge Blitz vom Himmel kam,
Zerbarst der Baum mit hellem Jubelton;
Begnadigt ward der dürre Stamm von Gott,
Zu dienen zu dem Holz der Passion.
Es zimmerte die blinde Welt aus ihm
Das Kreuz und schlug ihr Heil daran mit Hohn.
Da trug der Baum des Lebens blut'ge Frucht,
Daß, wer sie koste, Leben sei sein Lohn.
O *Freimund,* sieh! der Baum des Lebens wächst,
Ausbreitend sich, je mehr ihm Stürme drohn.
Die ganze Welt ruh' unter seinem Schirm!
Die halbe ruht in seinem Schatten schon.

* * *

Bethlehem und Golgatha
Er ist in Bethlehem geboren,
Der uns das Leben hat gebracht,
Und Golgatha hat er erkoren,
Durchs Kreuz zu brechen Todes Macht.
Ich fuhr vom abendlichen Strande
Hinaus, hindurch die Morgenlande;
Und Größeres ich nirgend sah
Als Bethlehem und Golgatha.

Wie sind die sieben Wunderwerke
Der alten Welt dahingerafft,
Wie ist der Trotz der ird'schen Stärke
Erlegen vor der Himmelskraft!
Ich sah sie, wo ich mochte wallen,
In ihre Trümmer hingefallen
Und stehn in stiller Gloria
Nur Bethlehem und Golgatha.

Weg ihr ägypt'schen Pyramiden!
In denen nur die Finsternis
Des Grabes, nicht des Todes Frieden
Zu bauen sich der Mensch befliß.
Ihr Sphinx' in kolossalen Größen,
Ihr konntet nicht der Erde lösen
Des Lebens Rätsel, wie's geschah
Durch Bethlehem und Golgatha.

Erdparadies am Roknabade,
Flur aller Rosen von Schiras!
Und am gewürzten Meergestade
Du Palmengarten Indias!
Ich seh' auf euren lichten Fluren
Noch gehn den Tod mit dunklen Spuren:
Blickt auf! Euch kommt das Leben da
Von Bethlehem und Golgatha.

Du Kaaba, schwarzer Stein der Wüste,
An den der Fuß der halben Welt
Sich jetzt noch stößt, steh' nur und brüste
Dich, matt von deinem Mond erhellt!
Der Mond wird vor der Sonn' erbleichen,
Und dich zerschmettern wird das Zeichen
Des Helden, dem Viktoria
Ruft Bethlehem und Golgatha.

O der du in der Hirten Krippe
Ein Kind geboren wolltest sein,
Und, leidend Pein am Kreuzgerippe,
Von uns genommen hast die Pein!
Die Krippe dünkt dem Stolze niedrig,
Es ist das Kreuz dem Hochmut widrig;
Du aber bist der Demut nah'
In Bethlehem und Golgatha.

Die Kön'ge kamen anzubeten
Den Hirtenstern, das Opferlamm,

Und Völker haben angetreten
Die Pilgerfahrt zum Kreuzesstamm.
Es ging in Kampfes Ungewitter
Die Welt, doch nicht das Kreuz in Splitter,
Als Ost und West sich kämpfen sah
Um Bethlehem und Golgatha.

O laßt uns nicht mit Lanzenknechten,
Laßt mit dem Geist uns ziehn ins Feld,
Laßt uns das heil'ge Land erfechten,
Wie Christus sich erfocht die Welt!
Lichtstrahlen laßt nach allen Seiten
Hinaus als wie Apostel schreiten,
Bis alle Welt ihr Licht empfah'
Aus Bethlehem und Golgatha.

Mit Pilgerstab und Muschelhute
Nach Osten zog ich weit hinaus;
Die Botschaft bring' ich euch, die gute,
Von meiner Pilgerfahrt nach Haus:
O zieht nicht aus mit Hut und Stabe
Nach Gottes Wieg' und Gottes Grabe!
Kehrt ein in euch und findet da
Sein Bethlehem und Golgatha.

O Herz, was hilft es, daß du knieest
An seiner Wieg' im fremden Land?
Was hilft es, daß du staunend siehest
Das Grab, aus dem er längst erstand?
Daß er in dir geboren werde
Und daß du sterbest dieser Erde,
Und lebest ihm, nur dieses ja
Ist Bethlehem und Golgatha.

* * *

Für die sieben Tage
Sprich, liebes Herz, in deines Tempels Mitten,
Für sieben Wochentage sieben Bitten.
Zum ersten Tag: Laß deine Sonne tagen
Und Licht verleihn der Erd' und meinen Schritten.
Zum zweiten Tag: O laß nach dir mich wandeln,
Wie Mond der Sonne nach mit leisen Tritten.
Zum dritten Tag: Lehr' deinen Dienst mich kennen
Und wie ich dienen soll mit rechten Sitten.
Zum vierten Tag: Du wollst mich nicht verlassen
In meiner Woch', in meines Tagwerks Mitten.

Zum fünften Tag: O donnr' ins Herz mir deine
Gebote, wann sie meinem Sinn entglitten.
Zum sechsten Tag: O laß mich freudig fühlen,
Wodurch du mir die Freiheit hast erstritten.
Zum siebenten: Die Sonne sinkt am Abend;
O dürft' ich mir so hellen Tod erbitten!

* * *

Adventlied
Dein König kommt in niedern Hüllen,
Ihn trägt der lastbar'n Es'lin Füllen,
Empfang ihn froh, Jerusalem!
Trag ihm entgegen Friedenspalmen,
Bestreu' den Pfad mit grünen Halmen!
So ist's dem Herren angenehm.

O mächt'ger Herrscher ohne Heere,
Gewalt'ger Kämpfer ohne Speere,
O Friedensfürst von großer Macht!
Es wollen dir der Erde Herren
Den Weg zu deinem Throne sperren,
Doch du gewinnst ihn ohne Schlacht.

Dein Reich ist nicht von dieser Erden,
Doch aller Erde Reiche werden
Dem, was du gründest, unterthan.
Bewaffnet mit des Glaubens Worten,
Zieht deine Schar nach den vier Orten
Der Welt hinaus und macht dir Bahn.

Und wo du kommest hergezogen,
Da ebnen sich des Meeres Wogen,
Es schweigt der Sturm, von dir bedroht.
Du kömmst, auf den empörten Triften
Des Lebens neuen Bund zu stiften
Und schlägst in Fessel Sünd' und Tod.

O Herr von großer Huld und Treue,
O komme du auch jetzt aufs neue
Zu uns, die wir sind schwer verstört.
Not ist es, daß du selbst hienieden
Kommst, zu erneuen deinen Frieden,
Dagegen sich die Welt empört.

O laß dein Licht auf Erden siegen,
Die Macht der Finsternis erliegen,

Und lösch' der Zwietracht Glimmen aus;
Daß wir, die Völker und die Thronen,
Vereint als Brüder wieder wohnen
In deines großen Vaters Haus!

* * *

Des fremden Kindes heiliger Christ
Es lauft ein fremdes Kind
Am Abend vor Weihnachten
Durch eine Stadt geschwind,
Die Lichter zu betrachten,
Die angezündet sind.

Es steht vor jedem Haus
Und sieht die hellen Räume,
Die drinnen schaun heraus,
Die lampenvollen Bäume;
Weh wird's ihm überaus.

Das Kindlein weint und spricht:
»Ein jedes Kind hat heute
Ein Bäumchen und ein Licht
Und hat dran seine Freude,
Nur bloß ich armes nicht.

An der Geschwister Hand
Als ich daheim gesessen,
Hat es mir auch gebrannt;
Doch hier bin ich vergessen
In diesem fremden Land.

Läßt mich denn niemand ein
Und gönnt mir auch ein Fleckchen?
In all den Häuserreih'n
Ist denn für mich kein Eckchen,
Und wär' es noch so klein?

Läßt mich denn niemand ein?
Ich will ja selbst nichts haben,
Ich will ja nur am Schein
Der fremden Weihnachtsgaben
Mich laben ganz allein.«

Es klopft an Thür und Thor,
An Fenster und an Laden;
Doch niemand tritt hervor,

Das Kindlein einzuladen,
Sie haben drin kein Ohr.

Ein jeder Vater lenkt
Den Sinn auf seine Kinder;
Die Mutter sie beschenkt,
Denkt sonst nichts mehr noch minder;
Ans Kindlein niemand denkt.

»O, lieber heil'ger Christ!
Nicht Mutter und nicht Vater
Hab' ich, wenn du's nicht bist;
O, sei du mein Berater,
Weil man mich hier vergißt!«

Das Kindlein reibt die Hand,
Sie ist von Frost erstarret;
Es kriecht in sein Gewand,
Und in dem Gäßlein harret,
Den Blick hinaus gewandt.

Da kommt mit einem Licht
Durchs Gäßlein hergewallet
Im weißen Kleide schlicht
Ein ander Kind; – wie schallet
Es lieblich, da es spricht:

»Ich bin der heil'ge Christ,
War auch ein Kind vordessen,
Wie du ein Kindlein bist;
Ich will dich nicht vergessen,
Wenn alles dich vergißt.

Ich bin mit meinem Wort
Bei allen gleichermaßen;
Ich biete meinen Hort
So gut hier auf den Straßen
Wie in den Zimmern dort.

Ich will dir deinen Baum,
Fremd Kind, hier lassen schimmern
Auf diesem offnen Raum,
So schön, daß die in Zimmern
So schön sein sollen kaum.«

Da deutet mit der Hand
Christkindlein auf zum Himmel,

Und droben leuchtend stand
Ein Baum voll Sterngewimmel
Vielästig ausgespannt.

So fern und doch so nah',
Wie funkelten die Kerzen!
Wie ward dem Kindlein da,
Dem fremden, still zu Herzen,
Das seinen Christbaum sah!

Es ward ihm wie ein Traum;
Da langten hergebogen
Englein herab vom Baum
Zum Kindlein, das sie zogen
Hinauf zum lichten Raum.

Das fremde Kindlein ist,
Zur Heimat nun gekehret
Bei seinem heil'gen Christ;
Und was hier wird bescheret,
Es dorten leicht vergißt.

VIERTES BRUCHSTÜCK - MIKROKOSMUS

Die sterbende Blume
Hoffe! du erlebst es noch,
Daß der Frühling wiederkehrt.
Hoffen alle Bäume doch,
Die des Herbstes Wind verheert,
Hoffen mit der stillen Kraft
Ihrer Knospen winterlang,
Bis sich wieder regt der Saft
Und ein neues Grün entsprang. –

»Ach, ich bin kein starker Baum,
Der ein Sommertausend lebt,
Nach verträumtem Wintertraum
Neue Lenzgedichte webt.
Ach, ich bin die Blume nur,
Die des Maies Kuß geweckt
Und von der nicht bleibt die Spur,
Wie das weiße Grab sie deckt.« –

Wenn du denn die Blume bist,
O bescheidenes Gemüt,
Tröste dich, beschieden ist
Samen allem, was da blüht.
Laß den Sturm des Todes doch
Deinen Lebensstaub verstreun,
Aus dem Staube wirst du noch
Hundertmal dich selbst erneun. –

»Ja, es werden nach mir blühn
Andre, die mir ähnlich sind;
Ewig ist das ganze Grün,
Nur das einzle welkt geschwind.
Aber, sind sie, was ich war,
Bin ich selber es nicht mehr;
Jetzt nur bin ich ganz und gar,
Nicht zuvor und nicht nachher.

Wenn einst sie der Sonne Blick
Wärmt, der jetzt noch mich durchflammt,
Lindert das nicht mein Geschick,
Das mich nun zur Nacht verdammt.
Sonne, ja du äugelst schon
Ihnen in die Fernen zu;

Warum noch mit frost'gem Hohn
Mir aus Wolken lächelst du?

Weh mir, daß ich dir vertraut,
Als mich wach geküßt dein Strahl;
Daß ins Aug' ich dir geschaut,
Bis es mir das Leben stahl!
Dieses Lebens armen Rest
Deinem Mitleid zu entziehn,
Schließen will ich krankhaft fest
Mich in mich und dir entfliehn.

Doch du schmelzest meines Grimms
Starres Eis in Thränen auf;
Nimm mein fliehend Leben, nimm's,
Ewige, zu dir hinauf!
Ja, du sonnest noch den Gram
Aus der Seele mir zuletzt;
Alles, was von dir mir kam,
Sterbend dank' ich dir es jetzt:

Aller Lüfte Morgenzug,
Dem ich sommerlang gebebt,
Aller Schmetterlinge Flug,
Die um mich im Tanz geschwebt;
Augen, die mein Glanz erfrischt,
Herzen, die mein Duft erfreut;
Wie aus Duft und Glanz gemischt
Du mich schufst, dir dank' ich's heut.

Eine Zierde deiner Welt,
Wenn auch eine kleine nur,
Ließest du mich blühn im Feld,
Wie die Stern' auf höhrer Flur.
Einen Odem hauch' ich noch,
Und er soll kein Seufzer sein;
Einen Blick zum Himmel hoch
Und zur schönen Welt hinein.

Ew'ges Flammenherz der Welt,
Laß verglimmen mich an dir!
Himmel, spann' dein blaues Zelt,
Mein vergrüntes sinket hier.
Heil, o Frühling, deinem Schein!
Morgenluft, Heil deinem Weh'n!
Ohne Kummer schlaf' ich ein,
Ohne Hoffnung aufzustehn.«

* * *

Die Scheidungsbrücke
Zwischen Zeit und Ewigkeit
Steht die Scheidungsbrücke,
Füllend mit dem Schreckensglanz
Die furchtbare Lücke.

Weißt du wohl, wie scharf und fein
Ist der Brücke Bogen?
Wie ein Schwert ist sie gezückt,
Wie ein Haar gezogen.

Soll ein Fuß des Menschen gehn
Auf der schmalen Brücke,
Wo nicht aufzufußen hat
Raum ein Fuß der Mücke!

Wer nicht fest darüber hin
Sich zu schreiten trauet,
Hoffe nicht, daß drüben ihm
Edens Wonne tauet.

Wenn der Frevler angelangt,
Steht die Brück' und funkelt,
Daß sich die Besinnung ganz
Schwindelnd ihm verdunkelt.

Ihn verwirrend, tritt heran
Mit des Todes Schrecken
Das Gedächtnis seiner Schuld,
Grau'n ihm zu erwecken.

Drunten gähnt der Abgrund auf,
Und der Seele Beben
Treibet ihn, dem eignen Sturz
Selber zuzustreben.

Doch, wo ein Gerechter geht,
Schwebt um ihn Vertrauen,
Das den Abgrund ihm entrückt
Und ihm läßt nicht grauen.

Hoffnung hebet seinen Blick,
Liebe gibt ihm Schwinge,
Glaube lächelt, daß sein Geist
Selig vorwärts dringe.

Seiner guten Werke Duft
Wird zu Goldwolkrändern,
Daß sich ihm die Brücke rings
Schmücke mit Geländern.

Auf der Brücke geht er hin,
Unter seinem Fuße
Steht sie wie aus Quaderstein
Oder Eisengusse.

Freimund! wenn du drüber gehst,
Hüllen deine Lieder
Dich in Duft, daß du nicht siehst
In den Schwindel nieder.

Schwebend, wie der Morgenwind
Über Lilienbeete,
Geh, daß nicht dein Fußtritt schwer
Auf die Brücke trete.

* * *

Adler und Lerche
Könnt' ich steigen,
Dem Adler gleich,
Der kommenden Sonn' entgegen,
Die Brust getaucht
In Morgenrot,
Badend in Glanz des Äthers,
Weil in Tiefen
Die Nacht noch träumt,
Dem erwachenden
Auge der Welt
Den ersten Blick entsaugen!

Oder fliegen,
Der Lerche gleich,
Nach, der scheidenden Sonne nach,
Über der stillen Schöpfung,
Angeglühet
Vom letzten Strahl,
Die Seel' im Liede verhauchend,
Verschwebend,
Verschwirrend
In Ätherduft,

Nie mehr wieder
Zur Erd' hernieder!

Aber ach!
Der Adler, der
Der Sonn' ins Angesicht geschaut,
Senkt den Fittich
Aus Himmelsglanz,
Um in dunkeler Tiefe
Nach der Beute des Tags zu spähn,
Und die Lerche
Aus den Wirbeln
Ihres Himmelsgesanges
Sinkt ermattet
Zum Boden wieder,
Wo sie das Nest für die Nacht gebaut.

Kann kein erdegeborner,
Flügelbegabter
Heldensinn,
Sängergeist
Den Banden der niedren Mutter
Ganz entfliehn,
Dem edlen Vater
Lichte zu?

Liebe setzte die Schwingen
Der Begeisterung
An mein Herz,
Und es flog
Der Sonne zu,
Bis die Fittiche
Schmolzen,
Seinen Höhen
Entstürzend
Es ins Meer der Beschämung sank.

Und es klagte.
Doch die Liebe
Sprach, die Schwing' ihm erneuend:
»Andre geb' ich
Dir, die schwache,
Aber himmlische
Freundin, nicht.
Stärkre, die nicht
Wieder schmelzend
Noch Erneuung bedürfend,

Sicheren Flugs dich
Allen Sonnen
Vorüber tragen
Der höchsten zu,
Gibt mein stärkerer
Zwillingsbruder
Tod dir einst.«

* * *

Lüfteleben
Wär' ich die Luft, um die Flügel zu schlagen,
Wolken zu jagen,
Über die Gipfel der Berge zu streben,
Das wär' ein Leben!

Tannen zu wiegen und Eichen zu schaukeln,
Weiter zu gaukeln,
Seele den flüsternden Schatten zu geben,
Das wär' ein Leben!

Echo, die schlummernde, neckend zu wecken,
Nymphen zu schrecken,
Über die schauernden Fluren zu beben,
Das wär' ein Leben!

Rosen mit Schmeicheln entkosen ein Lächeln,
Nelkenglut sächeln,
Duftige Lilienschleier zu heben,
Das wär' ein Leben!

Bräuten an ihrem Gewande zu säuseln,
Locken zu kräuseln,
Düfte von beiden als Steuer erheben,
Das wär' ein Leben!

Myrrhen und Weihrauch zum Opfer zu tragen,
Sel'ges Behagen,
Heiligen Flammen den Atem zu geben,
Das wär' ein Leben!

Schwellende Fülle zu schütteln von Zweigen,
Ähren zu neigen,
Trauben zu küssen im Schoße der Reben,
Das wär' ein Leben!

Morgens dem Reh und der Blum' auf dem Rasen

Wache zu blasen,
Abends die Träume der Schöpfung zu weben,
Das wär' ein Leben!

Kühl bei des Mittags versengenden Gluten
Tauchen in Fluten,
Auen mit träufelnder Schwinge beschweben,
Das wär' ein Leben!

Rosen, aus euern verschlossenen Thüren
Düfte entführen
Um sie in *Freimunds* Lieder zu weben,
Das wär' ein Leben!

* * *

Becher und Wein
Gebt Ohren meinem Spruche,
Vernehmt und trinket nur,
Ein Bruchstück aus dem Buche
Der Weisheit der Natur.

Es fiel ein Strahl der Sonne
Zugleich mit Adams Fall,
Verlustig seiner Wonne,
Und ward, erstarrt, Metall.

Es hing das Gold in Klüften,
Wohin das Licht nicht drang,
Und sehnte sich, den Lüften
Zu künden Glanz und Klang.

Da kam, um zu erlösen
Den Bruder aus der Nacht,
Gefahren mit Getösen
Der Bergmann in den Schacht.

Da ward die Starrheit milde,
Als in des Künstlers Hand
Ein glänzendes Gebilde,
Ein tönendes, entstand.

Es war ein leer' Gefäße
Und gab nur hohlen Klang;
Da fehlte der gemäße
Gehalt der Form nicht lang.

Denn als im Sonnenstrahle
Das Mark der Rebe schmolz,
Da ward die goldne Schale
Auf goldnen Inhalt stolz.

Der Becher gab ein Tönen,
Der Wein begeistert schwoll,
Empfindend, daß versöhnen
Des Lebens Streit er soll.

Es spiegelte der Himmel
Sich in der klaren Flut,
Und irdisches Gewimmel
Trank heitern Lebensmut.

Erhebt den Blick, ihr Zecher,
Und trinkt, dem Lichte hold,
Aus goldnem Sonnenbecher
Geschmolznes Sonnengold.

* * *

Des Stromes Liebe
Ich stürze meinen Wogenschwall
Durch grause Felsenklüfte,
Und meines Ganges Donnerhall
Vernehmen alle Lüfte.
Daß ich ein wilder Gießbach bin
Und hege keinen sanften Sinn,
Das mag ein jeder wissen.

In Fesseln thu' ich nimmer gut
Und dulde keine Banden;
Und wer begegnet meinem Mut,
Der wird vor ihm zu schanden;
Und wer sich mir entgegenstemmt,
Mich in der stolzen Freiheit hemmt
Er muß den Frevel büßen.

Den Felsen, der in meiner Bahn
Sich keck entgegen türmet,
Fass' ich mit starken Armen an,
Er wird hinabgestürmet;
Das Blümlein aber, das gebückt
Auf meine Strudel niederblickt,
Darf ohne Scheu mich küssen.

Und dämpfen wollt' ich meinen Mut,
Wenn ich ein Quellchen fände,
Das willig seine klare Flut
Mit meinem Strom verbände:
Ich gäbe meinen wilden Sinn
Geduldig ihr in Fesseln hin
Und lernte sanft zu murmeln.

Und wenn du denn das Quellchen bist,
Und wenn ich dir gefalle,
So sei mir froh als Braut gegrüßt,
So zeuch in meine Halle;
Mein Haus ist hochgewölbt und kühl,
Laß uns der Minne süßes Spiel
In seinem Schatten spielen.

Und wenn der wilde Schaum dich schreckt
Auf meines Reiches Fläche,
Sieh nur herein, der Schaum bedeckt
Kristallne Wasserbäche.
Rein komm' ich aus der Mutter Schoß,
Und keine trübe Lache floß
Mit meinem Strom zusammen.

So komm und laß mein Brausen dir,
Wie ich dich liebe, sagen.
Komm, Braut, o komm, und laß von mir
In meinem Arm dich tragen,
Von meiner stolzen Manneskraft
In hohem Lauf dahingerafft
Zum Bett des Ozeanes.

* * *

Gestillte Sehnsucht
In goldnen Abendschein getauchet,
Wie feierlich die Wälder stehn!
In leise Stimmen der Vöglein hauchet
Des Abendwindes leises Wehn.
Was lispeln die Winde, die Vögelein?
Sie lispeln die Welt in Schlummer ein.

Ihr Wünsche, die ihr stets euch reget
Im Herzen sonder Rast und Ruh';
Du Sehnen, das die Brust beweget,
Wann ruhest du, wann schlummerst du?
Beim Lispeln der Winde, der Vögelein,

Ihr sehnenden Wünsche, wann schlaft ihr ein?

Was kommt gezogen auf Traumesflügeln?
Was weht mich an so bang, so hold?
Es kommt gezogen von fernen Hügeln,
Es kommt auf bebendem Sonnengold.
Wohl lispeln die Winde, die Vögelein:
Das Sehnen, das Sehnen, es schläft nicht ein.

Ach, wenn nicht mehr in goldne Fernen
Mein Geist auf Traumgefieder eilt,
Nicht mehr an ewig fernen Sternen
Mit sehnendem Blick mein Auge weilt;
Dann lispeln die Winde, die Vögelein
Mit meinem Sehnen mein Leben ein.

* * *

An den Sturmwind
Mächtiger, der du die Wipfel dir beugst,
Brausend von Krone zu Krone entsteigst,
Wandle du stürmender, wandle nur fort,
Reiß mir den stürmenden Busen mit fort.

Wie das Gewölke, das donnernd entfliegt,
Dir auf der brausenden Schwinge sich wiegt,
Führe den Geist aus dem irdischen Haus
In die Unendlichkeit stürmend hinaus.

Trage mich hin, wo die bebende Welt
Rings in Verwüstung und Trümmer zerschellt!
Über den Trümmern mit grausender Lust
Fühl' ich den Gott in der pochenden Brust.

* * *

Zum Schlusse
Die Welt ist rauh und dumpf geworden,
Die Stimm' entfiel ihr nach und nach,
Die einst in tönenden Akkorden
Zum offnen Ohr des Menschen sprach.

Als, aus der Welten Mitte quellend,
Von Gottes Thron ein Chorgesang
Der Engel, durch die Räume schwellend,
Bis an der Schöpfung Grenzen drang;

Als, seine Sternenkreise schwingend,
Der Himmel sprach zur Erd' hinab,
Und sie, entgegen leise klingend,
Aus ihren Blumen Antwort gab;

Da, in der Ozeane Brausen,
Darüber Gottes Odem fuhr,
Vernahm der Mensch mit heil'gem Grausen
Die Äolsharfen der Natur.

Die Morgen- und die Abendwinde
Verkündigten den Preis des Herrn
Und flüsterten dazwischen linde
Von menschlichen Gefühlen gern.

Von Liebe sprach das Blatt am Baume,
Und lieblich war des Tieres Ruf;
Der starre Stein, er sprach im Traume,
Daß ew'ge Lieb' auch ihn erschuf.

Und ungehindert wie vom Quelle
Sich Wog' auf Wog' herniedergoß,
So war des Worts kristallne Helle,
Die von der Menschenlippe floß.

Die Brust ein Spiegel ungetrübet,
Gefühl ein reiner Wiederhall,
Gesang durch keine Kunst geübet,
Der Dichter eine Nachtigall.

O hätt' in jenen goldnen Tagen,
Als frei des Mundes Flut gerollt,
Die goldnen Saiten *Freimund* schlagen
Vorm Ohr der ganzen Welt gesollt.

Wie hätt' er von dem Ewig-Schönen,
Von Lieb', aus der die Schöpfung quillt,
Gewollt in erdentbundnen Tönen
Entfalten rein ein Himmelsbild.

Nun haben der Natur Gewalten
Zu wildem Kampfe sich empört,
Die Harmonie der Weltgestalten
Ist vor des Menschen Blick gestört.

Die ew'ge Schönheit hat den Schleier
Genommen vor ihr Angesicht,

Und kaum vernimmt des Dichters Leier,
Was die der Sterne droben spricht.

Der Elemente seindlich Hadern
Raubt seine Stille dem Gefühl,
Und zuckend durch der Menschheit Adern
Geht leidenschaftliches Gewühl.

Sich machen unterm Himmelsbogen
Die Stürme durch Zerstörung Bahn,
Und stürmisch geht in hohlen Wogen
Des Menschenlebens Ozean.

Es regt sich die Natur im Grimme,
Weil gegen sie der Mensch im Kampf;
Zum Schrei wird ihr die sanfte Stimme,
Und die Gebärde wird zum Krampf.

Die losgerissnen Erze dröhnen,
Zerreißend ihrer Mutter Schoß,
Sie wollen nicht mehr Liebe tönen,
Werkzeuge der Zerstörung bloß.

Den Baum der Phantasie entbildert
Nun des Verstandes kalte Hand;
Die Blume des Gefühls verwildert,
Der Quell der Dichtung stockt im Sand.

Und *Freimund,* wenn er klar will singen,
Was er nur ahnt und klar nicht sieht,
Muß mit dem Wort um Ausdruck ringen
Und kämpfen mit der Sprach' ums Lied.

Und wenn von Nachtigall und Rosen
Ein Frühlingshauch sein Lied durchdringt,
So seufzt er, wie das laute Tosen
Des Marktes spurlos es verschlingt.

* * *

Führung
Geschrieben im vierzigsten Lebensjahre.

Dich, Israel, hat in der Wüste Jehova wunderbar geführt,
Er hat dich zum Verheißungslande durch Irren vierzig Jahr' geführt.
Er hat dich wollen altern lassen, damit verjüngt du ziehest ein;
Er hat, da unterwegs du starbest, dich heim als neue Schar geführt.

Er hat dich wollen dursten lassen, um dir den Quell aus Felsgestein
Zu schlagen: er hat tags im Donner, dich nachts in Blitzen klar geführt.
Er hat dich lassen irre gehn, damit du kämst ans rechte Ziel!
Er hat dich langsam, seltsam, aber er hat ich immerdar geführt.
Und als du zum verheißnen Lande nun hingelangt warst, riefest du:
Er hat mich wunderbar geleitet, doch mich zurecht fürwahr geführt!
So rufet Freimund, den durch Wüsten der Herr im Donner und im Blitz,
Durch Läut'rungsfeuer hin zum Lichte, zum Liebeshochaltar geführt;
So rufet Freimund auch am Ziele, wo sich die Irren aufgelöst:
Er hat fürwahr mich recht geleitet, er hat mich wunderbar geführt.

FÜNFTES BRUCHSTÜCK - ZAHME XENIEN

Angereihte Perlen
Es wird durch Seufzerhauch getrübt ein Spiegel zwar;
Doch wird durch Seufzerhauch der Seele Spiegel klar.
Vor Gott ist keine Flucht, als nur zu ihm. Nicht Trutz
Vor Vaters Strenge ist, nur Liebe Kindes Schutz.
Der Vater straft sein Kind und fühlet selbst den Streich;
Die Härt' ist ein Verdienst, wo dir das Herz ist weich.
Ein Vater soll zu Gott an jedem Tage beten:
Herr, lehre mich, dein Amt beim Kinde recht vertreten.
O blicke, wenn den Sinn dir will die Welt verwirren,
Zum ew'gen Himmel auf, wo nie die Sterne irren.
Es weichen Sonn' und Mond einander freundlich aus;
Selbst ihnen wäre sonst zu eng ihr weites Haus.
Wenn dir in Zornesglut dein sterblich Herz will wallen,
Sag' ihm: Weißt du, wie bald du wirst in Staub zerfallen?
Zum Feinde sag': Ist Tod uns beiden nicht gemein?
Mein Todesbruder! komm und laß uns Freunde sein.
Viel lieber mag die Lieb', als an der Sonne Flecken,
Den Stern in dunkler Nacht, der etwa glänzt, entdecken.
Du wirst nicht musterhaft durch Jagd nach andrer Fehlern,
Und nie wirst du berühmt durch fremden Ruhmes Schmälern.
Der Name bleibt allein, wenn alles muß zerstieben;
O laß dem Toten das, was ihm allein geblieben!
Durch Buße wendest du die Strafen Gottes ab;
Doch Menschen denken dir den Fehltritt noch im Grab.
Sei gut und laß von dir die Menschen Böses sagen;
Wer eigne Schuld nicht trägt, kann leichter fremde tragen.
Zu deinem Hochmut sprich: Staub wird, was ist von Erden;
Komm, laß uns werden Staub, eh' wir zum Staube werden!
Gibst du dem Feinde nach, so gibt er dir den Frieden;
Und gibst du dir nicht nach, so ist dir Sieg beschieden.
Wer ist dein ärgster Feind? des Herzens böse Lust,
Die widerspenst'ger wird, je mehr du Lieb's ihr thust.
Wer einem Fremdling nicht sich freundlich mag erweisen,
Der war wohl selber nie in fremdem Land auf Reisen.
Weißt, wo es keinen Herrn und keinen Diener gibt?
Wo eins dem andern dient, weil eins das andre liebt.
Zur Liebe kommst du nicht, so lang' du hängst am Leben;
Du findest mich nicht eh'r, bis du dich aufgegeben.
So lang' dein eigner Wert für dich nicht liegt im Grabe,
Wie seh' ich, ob ich Wert in deinen Augen habe?
Kein Wunder, wenn in Lieb' ein Liebender zerrann;
Ein Wunder, wie ein Sein vor deinem dauern kann!
Was sagt, wer von dir sagt, mehr, als wer schweiget still?

Doch weh' dem Herzen, das von dir still schweigen will.
Sag' ich, du seist in mir? sag' ich, in dir sei ich?
Du bist, was an mir ist; was ich bin, ist durch dich.
O Sonn', ich bin dein Strahl, o Ros', ich bin dein Duft;
Ich bin dein Tropf', o Meer, ich bin dein Hauch, o Luft.
Geheimnis, unerforscht! Was nicht die Himmel fassen,
Hier in dies enge Herz will es sich fassen lassen.
Ich bin ein Blatt des Baums, der ewig neue trägt.
Heil mir! es bleibt mein Stamm, wenn mich der Wind verschlägt.
Abtreten kannst du dann in Frieden von der Welt,
Wenn du in einem Sohn verjüngt dich hergestellt.
Vernichtung weht dich an, so lang' du Einz'les bist;
O fühl' im Ganzen dich, das unvernichtbar ist.
Wie groß für dich du seist, vorm Ganzen bist du nichtig;
Doch als des Ganzen Glied bist du als kleinstes wichtig.
Die kleine Biene steht dem Feind so ritterlich,
Weil sie für sich nicht ist, sie fühlt ihr Volk in sich.
Weil sie so Süßes wirkt, muß sie so bitter stechen;
Die Erd' hat keine Lust, die nicht ein Weh wird rächen.
Aus einem Blumenkelch saugt sie so Gift als Seim;
Denn heimlich ist der Tod in jedem Lebenskeim.
Es muß ein Maulbeerblatt den Fraß der Raupe leiden,
Daß es verwandelt sei aus schlechtem Laub in Seiden.
Der Erde Weihrauch trägt Ameisenfleiß zusammen,
Zum Himmel duftet er in Mittags Opferflammen.
Sieh! wie im Staube blind Ameisenheere wimmeln,
Gehn sie so wenig irr' als Sternenchör' an Himmeln.
Der Abendsonne nach schwebt Lerche jubilierend,
Und Mücke tanzt im Strahl, sich selber musizierend.
Die Sonne sinkt, die Lerch' entschwirrt in Ätherduft,
Zur Erde fällt sie nicht, ihr Grab ist in der Luft.
Wann Sonnenlicht erlosch, tritt Sternenglanz hervor;
Auf Erden lebt der Tag, die Nacht im höhern Chor.
Die Macht der Sonne drückt den Geist zur Erde nieder,
In Nachtviolenduft steigt er zum Himmel wieder.
Durch Himmel wiegte mich die Nacht hindurch mein Traum;
Und als ich aufgewacht, fühlt' ich mich eng in Raum.
Wach' auf, die Sonne sucht ein Bild dir vorzumalen,
Wie man zu Gottes Ruhm am Morgen könne strahlen.
In bunten Schalen steht der Frühwein eingeschenkt,
Womit der König Lenz sein Hofgesinde tränkt.
Mit sieben Zungen thut die Lilie sich kund,
Und halbgeöffnet schweigt der Rose Knospenmund.
Die Blumen wollen dir ein Gottgeheimnis sagen,
Wie feuchter Erdenstaub kann Himmelsklarheit tragen.
Es wankt das Tulpenbeet, von eignem Glanze trunken:
Das Liebesfeuer brennt, wer zählet seine Funken?

Narzisse schaut dich an mit goldnem Augenstern:
»Ich blicke nach dem Licht, du blicke nach dem Herrn!«
In tausend Blumen steht die Liebesschrift geprägt:
»Wie ist die Erde schön, wenn sie den Himmel trägt.«
Wenn du Gott wolltest Dank für jede Lust erst sagen,
Du fändest gar nicht Zeit, noch über Weh zu klagen.
O Herz, versuch' es nur! so leicht ist gut zu sein;
Und es zu scheinen ist so eine schwere Pein.
Wer erst sein Tagewerk gethau hat, kann dann ruhn;
O fördre dich, geschwind dein Tagewerk zu thun.
Vor jedem steht ein Bild des, was er werden soll:
So lang' er das nicht ist, ist nicht sein Friede voll.
O bitt' um Leben noch! du fühlst, mit deinen Mängeln,
Daß du noch wandeln kannst nicht unter Gottes Engeln.
Kann auch der Sonne Kraft ein irrer Stern entwallen?
Wie könnte denn ein Mensch aus Gottes Liebe fallen!
Aus jedem Punkt im Kreis zur Mitte geht ein Steg,
Vom fernsten Irrtum selbst zu Gott zurück ein Weg.
Wer jetzo mich verkennt, der spornet nur mich an,
Zu werden so, daß man mich nicht verkennen kann.
Und wenn ich auf der Welt das Gute nirgends fände,
Ich glaubt' ans Gute doch, weil ich's in mir empfände.
Welch Herz noch etwas liebt, das ist noch nicht verlassen;
Ein Fäserchen genügt, Wurzel in Gott zu fassen.
So stark ist Liebeskraft, daß selber Gott liebeigen
Dahin, wo er geliebt sich fühlet, hin muß neigen.
Gott fürchtet selbst sich nicht durch Liebe zu erniedern;
Wie sollt' ich Liebe nicht, wo ich sie fänd, erwidern?
Im selben Maß du willst empfangen, mußt du geben;
Willst du ein ganzes Herz, so gib ein ganzes Leben.
Der Liebe Opfer zwingt dem Herzen Großmut ab;
Wer kann verachten, was sich ihm aus Lieb' ergab?
Der Prüfstein trügt dich nie: gut ist, was wohl dir thut,
Und das ist schlimm, o Herz, wobei dir schlimm zu Mut.
Zwiespältig ist Verstand und kann oft mißverstehn;
Gefühl, das mit sich eins, kann niemals irre gehn.
Wenn du die Richter auch mit Kunst für dich gewannst,
Was hilft es, wenn du selbst nicht los dich sprechen kannst?
Die Strafe macht dich frei von dem Gefühl der Schuld;
Drum straft dich, Kind, nicht Zorn des Vaters, sondern Huld.
Wenn dich die Liebe soll beleben, werde Staub!
Nicht hartem Felsgestein entsproßt des Frühlings Laub.
Daß sie die Perle trägt, das macht die Muschel krank;
Dem Himmel sag' für Schmerz, der dich veredelt, Dank.
Die süßste Frucht trägt nicht der Baum im vollsten Saft;
Nicht eher reifet Geist, bis schwindet Körperkraft.
In Liebesweh'n verzehrt hat ihren Leib die Luft;

Drum weckt als Gotteshauch sie Leben aus der Gruft.
Der Frühling strickt ein Netz aus Farben, Tönen, Düften;
Komm, Herbstwind, und befrei' den Geist aus Zaubergrüften!
Mein Baum war schattendicht; o Herbstwind, komm und zeige,
Indem du ihn entlaubst, den Himmel durch die Zweige!
Verweht sind ohn' Ertrag der Blumen bunte Farben,
In Scheuern eingeheimt die farbenlosen Garben.
O Baum des Lebens, sieh, der Herbstwind wühlt, er sucht,
Ob unterm Blätterschmuck du bergest eine Frucht.
Des Herbstes mag sich freun, was eine Frucht getragen,
Da, was nur Blätter trug, vor seinem Hauch muß zagen.
Die Schwalbe läßt ihr Nest und sucht ein wärmer Land;
O Seele, schwing' dich auf! die Lust der Erde schwand.
Den Frühling sucht mein Herz, dem droht kein Wintersturm,
Die Rose, der kein Dorn das Herz nagt und kein Wurm.
Den Garten kenn' ich wohl, wo alle Lenze wohnen,
Die flüchtig auf Besuch durchziehn der Erde Zonen.
Den Garten kenn' ich wohl, wo nie ein Keim verdarb,
Wo alles Früchte trägt, was hier als Blüte starb?
Ein Bruchstück ist mein Lied, ein Bruchstück das der Erde,
Das auf ein Jenseits hofft, daß es vollständig werde.
Die Liebe, die zum Kranz am Himmel reiht Plejaden,
Hält diese Perlen auch am unsichtbaren Faden.

* * *

Anmaßung und Bescheidenheit
Etwa bei gewalt'gen Thaten
Läßt sich auch Anmaßung leiden;
Bei bescheidnen Resultaten
Aber sei nicht unbescheiden!

Wenn du nur das Kleinste leistest,
Wird dir's auch zum Ruhm gereichen,
Wenn du nur dich nicht erdreistest,
Es dem Großen zu vergleichen.

* * *

Alt und neue Welt
Von deinen Kindern lernst du mehr als sie von dir:
Sie lernen eine Welt von dir, die nicht mehr ist;
Du lernst von ihnen eine, die nun wird und gilt.

* * *

Weg und Ziel
Weil das Ziel erfreulich ist,
Hat mich's nicht gerühret,
Daß der Weg abscheulich ist,
Der zum Ziele führet.

Aber danken wollt' ich dir,
Glück, wenn dir's gefiele,
Gäbst du schöne Wege mir
Auch zum schönen Ziele.

* * *

Schiffahrt
Wie ein Schifflein auf dem Meer,
Schwebt das Leben überm Tod,
Oben, unten, ringsumher
Von Gefahren stets umdroht.

Eine schwache Bretterwand
Trennet dich von deinem Grab;
Eines Hauches Unbestand
Wiegt dich schaukelnd auf und ab.

Seien Lüfte noch so klar,
Sei die Tiefe noch so still;
In Gefahr ist immerdar,
Wer durchs Leben schiffen will.

* * *

Vierzeilen
1.
Die Rose stand im Tau,
Es waren Perlen grau.
Als Sonne sie beschienen,
Wurden sie zu Rubinen.

2.
Siehst du, hörst du im Frühlingswind
Der Eiche Winterlaub schwirren zu Grab?
Was ist es? Die jungen Triebe sind
Erwacht und stoßen die alten ab.

3.
Wenn die Wässerlein kämen zu Hauf,
Gäb' es wohl einen Fluß;
Weil jedes nimmt seinen eigenen Lauf,
Eins ohne das andre vertrocknen muß.

4.
Den Kohl, den du dir selber gebaut,
Mußt du nicht nach dem Marktpreis schätzen;
Du hast ihn mit deinem Schweiß betaut,
Die Würze läßt sich durch nichts ersetzen.

5.
Der Zweck der thätigen Menschengilde
Ist die Urbarmachung der Welt,
Ob du pflügest des Geists Gefilde
Oder bestellest das Ackerfeld.

6.
Mal' innen deine Zimmer aus,
Daß sich daran dein Aug' erquicke;
Laß außen ungeschmückt dein Haus,
Daß es nicht reize Feindesblicke.

7.
Der Verstand ist im Menschen zu Haus,
Wie der Funken im Stein;
Er schlägt nicht von sich selbst heraus,
Er will herausgeschlagen sein.

8.
Nie war mir noch so lieb ein Tag,
Stets war darauf der Abend mir willkommen,
Ob ich denn wohl nun klagen mag,
Wenn meines Lebens Abend auch will kommen?

9.
Hoffnung faßt in sich der Zukunft Ewigkeit,
Ewig hält Erinn'rung die Vergangenheit.
Und so hast du, wie die zwei dir stehn zur Seiten,
Herz, in jedem Augenblick zwei Ewigkeiten.

10.
Mag sein, daß einer
Dies that als ehrlicher Mann.
Ich wäre keiner,
Wenn ich es hätte gethan.

11.
Was du Ird'sches willst beginnen, heb' zuvor
Deine Seele im Gebet zu Gott empor.
Einen Prüfstein wirst du finden im Gebet,
Ob dein Ird'sches vor dem Göttlichen besteht.

12.
Das sind die Weisen,
Die durch Irrtum zur Wahrheit reisen.
Die bei dem Irrtum verharren,
Das sind die Narren.

13.
Vom Guten zum Bösen ist kein Sprung,
Der Übergang ist unmerklich gemacht,
Wie der Tag durch die Dämmerung
Sich verliert in die Nacht.

14.
Manch art'ges Büchlein läßt sich einmal lesen,
Zu dem der Leser nie dann wiederkehrt;
Doch was nicht zweimal lesenswert gewesen,
Das war nicht einmal lesenswert.

15.
Wenn der Prophet thut auf den Mund,
Thut er nicht lauter Weisheit kund,
Doch glückt's gläubigen Leuten,
Alles als Weisheit zu deuten.

16.
Wer Leidenschaften schildern will,
Muß drinnen sein zugleich und draußen;
In deinem Herzen sei's fein still,
Und hör' um dich den Sturmwind brausen.

17.
Um andre leichter zu ertragen,
Mußt du dir sagen,
Daß du selbst nicht zu jeder Frist
Andern leicht zu ertragen bist.

18.
Schön ist's in gelehrten Gilden
Tiefsinnig über das Schöne sprechen,

Aber schöner ist Schönes bilden
Ohne den Kopf zu zerbrechen.

19.
Wiedersehn ist ein schönes Wort,
Ist es nicht hier, so ist es dort:
Sei es nun dort oder hier,
Auf Wiedersehn scheiden wir.

DIE WEISHEIT DES BRAHMANEN

ERSTE STUFE - EINKEHR

1.
Ein indischer Brahman, geboren auf der Flur,
Der nichts gelesen als den Weda der Natur;
Hat viel gesehn, gedacht, noch mehr geahnt, gefühlt
Und mit Betrachtungen die Leidenschaft gekühlt;
Spricht bald, was klar ihm ward, bald um sich's klar zu machen,
Von ihn angeh'nden halb, halb nicht angeh'nden Sachen.
Er hat die Eigenheit, nur Einzelnes zu sehn,
Doch alles Einzelne als Ganzes zu verstehn.
Woran er immer nur sieht schimmern einen Glanz,
Wird ein Betkügelchen an seinem Rosenkranz.

2.
Zwei Spiegel sind, worin sich selber schaut mit Wonne
Die hohe Himmels- und die höchste Geistersonne:
Ein Spiegel ist das Meer, von keinem Sturm empört,
Ein andrer das Gemüt, von keinem Drang verstört.

3.
Ich habe nichts erdacht, nur manches ausgedeutet,
Gegraben keinen Schacht, nur manchen ausgebeutet.
Kann ich, wo ich gelernt, auch nicht den Lehrer nennen,
Ich lernte doch und muß als Schüler mich bekennen.
Und der es mich gelehrt, der wird gelernt es haben
Von seinem Lehrer, dem es andre Lehrer gaben.
Die Überlief'rung ist, wenn auch die Namen schwanden
Der Überliefernden, vom Anfang her vorhanden.
Wer sagt mir nun, woher der erste selbst es nahm,
Von dem aus Hand zu Hand zu mir herab es kam?
So kommt der durst'ge Geist auf Wegen der Erfahrung
Durch Überlief'rungswald zum Quell der Offenbarung.

4.
Nichts Bessres kann der Mensch hienieden thun, als treten
Aus sich und aus der Welt und auf zum Himmel beten.
Es sollen ein Gebet die Worte nicht allein,
Es sollen ein Gebet auch die Gedanken sein.
Es sollen ein Gebet die Werke werden auch,
Damit das Leben rein aufgeh' in einen Hauch.

5.
Du sondre stolz und kalt dich nicht von der Gemeine
Der Betenden, weil du so gut es kannst alleine.
Zwar Gott ist überall, und nie wird in der Schar
Ihn finden, wem er nicht bereits im Herzen war.
Doch wo der Scheiter viel in einer Flamme brennen,
Wird das Gefühl es an vermehrter Glut erkennen.

6.
Beglückt der Weise, der ein kluges Weib gefunden,
Die den genügenden Beruf darin empfunden,
Mit Sinnigkeit das Haupt des Sinnenden zu kränzen,
Den himmlisch Strebenden auch irdisch zu ergänzen,
Der Sorge vorzustehn des Hauses und der Zeit,
Daß seine Sorge sei nur Welt und Ewigkeit.

7.
Verstand ist vom Verstehn, Vernunft ist vom Vernehmen;
Die beiden brauchen sich nicht ihres Stamms zu schämen.
Verstanden haben zwar ist mehr als bloß vernommen,
Ein unverstandenes Vernommnes kann nicht frommen.
Doch kann der Mensch verstehn nur, was er recht vernahm,
Was ihm von außen her, was ihm von oben kam.

8.
Du bist beglückt, wenn dir gegeben ist, zusammen
Mit vielen wirkend, dich mit ihnen zu entflammen.
Doch wenn du stehst allein, so laß dich's nicht verdrießen,
Statt Menschen mußt du nur der Menschheit dich erschließen.
Aus jeder Raumesweit', aus allen Zeitenfernen,
Grüßt den der Menschheit Geist, der von ihm weiß zu lernen.
Gedanken steigen aus vermorschter Büchergruft,
Und andre schwinden in der Luft wie Blütenduft,
Noch kein gedachter je ging Denkenden verloren,
Und ungeahnet wird kein neuer auch geboren.
Drum trösten magst du dich, wenn aufging dir ein Licht,
Teilst du's auch keinem mit, der Welt entgeht es nicht.
Sie streiten, wer zuerst dies habe vorgebracht;
Der Geist der Menschheit hat's gemeinschaftlich erdacht.

9.
O klage nicht mein Herz, daß dir zu spät nun kommen
Der Liebe Zeichen, da die Jugend dir verglommen.
Ja, wär' es Gold und Gut und Würd' und Wohlbehagen,
So möchtest du, daß nun zu spät es komme, klagen.
Bald lassen müßtest du zurück dies Hausgerät,
Doch was hinüber du mitnimmst, kommt nicht zu spät.

10.
Gar manches sagt nicht rein Brahman'sches der Brahman;
Sei es rein menschlich nur, so nehmen wir es an.
Doch dieses, was aus gar so fremden Augen schaut,
Hat ein europischer Bekannter ihm vertraut.

11.
Wer mit geschickter Hand die heil'ge Schrift abschreibt,
Kein Zweifel ist, daß er ein fromm Geschäft betreibt.
Denn an der Abschrift kann ein Frommer sich erbaun,
Sich freuen, Gottes Wort so klar vor sich zu schaun.
Doch wenn der Schreiber selbst nichts weiter thut wan schreiben,
So wird, was andern frommt, ihm selbst unfruchtbar bleiben.
Und also, wenn du machst dein eignes Sein und Leben
Zu einem schönen Buch, um es der Welt zu geben,
Wenn es auch alle Welt mit Lust und Andacht schaut,
Was nützt es dich, wenn es dich selber nicht erbaut?

12.
Nicht g'nug ist's, selber nicht zu hassen noch zu neiden;
Du mußt den Neid, den Haß von andern auch vermeiden
Des Hasses Blick ist Frost, des Neides Blick ist Glut;
O Liebespflanze, dir ist Glut und Frost nicht gut.
Gott geb' ein Plätzchen dir, wo rein du könntest sprossen,
Von Liebesstrahl besonnt, von Freundschaftstau begossen;
Wo dich kein Blick erreicht, wo dich kein Hauch berührt,
Von dem nicht Geist geweckt und Andacht wird geschürt.

13.
Du sagst: Die Rose blüht, es singt die Nachtigall;
Doch siehst du hundert blühn, hörst hundertfachen Schall.
Doch alle Rosen sind in einer dir verschlungen,
Die Nachtigallen all in einer Kehl' erklungen.
So fühlt die Poesie in sich ein Dichter ganz,
Und alle Schönheit sieht die Lieb' in *einem* Glanz.

14.
Hauch Gottes, Poesie, o komm, mich anzuhauchen,
In deinen Rosenduft die kalte Welt zu tauchen.
Was du anlächelst, lacht, was du anblickest, glänzt;
Die Eng' erweitert sich, und Weites wird begrenzt.
Durch dich ist ewig, was im Augenblick geschwunden,
Was ich gelebt, gedacht, genossen und empfunden.

15.
Wo hört die Heimat auf und fängt die Fremde an?
Es liegt daran, wie weit das Herz ist aufgethan.

Ein enges Herz, das sich verstockt im Winkel hat,
Es findet fremdes Land drei Finger von der Stadt;
Ein weites aber hat das Fernste sein genannt,
Als wie vom Himmel wird die blüh'nde Welt umspannt.

16.
Zwei Dichter weiß ich, die zur höchsten Höhe flogen
Und bald Nachahmung, bald Bewund'rung nach sich zogen
Doch zog der eine meist nach sich die größre Schar,
Indes des andern die gewählte kleinre war.
Ein hohes Ideal dem einen schwebte vor,
Zu dem er unverwandt sein Antlitz hielt empor
Und seinen Flug; doch nie konnt' es der Flug erreichen!
Je höher er sich hob, je höher mußt' es weichen.
Vom Ideale selbst der andre flog gehoben;
Er war stets, wo es war, nie unten er, es oben,
Kein Äußerliches war's, wonach er ringend strebte,
Es war sein Inn'res selbst, das, was er war und lebte.
Dem ringe nach! Es kann mit rechter Kraftanwendung
Der Mensch auf jeder Stuf' erreichen die Vollendung.

17.
Wenn ihr vielleicht vermißt in diesem Buch die Einheit,
Statt großes Ganzen seht der Einzelheiten Kleinheit;
Doch eine Einheit ist und doppelte, darin:
Die Einheit in der Form, die Einheit auch im Sinn.
Auf wieviel Stoff nun angewandt die Einheit sei,
Das lenkt der Zufall und ist wirklich einerlei.

18.
Die schönsten Lieder, die aus vollstem Herzen dringen,
Sie werden nicht die Welt verwandeln und bezwingen;
Das wird allein der Kraft, der thätigen, gelingen.
Dem Manne zoll' ich Preis, der das im engsten Kreis
Weiß zu bethätigen, was ich zu träumen weiß.

19.
Ihr mögt mich umganglos und ungesellig schelten!
Wen aber hab' ich denn, der mich als mich läßt gelten?
Wo ich mich selber muß verleugnen immerhin,
Da bin ich einsam, wo ich in Gesellschaft bin.

ZWEITE STUFE - STIMMUNG

1.
Zum Milden sprach ein Freund: »Du mußt die Mild ablegen,
Die dich verarmen macht.« Der Milde sprach dagegen:
»Zur Milde hab' ich mich gewöhnt nach Gottes Bilde,
Und seine Mild' hat sich gewöhnt an meine Milde,
Ich fürchte, wenn ich nun ablegen sollte meine
Gewohnheit, möchte Gott ablegen mir die seine.«

2.
Kann jeder doch die Welt nur seinem Sinn anpassen;
Und was ich fassen soll, muß ich in Verse fassen.
Drum, ob an manchem Vers von mir du habest nichts,
So denk': Den hat für sich der Meister des Gedichts.
Hätt' ich den Vers, an dem du nichts hast, nicht gemacht,
Hätt' ich auch die, woran du viel hast, nicht erdacht.

3.
Wenn du das dicke Buch durchblätterst der Geschichte,
Du findest wiederholt auf jedem Blatt Berichte
Von widerwärt'gem Kampf und greulichem Verrat,
Und selbst auf dunklem Grund steht jede lichte That.
Und auch des Dichters Kunst, die sich die freie nennt,
Doch knechtisch hinterdrein nur der Geschichte rennt,
Weiß auch nichts Besseres zu unserem Ergötzen
Als nächtliches Geschick und blutiges Entsetzen.
Als sei von Gottes Welt nur dieses vorzuzeigen,
Was man eh'r sollt' aus ihr vertilgen durch Verschweigen.
Als sei in der Natur nur Frost und Hagelschlag
Und gift'ger Raupenfraß, kein blüh'nder Rosenhag;
Und in des Menschen Haus nur Krankenstubenjammer,
Kein Kindertummelplatz und keine Hochzeitkammer.
Die Weichlichkeit ist schlecht, der Leichtsinn ist nicht gut,
Doch not ist heitrer Ernst und froher Lebensmut.
Des Schattens kann im Bild entbehren nicht die Kunst,
Doch ist ihr Element das Licht und nicht der Dunst.
Mag die Geschichte nicht des traur'gen Amts entbehren,
Daß durch Unmenschliches sie uns will Menschheit lehren;
O Phantasie, wenn du die Blüte willst entfalten
Der Menschheit, sollst du ihr kein Jammerbild vorhalten.

4.
Wenn du am rechten Ort das rechte Wort zu sagen
Hast unterlassen, bleibt es immer zu beklagen.
Wenn in Gedanken dann du's sagest hinterher,
Wird die Versäumnis dir nur fühlbar um so mehr,

Doch unterlaß nur nicht und sage dir es fein;
Vielleicht ein andermal wirst du dann klüger sein.

5.
Zu lesen lieb' ich nicht, was aneinander hängt,
So daß ein jeder Schritt zum andern vorwärts drängt;
Wo, wenn ich aus der Bahn hab' einen Schritt gethan,
Ich sie verlor und muß von vorne fangen an.
Zu lesen lieb' ich das, wo ich auf jedem Schritte
Zugleich am Anfang bin, am End' und in der Mitte;
Wo stillzustehen, fortzufahren, abzubrechen
In meiner Willkür steht und mit darein zu sprechen.
Den Dichter lieb' ich, der für mich versteht zu pflanzen
Ein Ganzes, das besteht aus tausend kleinen Ganzen.

6.
Was unterscheidet Kunst von Wissenschaft? Das Können;
Dem muß der Vorrang doch das stolze Wissen gönnen.
Wohl weiß die Wissenschaft, wie etwas sollte sein,
Doch machen kann sie's nicht, das kannst du, Kunst, allein.

7.
O wende dich an das, mein liebendes Gedicht,
Im Menschen, was vereint, an das, was trennet, nicht!
An das nicht, was nur trennt und ew'ge Trennung stiftet,
Der beiden Welten Heil mit heiligem Gift vergiftet;
Was als das einzige Heil für hier des Staates Norm
Aufstellen und für dort will eines Glaubens Form;
Daß vor dem heiligen unheiligen Kriege Frieden
Und Glück zu finden sei nicht droben noch hienieden.
Von dieses Fiebers Frost, von dieses Fiebers Glut
Erstarrt der Menschheit Herz, versiegt ihr Lebensblut.
In diesen Todesfrost blas' einen warmen Hauch,
Und einen klärenden in diesen dumpfen Rauch!
Das reine Menschliche im Menschen wend' hervor,
Der ewigen Sonne zu den Liebesfrühlingsflor!
Daß sich die Menschheit einst fühl' eins, wie einst sie war,
Und wie sie noch sich fühlt in jedem jungen Paar.
Dies liebende Gefühl, aufs Leben ausgedehnt
Und auf die Welt erstreckt, ist, was der Geist ersehnt.
Hinweg, was zwängt und engt! Herbei, was Bande sprengt,
Und nur mit Liebesband Geist und Natur umfängt!

8.
Du bist in Gottes Ratsversammlung nicht gesessen,
Als er den Plan der Welt nach seinem Maß gemessen;
Nun thust du doch, als sei dir vorgelegt der Plan,

Und deinen Maßstab legst du unbekümmert an.
Nur zu! Es ist darauf der Großplan angelegt,
Daß jedes kleinste Maß paßt, das man angelegt,
Daß jeder deutet sich die Welt in seinem Sinn,
Und jeder deutet recht; so viel ist Sinn darin.

9.
Was ungelesen ich zu lassen mir erlaube?
Ein Büchlein, das mir will beweisen, was ich glaube.
Wie sollt' ich, was ich glaub', erst mir beweisen lassen?
Derweilen kann ich mich mit Nützlicherm befassen.
Ich denke, solches Buch ist nicht für mich geschrieben,
Es ist für andre, die bis jetzt ungläubig blieben.
Allein auch diese wird es nicht zum Glauben treiben;
Drum ohne Schaden konnt' es ungeschrieben bleiben.

10.
Welch eine Sprach' ist schön, welch eine Sprach' ist reich?
Verschieden an Getön, im Sinn sind alle gleich.
Nicht dief' und jene Sprach' entzückt, erfreuet mich;
Was mich erfreut, entzückt, das ist die Sprach' an sich:
Daß eine Sprach' es gibt, die, was du fühlst und denkest,
Dir deutlich macht, je mehr du dich in sie versenkest;
Daß eine Sprach' es gibt, kraft deren du verkündest
Der Welt geheimen Sinn, so weit du sie ergründest:
Drum ist die schönste Sprach' und beste, die du nennst,
Die Muttersprache, weil du sie am besten kennst.

11.
Vollkommen lieb' ich nicht die Menschen, streng und heilig;
Sie wären unbequem und wären auch langweilig.
Einseitig lieb' ich sie, natürlich und beschränkt,
Nicht übertrieben, krank, gebrechlich und verrenkt.
So lieb' ich sie, sich dar mir stellend in der Welt,
Und also fordr' ich sie vom Dichter dargestellt.
Wenn anders sie mir zeigt die Welt, muß ich's in Ruh'
Ertragen, aber wenn das Buch, so mach' ich's zu.

12.
Einst meine Leserin bist du als Braut gewesen;
Wie solltest du nicht gern dein schönes Brautlied lesen?
Dem Dichter zum Verlust, dem Manne zum Gewinn
Bist du nun meine Frau, nicht meine Leserin.
Und ich verdenke dir es nicht; den ganzen Mann
Besitzest du, was gehn dich seine Bruchstück' an?
Die Knaben nehm' ich aus, die Gott uns hat verliehn;
Die hilf zu Männern auch, zu ganzen, mir erziehn.

DRITTE STUFE - KAMPF

1.
Des Herzens Pförtner ist des Mannes Angesicht,
Der den und den Empfang beim Herren dir verspricht.
Ein freundliches Gesicht wird Hoffnung dir erwecken
Und ein unfreundliches zurück die Hoffnung schrecken.
Doch oft, wann du zum Herrn gelangt, hast du entdeckt,
Daß Hoffnung oder Furcht der Pförtner falsch erweckt.
Ein herzensholder Herr hat oft unholde Mienen
Zu Dienern, während auch unholdem holde dienen.
Drum laß ein Lächeln dir nicht zu viel Hoffnung wecken,
Und auch ein Schmollen laß nicht gleich zurück dich schrecken.
Ihr aber, Herzensherrn, sagt euern Dienern fein,
Daß sie nicht euerm Sinn umhüllen falschen Schein.
Warum soll Freundlichkeit vergebens Hoffnung wecken
Und gar Unfreundlichkeit zurück die arme schrecken?
Die müden Hoffnungen, die oft so irre gehn,
O könnten sie das Ziel gleich recht am Eingang sehn!

2.
Des ganzen Menschen und des einzelnen Geschichte
Zusammenfassen kannst du sie in drei Berichte:
Der Mensch, mit der Natur im Frieden, war ein Kind;
Das sind die Glücklichen, die es geblieben sind.
Der Mensch, mit der Natur im Kampfe, ward ein Mann,
Gewann, verlor, gewann, verlor, gewann, gewann.
Der Mensch mit der Natur Besiegung wird ein Greis,
Des neuen Friedens Kind; so kreist in sich der Kreis.

3.
Du klagst, du könnest dich nicht mit der Welt vertragen,
Nicht der Geselligkeit Beschränkungen ertragen.
Zur Wildnis fliehest du, dem Menschen zu entfliehn;
Du trägst ihn mit an dir und kannst ihn aus nicht ziehn.
Wenn aber du dich selbst ertragen mußt und leiden,
Von deinem Ebenbild warum willst du dich scheiden?
Du fühlst mit der Natur dich mehr in Eintracht nur,
Weil du nicht ihrem Gang vorzeichnest deine Spur;
Den Menschen aber willst du deine Wege zeigen,
Bedenklos, daß, wie du, auch jeder ist sein eigen.
Trägst du ohn' Ungeduld Frost, Regen, Sturm und Wind?
Nur Menschenunbestand ist dir zu ungelind?
Der Mann, der vor dem Zwang des Lebens nimmt die Flucht,
Ist wie der Knabe, der entläuft der Eltern Zucht,
Der sich bequemen will eh'r allem Unbequemen,

Um Rache, wie er meint, nur an der Zucht zu nehmen.
Der rechte Mann erkennt und ehrt des Lebens Schranken,
Und der Erkenntnis wird er seine Freiheit danken.
Sein Inn'res ist sein Thun, das strebt er zu vermehren,
Von außen leidet er, das strebt er abzuwehren,
Und selbst sein Leiden weiß in Thun er zu verwandeln,
Wenn, menschlich handelnd, er lehrt Menschen menschlich handeln.
Denn uneins unter sich macht Menschen Leidenschaft,
Und nur in der Vernunft ist ihrer Einheit Kraft.
Des Menschen Aufgab' ist Erziehung und Entwildung,
Des menschlichen Geschlechts und eigne Menschheitsbildung.

4.
Die Eitelkeit der Welt erkennen, ist nicht schwer,
Denn die Erkenntnis drängt von allen Seiten her.
Doch nur die bessere Erkenntnis macht dich frei:
Daß in der eitlen Welt dein Sein nicht eitel sei.
Die Eitelkeit der Welt mußt du an dir erfahren,
Um deine höhere Bestimmung zu gewahren.
Nie, wie du g'nügsam seist, thut dir die Welt genug,
Bis von ihr nahm dein Geist zum Himmel seinen Flug.
Dann wirst du gern der Welt die Eitelkeit vergeben,
Die dir ein Strebepunkt geworden zum Erheben.

5.
Wie wenig wissen doch die Menschen sich zu sagen
Des Sagenswerten, die sich in Gesellschaft plagen.
Als ob erträglicher dadurch die Langeweile
Dem einen sei, daß er sie mit den andern teile.
Wo Ungelehrte unerträglich thun gelehrt,
Da thun Gelehrte nun gar kläglich ungelehrt.
Nur selten im Gespräch entwischt ein guter Spruch,
Weil jeder, was er weiß, spart lieber für ein Buch.

6.
Wenn in Geschichten wir von Not und Jammer lesen,
So tröstet dieses uns: dies alles ist gewesen.
Die Herzen ruhen längst, die das erlitten haben,
Und ihre Sünden sind mit ihnen auch begraben.
Doch ihre Lieb' und Treu', ihr Glauben und ihr Mut,
Sind die auch hin wie Schaum geschwommen auf der Flut?
Mit nichten, diese sind am Leben uns geblieben,
Denn wozu würde wohl Geschichte sonst geschrieben?

7.
Vermeiden sollen sich, die nicht zusammenpassen;
Wahl der Gesellschaft ist jedwedem freigelassen.

Zu wen'gen passen ist ein nicht geringes Leiden,
Denn schwer ist mit der Welt Berührung zu vermeiden.
Doch ganz unglücklich ist, wer allen Umgang haßt,
Und, auf sich selbst beschränkt, auch zu sich selbst nicht paßt.

8.
Behalte, was ich hier dir nicht will vorenthalten,
Vier Lehren, die nicht sind in jedem Ohr enthalten.
Dir geben einen Halt, im Leben einen Stab,
Der Worte vier: Halt ein! Halt aus! Halt an! Halt ab!
Halt ein den Zorn, die Gier und jede Leidenschaft;
Halt aus, was dich betrifft, mit starker Seelenkraft.
Halt an zum Guten, wen und wo du Macht gewannst;
Halt ab vom Bösen wen, von Übel was du kannst.
Behalt' und halte dies und ordne dein Verhalten
Danach, so wirst du dich und wirst die Welt erhalten.

9.
Was einen Dichter macht? das hohe Selbstgefühl
Und fröhliche Vertrau'n im bunten Weltgewühl.
O Freund, mir aber kam allbeides fast abhanden,
Nicht durch Unbilden, die ich reichlich selbst bestanden;
Was einem widerfuhr, der größer ist als ich
Und ohne den ich selbst nicht wäre, kränket mich:
Daß Goethe werden darf mißhandelt ungerochen,
Das hat mein Selbstgefühl und Weltvertrau'n gebrochen.

10. Fürstenspiegel

1.
Es ist ein kleiner Fürst im Land, den groß ich preise,
Den, weil er nicht will laut gelobt sein, lob' ich leise.
Er hat die Fürstlichkeit erkannt in ihrem Wesen
Und will den Titelprunk nicht hören und nicht lesen.
Die Schranken hat er weggehoben zwischen sich
Und seinem Volk, das frei ihm nahn darf männiglich.
Er will den Zugang nicht zu seinem Ohr verteuert,
Und die Erlaubnis, ihn zu bitten, unbesteuert,
Er will beweisen, daß ein Fürst noch mit Vertrau'n
Kann auf sein Volk, ein Volk auf seinen Fürsten schaun.
O mög' er den Beweis, der not thut, glänzend führen
In dieser Zeit, wo sich des Mißtrau'ns Feuer schüren.
Ihr größern, schaut auf ihn und nehmt von ihm ein Zeichen!
Wie müßt ihr wachsen noch, wenn ihr ihn wollt erreichen!

2.
Die größten Fürsten all, die auf des Ruhmes Bahnen
Bei Hindus wandelten und bei den Muselmanen,
Sie hatten einen Brauch, mit abgelegten Zeichen
Des Standes unterm Volk vermummt umherzuschleichen,
Um zu erfahren, was sie sonst nicht leicht erfuhren,
Was man von ihnen denk' in Hütten und auf Fluren.
Doch hielten sie dabei streng ein Gesetz, den Leuten
Nie das Verborgene verborgen anzudeuten,
Noch minder, in des Zorns und Ungestüms Entwallen,
Der Roll', in der sie aufgetreten, zu entfallen;
Still, was Ersprießliches sie hörten, zu ermessen,
Und was Verdrießliches, als Fürsten zu vergessen.

3.
Bedachtet ihr einmal, was die Unsterblichkeit,
Nach der ihr trachtet, ist, ihr Könige der Zeit!
Denkmale stiftet ihr, Bildwerke, Riesenmauern;
Die Nachwelt staunt sie an und dankt nicht den Erbauern.
Und wenn man fraget nach dem Namen, wird man sagen:
Hoch kam zu Ehren Stein und Erz in dessen Tagen.
War auch so wohlgefugt des Landes Lust und Glück,
Wie Stein und Erz, so ganz aus einem Guß und Stück?
Er hat die Ewigkeit gesucht in Stein und Erzen
Und nach dem Denkmal nicht gefragt in Menschenherzen.
So sei auf ewig denn der Namen eingeschrieben
In Stein und Erz, anstatt in Herzen, welche lieben.

VIERTE STUFE - SCHULE

1.
Ein rechter Lehrer ist, wer pilgernd alle Stätten
Von Gangas Quellenmund hat bis ans Meer betreten;
An jedem heil'gen Strom, der in die Ganga mündet,
Hat im Gebet gekniet und sich im Bad entsündet!
Und dann zur Einsamkeit den Duft zurückgebracht
Von Gottes Gnadenfüll' und seiner Schöpfung Pracht.
Und in der Einsamkeit das helle Bild entfaltet
Von Gottes Herrlichkeit, die durch die Schöpfung waltet.
Auf seines Mundes Wort mag wohl ein Schüler lauschen,
Vereinigt hört' er dort die heil'gen Ströme rauschen.

2.
Es ist ein heil'ger Brauch, im reinen Gartenraum
Bei deines Sohns Geburt zu pflanzen einen Baum.
So ähnlich ist der Trieb des Menschen und der Pflanze
Und so verschieden auch, wie Blatt und Blatt am Kranze.
Das zarte Reis kann nur durch Jahresgunst gedeihn,
Und nur durch Himmelsgunst gedeiht ein Kind allein.
Der Baum, gepflanzt, erwächst dir ohne weitre Müh'n:
Nicht sonder Sorge wirst du sehn den Sohn erblühn.
Wenn du ihn biegen willst, so biege fein den jungen;
Das ist vom Baum sowohl wie von dem Sohn gesungen.
Der Baum zu seiner Zeit trägt seine Frucht für dich;
Dein Sohn trägt seine Frucht, wenn er sie trägt, für sich.
Doch seine Frucht zu sehn, macht Freuden dich ersatten,
Und einst zufrieden schläfst du ein in seinem Schatten.

3.
Bedenke, daß ein Gott in deinem Leibe wohnt,
Und vor Entweihung sei der Tempel stets verschont.
Du kränkst den Gott in dir, wenn du den Lüsten frönest,
Und mehr noch, wenn du in verkehrter Selbstqual stöhnest.
Gott stieg herab, die Welt zu schaun mit deinen Augen;
Ihm sollst du Opferduft mit reinen Sinnen saugen.
Er ist, der in dir schaut und fühlt und denkt und spricht;
Drum was du schaust, fühlst, denkst und sprichst, sei göttlich licht.

4.
Mannhafte Poesie ist, was ich hier, o Sohn,
Dir bringe, denn du hast die knabenhafte schon.
Mannhafte Poesie, die Grundsatz und Gedanken
Führt gegen Phantasie und Traumwerk in die Schranken:
Das Kindermärchen aus der Vorzeit Ammenstuben
Von Sängern, Königen, Rittern und Reitersbuben;

Vorüber tanzte dir der bunte Spuk, worüber
Du einst dich freutest, freu' dich nun, das ist vorüber.
Nicht stehen bleiben sollst du mir beim Knabenhaften;
Wer werden will ein Mann, darf nicht am Knaben haften.

5.
O Seele, glaub' es nicht, was jene Denker sagen,
Beim Denken müsse man sich des Gefühls entschlagen.
Gefühl ein Hindernis sei auf des Denkers Spur,
Und selbst das Schöne steh' im Licht dem Wahren nur.
Streng sei vom reinen Thun des Geistes auszuschließen
Der Sinn; als ob so Sinn und Geist sich trennen ließen!
Ich weiß nicht, was sie so rein denkend vorgebracht,
Ich aber habe stets gefühlt, was ich gedacht.

6.
Wenn dich der Unmut plagt in deiner Einsamkeit,
Trag' unter Menschen ihn und sei davon befreit.
Du siehst, sie sind vergnügt, warum willst du dich grämen?
O Schande, wenn sie dich an Lebensmut beschämen.
Sie leiden und sind still, laß dir's zur Lehre dienen;
Und klagen sie wie du, so tröste dich mit ihnen.
Nicht nur von Starken fühlt der Schwache sich gestärkt,
Er selber fühlt sich stark, wo er noch Schwächre merkt.

7.
Das zu entwickeln, was Gott in den Keim gelegt,
Ist des Erziehers Amt; wohl, wenn er's recht erwägt!
Du kannst mit deinem Geist auf einen Geist einfließen,
Um, wie den Pflanzenkeim die Sonn', ihn aufzuschließen.
Das Licht entwickelt zwar nur, was im Keime lag,
Doch ohne Licht wär's nicht gekommen an den Tag.
So kannst du auch ins Herz, was drin nicht liegt, nicht legen,
Doch je nachdem du es anregest, wird sich's regen.
Nur ist ein wirklicher, der unentwickelt blieb,
Bei weitem vorzuziehn falsch angeregtem Trieb.
Denn Unentwickeltes kann später sich entfalten,
Doch Falschentwickeltes steht fest in Mißgestalten.

8.
Thu' recht und schreibe dir nicht als Verdienst es an,
Denn deine Schuldigkeit allein hast du gethan.
Thu's gern! Und wenn dir das nicht zum Verdienst gereicht,
Gereicht dir's doch zur Lust, daß dir die Pflicht ward leicht.

9.
Heil, wenn das Gute du aus freiem Triebe thust
Und das Gesetz erfüllst, weil es ist deine Lust.
Dann fühlest du allein nicht des Gesetzes Zwang,
Wenn du's verwandelt hast in deines Herzens Drang.

10.
Die Zukunft habet ihr, ihr habt das Vaterland,
Ihr habt der Jugend Herz, Erzieher, in der Hand.
Was ihr dem lockern Grund einpflanzt, wird Wurzel schlagen;
Was ihr dem zarten Zweig einimpft, wird Früchte tragen.
Bedenkt, daß sie zum Heil der Welt das werden sollen,
Was wir geworden nicht und haben werden wollen.

11.
Aufmerksamkeit, mein Sohn, ist, was ich dir empfehle:
Bei dem, wobei du bist, zu sein mit ganzer Seele.
Wenn du an andres denkst, als was dein Lehrer spricht,
So hörst du dies nur halb, und in dir haftet's nicht.
Du aber brauchst zum Glück an andres nicht zu denken
Und kannst Aufmerksamkeit mir ungeteilte schenken.
Das ist der Vorzug, den der Knabe hat vorm Mann,
Der eignen Denkens sich nicht mehr entschlagen kann.
Er hat bei allem, was er hört, so viel zu denken,
Daß er kein voll Gehör kann dem Gehörten schenken.

12.
Ereignisse sind nicht das Wichtigste am Leben,
Wenn, ohne dir bewußt zu werden, sie entschweben.
Was innerlich nur ward, wie klein es sei, ist wichtig:
Was äußerlich dir blieb, das Größte selbst ist nichtig.
Drum dränge nicht zu viel hinaus dich in den Braus,
Laß aber unbemerkt vorbei nichts deinem Haus.
Zieh' ein Ergebnis dir aus dem, was sich begab
Bedeutendes, und frag' ihm die Bedeutung ab.
Setz' ihm ein Denkmal, das dir zeig' in künft'gen Stunden,
Daß der geschwundenen dir keine leer geschwunden.

13.
Oft mahnt ein jäher Stoß den sorgenlosen Gleiter
Auf glatter Lebensflut an Trümmerung und Scheiter.
Du dank' ihm, daß er aus Gedankenlosigkeit
Dich weckt, zu danken Gott für gnädiges Geleit;
Für gnädiges Geleit zu danken und zu flehn,
Daß weiter sanft gewiegt dein Schifflein möge gehn.

14.
Willst du erquickenden traumlosen Schlaf genießen,
Laß wach dich im Genuß nicht Mäßigkeit verdrießen.
Und so im Leben auch sei mäßig, wenn begraben
Du ruhn in Gott willst und nicht böse Träume haben.
Sieh, welchen Lohn der Seel' hat Mäßigung beschieden!
Im Wachen und im Schlaf, im Tod und Leben Frieden.

15.
Sohn, aufrecht sei dein Gang und all dein Thun aufrichtig!
Aufrechter Gang ist für den Menschen nicht unwichtig.
Er ist, von Gott gewährt, die erste hehrste Gunst,
Und ist, vom Kind gelernt, die erste schwerste Kunst;
Die und die eng mit ihr verbundne Kunst der Rede
Begründet und bedingt der andern Künste jede.
Hoch halte sie, o Sohn, und mach' Gebrauch davon;
Steh aufrecht, wo du stehst, nah' oder fern dem Thron.
Vorm höchsten Throne selbst halt' aufrecht die Gedanken;
Wen Gottes Gnade hält, den lässet sie nicht wanken.
Steh wie ein frommer Knecht vor deinem Herrn aufrecht,
Gegürtet, winkbereit, zur Arbeit, zum Gefecht.
So geh, aufrechten Haupts, ohn' Hochmut auf der Erde;
Aufrichtig sei dein Sinn, dein Wort und die Gebärde.
Halt' aufrecht, wie dich selbst, das Recht, wo du vermagst;
Richt' auf Erliegende und dich, so du erlagst.
Die Sterne winken dir, zu ihnen aufzurichten
Den Blick und deinen Gang nach ihrem Lauf zu richten.

16.
Wer einem Freunde klagt, erleichtert sich das Herz,
Und wer vor Gott ihn sagt, versöhnet seinen Schmerz.
Doch wer mit sanftem Laut ihn dem Gesang vertraut,
Ist auch davon zugleich getröstet und erbaut.
O wunderbares Bild, o Kraft des Seelenlichts!
Du siehest Herbes mild im Spiegel des Gedichts.
Und wie sich in dem Schein erblickt die Schreckerscheinung,
Wird selber sie zu Stein, die dir gedroht Versteinung.

17.
Viel wichtiger, als was du hast gelernt, mein Sohn,
Ist, was du hast gethan, und mehr hast du davon.
Was du gelernet, mußt du fürchten, zu vergessen;
Was du gethan, von selbst erinnerst du dich dessen.
Es mag dich nun erfreun, es mag dich nun gereun,
Von selber wird sich die Erinn'rung dir erneun.
Einmal geschrieben, ist's nicht wieder auszustreichen,
Und in des Lebens Buch steht es als ewiges Zeichen.

Drum, was du schreibest, denk', ob du es immer sehn
Vor Augen möchtest, nie es wünschen ungeschehn.
Einmal geschrieben, ist's nicht wieder umzuschreiben;
Und streichest du's auch aus, so wird der Strich doch bleiben.
Und kratzest du es aus, so bleibet doch der Kratz,
Und Neues läßt sich nie rein schreiben an dem Platz.

18.
Der Mond am Himmel ist der Sonne beigegeben,
Damit sie beid' ein Bild vorhalten unserm Leben.
Der Mond bedeutet, daß im Wechsel alles treibt;
Die Sonne deutet, was im Wechsel gleich sich bleibt.
Am Monde tröste dich bei Glückes Unbestand
Und um Beständigkeit blick' auf zum Sonnenrand.
Nimm ab und zu an Lust, dem Mond gleich, in Geduld
Und wie die Sonne sei unwandelbar voll Huld.

19.
Begriffen hast du, doch damit ist's nicht gethan;
Nun lern' es auch, dann erst gehört es ganz dir an.
Es ist ein Unterschied, begriffen und gelernt;
Beim ersten Schritt ist man noch weit vom Ziel entfernt.
Doch, ist auf rechter Bahn der erste Schritt gethan,
So kommt das Ziel von selbst, halt nur du Schritt nicht an!
Das recht Begriffene ist leicht zu lernen nun;
Doch lernen mußt du es, sonst kannst du nicht thun.

20.
Wenn dir ein weises Wort zu denken und zu schreiben
Sich darbot heute, laß es nicht bis morgen bleiben.
Noch minder aber, wenn Gelegenheit zu thun
Du hast ein gutes Werk, laß es auf morgen ruhn.
Ein unterdrücktes Wort kommt wieder neugeboren,
Die unterlassne That doch ist und bleibt verloren.
Und geht verloren auch ein Wort, so ist's nicht viel;
Denn nur die That ist Ernst und der Gedank' ein Spiel.
Du aber, wenn dir Zeit und Ort und Kraft nicht bleiben
Den Ernst zu thun, magst du mit Ernst dein Spielwerk treiben.

21.
Du kannst, wenn etwa dir ein Großes ist gelungen,
Die angestrengte Kraft ein Hohes hat erschwungen,
Dir nicht deswegen nun nachgeben, auszuruhn,
Dir nachsehn gar, dafür was Schlechteres zu thun.
Dir auf legt jede Pflichterfüllung neues Joch,
Zu leisten immer das und immer mehr nur noch.
Nicht eigenmächtig kannst du dir den Freibrief schreiben,

O Gottes Knecht, du mußt in deiner Knechtschaft bleiben.

22.
Weltklugheit rät dir an: verachte keinen Mann!
Du weißt nicht, wie er dir noch nützen, schaden kann.
Die Liebe gibt dir ein: lieb' alles, groß und klein!
Der höchsten Liebe wert wirst du dadurch allein.
O sieh, den Streit der Welt versöhnt ein Gotteshauch!
Wer Himmelsliebe hat, der hat Weltklugheit auch.

23.
O seliges Gefühl, zu fühlen, daß du lebest,
Empfangest Leben von der Welt und Leben gebest;
Ein Glied des Leib's zu sein, der tausendfach sich gliedert,
Wo Herrschen nicht erhöht und Dienen nicht erniedert.
Denn alles ist Gefäß, das immer feiner seigert,
Wodurch sich Nahrungssaft zum Nervengeiste steigert.
Die Stell', an die du bist gestellt, bestelle du,
O Werkzeug im Gewerk des Lebens wirke zu!
Und fühle, daß du nicht entäußernd dich verlierst,
Daß du die Welt aus dir, dich aus der Welt gebierst.
Du ziehest sie in dich, um sie dir anzugleichen,
Und gehst in sie, um aufzudrücken ihr dein Zeichen.
Ein Pünktchen und zugleich ein Mittelpunkt, ein Ich;
So unterordne dir und unterordne dich!

24.
Wenn du nach Ehre strebst, die dir die Welt soll geben,
So mußt du, statt dir selbst, ihr zu Gefallen leben.
Nicht leben in der That, nur leben auf den Schein;
Nicht, was du selber willst, was sie will, mußt du sein.
Wenn du nach Reichtum strebst, nach welchem alle streben,
Mußt du darum in Kampf mit allen dich begeben;
Was andre haben, mußt du dir verloren achten,
Und was du haben willst, zu rauben ihnen trachten.
Und wenn du gar zugleich geehrt willst sein und reich,
So mußt du sein der Welt ein Freund und Feind zugleich;
Mußt stehlen ihren Schatz und stehlen ihre Gunst;
Das ist die mißlichste und undankbarste Kunst.
Drum rat' ich: Laß die Welt, wen sie will ehren, ehren,
Und ihren Sold, wer ihn begehren will, begehren.
Sich selbst in Ehren und sich selber reich zu halten,
Ist Mannes Würd' und Kraft, derselben sollst du walten.

25.
Wenn dir aus einem Buch, das heilig du benennst,
Und wenn aus einem Spruch, den du für weis' erkennst,

Aus einem Lehrermund mehr Wahrheit dir wird kund,
Als offenbaret selbst dir ist im Herzensgrund;
So magst du mit Vertrau'n auf die Belehrung baun
Und, eigner Einsicht blind, in die Erleuchtung schaun.
Du bist entschuldigt, doch mußt du entschuldigen
Auch die dem Geist mehr als Buchstaben huldigen.

26.
Den Spruch: »Erkenne dich!« sollst du nicht übertreiben;
Laß immer unbekannt dir in dir etwas bleiben.
Den Grund, aus welchem quillt dein Dasein, mußt du fühlen;
Zerstören wirst du ihn, wenn du ihn auf willst wühlen.
Die reine Quelle wir, frech aufgewühlt, ein Sumpf;
Nicht wer sich nicht erkennt, wer sich nicht fühlt, ist dumpf.

27.
Wo mit der Dumpfheit sich die Wissenschaft verbündet,
Wird Unerfreuliches kunstmäßig fest gegründet.
Und eh'r nicht wieder wird der Zwingbau eingerissen,
Bis gegen Knechtisches aufsteht ein freies Wissen.
Dann wächst der Freiheit Haus selbst aus der Knechtschaft Trümmern
Für alle, die zuvor im Kerker nicht verkümmern.

28.
Halt' aufrecht, lieber Sohn, den Wuchs und deinen Geist,
Daß du von gradem Sinn und graden Gliedern sei'st.
Die falsche Demut senkt, die Tücke senkt ihr Haupt;
Dem freien Mut hat Gott empor zu schaun erlaubt.
Bedenke, wessen Sohn du bist, richt' auf im Adel
Des Selbstgefühles dich und fürchte keinen Tadel.
Den Tadel hast du nur zu fürchten, wenn du weichst
Dem Vater einst am Wert, dem du am Bilde gleichst.

29.
Wird doch nicht übers Kind der Vater ungeduldig,
Das in der Arbeit ihn stört durch sein Spiel unschuldig.
Es klinkt die Thüren auf und zu, kommt, um zu gehn,
Geht, um zu kommen, läßt kein Ding am Flecke stehn,
Schiebt hier am Stuhl, zerrt da am Buch, ruckt dort am Tisch,
Und die Schreibfeder selbst macht es zum Flederwisch.
Der Vater, statt mit Macht zu wehren, droht und lacht,
Die Störung freut ihn, die ihm Unterhaltung macht.
Die Welt ist auch ein Kind und will ihr Spielwerk treiben;
Wenn sie dich störet, mußt du sein geduldig bleiben,
Was schadet's, läßt sie dich ein wenig wen'ger schreiben!

FÜNFTE STUFE - LEBEN

1.
Erhab'nes, findet es erhab'ne Stimmung nicht,
Erscheinet lächerlich im Leben, im Gedicht.

2.
Bescheiden wollt' ich sein, säh' ich mich vollgeehrt,
Stolz muß ich sein, solang' ihr leugnet meinen Wert.

3.
Der Siegelring wird nicht in harten Stein sich drücken;
Herz, werde weiches Wachs, soll Gottes Bild dich schmücken.

4.
Wo es drei Heller thun, da wende vier nicht an,
Und nicht zwei Worte, wo's mit einem ist gethan.

5.
Wer zwingen will die Zeit, den wird sie selber zwingen;
Wer sie gewähren läßt, dem wird sie Rosen bringen.

6.
Du mußt auf Freundes Lieb' als wie auf Gottes trauen,
Sie fühlen innerlich, wo sie nicht ist zu schauen.

7.
Laß keinen, was er nicht kann halten, dir versprechen!
Was nützt es dir, wenn du ihn zwingst, den Eid zu brechen?

8.
Gar vieles lernt man, um es wieder zu vergessen;
Um an dem Ziel zu stehn, muß man die Bahn durchmessen.

9.
Man kann nicht immer, was man will; der ist mein Mann,
Der sich bescheidet das zu wollen, was er kann.

10.
In einer guten Eh' ist wohl das Haupt der Mann,
Jedoch das Herz das Weib, das er nicht missen kann.

11.
Die Nachtigall ist nicht zum Seh'n, ist nur zum Hören;
Den Dichter kennen, wird nur im Gedicht dich stören.

12.
Umsonst ist jedes Werk, das du hervorgebracht,
Wenn du dich selber nicht zum Kunstwerk hast gemacht.

13.
Als Ros' ist nie so schön geworden, wie zu werden
Als Knospe mir versprach ein Wunsch, ein Glück auf Erden.

14.
Zu denken ist wohl schön, noch schöner ist zu dichten,
Am schönsten beides miteinander zu verrichten.

15.
Am Walde hätte nicht die Axt so leichtes Spiel,
Hätt' ihr der Wald nicht selbst geliefert ihren Stiel.

16.
Wenn du für kleinre Gab' undankbar bist erschienen,
Womit denn hoffest du die größre zu verdienen?

17.
Dem sind am wenigsten die Mängel zu verzeihn,
Der, wenn er wollte nur, vollkommen könnte sein.

18.
Die Menschen sind zu klug, um irgendwen zu loben,
Eh' von was Gutem sie an ihm gesehn die Proben.

19.
Du klagst, daß mancher dir gelohnt mit Undank hab',
Und bist du dankbar Gott für alles, was er gab?

20.
Ich lobe mir den Mann, der das, was er nicht kann,
Nicht unternimmt, und das vollbringt, was er begann.

21.
Dem Manne steht, o Sohn, Mannhaftigkeit wohl an,
Dem Menschen Menschlichkeit; du werd' ein Mensch und Mann!

22.
Wenn Gott dich schlagen will, so braucht er nicht die Hand;
Er nimmt dir, daß du selbst dich schlagest, den Verstand.

23.
O brich den Faden nicht der Freundschaft rasch entzwei!
Wird er auch neu geknüpft, ein Knoten bleibt dabei.

24.
Ich hatte Zähne sonst, da hatt' ich Brocken nicht;
Den Brocken hab' ich nun, da mir der Zahn gebricht.

25.
Das Wort des Mannes ist von seiner Seel' ein Teil;
So wenig ist sein Wort als seine Seele feil.

26.
Das Leben ist ein Feu'r, die Luft muß es erquicken;
Sobald die Luft ihm fehlt, wird es in sich ersticken.

27.
Thu's, willst du Gutes thun, und frage kein Orakel;
Des edlen Mannes Herz ist Gottes Tabernakel.

28.
Im Blick des Bettlers ist die Bitte vorgetragen;
Verstehst du nicht den Blick, was soll der Mund dir sagen?

29.
Gemüt ist mehr als Geist, denn das Gemüt besteht
Als Wurzel, wenn der Geist wie Blütenduft vergeht.

30.
Zum Weinen muß das Herz sich auch mit Lust aufschließen;
Solang's der Schmerz verschließt, kann nicht die Thräne fließen.

31.
Dein eignes Leben selbst ist länger nicht dein eigen,
Sobald dein Herz du fühlst zu einem andern neigen.

32.
Spricht Unvernunft, was hilft's, daß da Vernunft sich zeige?
Wer unvernünftig nicht mitsprechen will, der schweige.

33.
So möcht' ich leben, daß ich hätte, wenn ich scheide,
Gelebet mir zur Lust und andern nicht zu Leide.

34.
Das Wort hat Zauberkraft, es bringt hervor die Sache;
Drum hüte dich, und nie ein Böses namhaft mache.

35.
Bescheidenheit, ein Schmuck des Manns, steht jedem fein,
Doch doppelt jenem, der Grund hätte, stolz zu sein.

36.
Was ist an Fluren schön? was schön ist auch am Leben:
Beschränkung reizende und Aussicht zum Erheben.

37.
Not ist die Wage, die des Freundes Wert erklärt,
Not ist der Prüfstein auch von deinem eignen Wert.

38.
Der Berg, der sich im Licht ewig zu sonnen glaubt,
Die Schatten wachsen doch ihm abends übers Haupt.

39.
Du mußt nicht auf den Leib zu nah' den Bergen gehn,
Sie sind im Duft der Fern' am schönsten anzusehn.

SECHSTE STUFE - PRÜFUNG

1.
Ein König ward gefragt, was ihm das Liebste sei
An der erlangten Macht? Er sagte: »Zweierlei:
Daß ich mit Wohlthat nun die, so mein Wohl berieten,
Und meine Feinde kann mit Großmut überbieten.«

2.
Ein weiser Mann, der sich den Bart lang wachsen lassen,
Gefragt, warum er's that? sprach: »Mich daran zu fassen,
Zu fühlen dran, daß ich kein Weib sei und kein Kind,
Und Dinge nicht zu thun, die nur für beide sind.«

3.
Das Schöne stammet her vom Schonen, es ist zart
Und will behandelt sein wie Blumen edler Art;
Wie Blumen vor dem Frost und rauher Stürme Drohen
Will es geschonet sein, verschont von allem Rohen.

4.
Daß unerreichbar hoch das Vorbild alles Guten
Und Schönen ob dir steht, das sollte dich entmuten?
Ermuten sollt' es dich, ihm ewig nachzustreben;
Es steht so hoch, um dich stets höher zu erheben,

5.
Wär' es mit einem dir mißlungen oder zweien,
Du könntest sagen, daß sie schuld am Zwiespalt seien.
Da es mit mehreren, mit allen dir mißlingt,
Wie kannst du zweifeln, daß die Schuld aus dir entspringt?

6.
Der preise sein Geschick, wer irgend hat zu klagen;
Erleichtert fühle sich, wer Schweres hat zu tragen.
Denn alle sind wir hier zu Zins und Zoll verpflichtet
Dem Unglück; glücklich ist, wer ihn schon hat entrichtet.

7.
Der Welt soll man vertraun, auf sie nicht sich verlassen,
Hab' auf dich selbst Vertrau'n, wo andre dich verlassen.
Und wo dein Selbstvertrau'n wie das auf Menschen bricht,
Da hab' auf Gott Vertrau'n, nur er verläßt dich nicht.

8.
Die Fehler, die zu tief dir waren angeprägt,
Sie plagen dich noch lang', wann du sie abgelegt.
Zum Vorschein kommen sie an deinen Kindern wieder,
Und durch Erziehung kämpfst du sie noch einmal nieder.

9.
Ich lehre dich, daß du auf keinen Lehrer bauest,
Auf eignen Füßen stehst, mit eignen Augen schauest.
Und wie du keinem traust, so traue mir auch nicht,
Und dieses sei der Lohn für meinen Unterricht.

10.
Sei dankbar für das Glück, das dir der Herr bestimmt
Und gib es gern zurück, wenn er es wieder nimmt.
Es ist kein Gut so groß, er hat noch größres eben
Und nimmt dir eines bloß, um andres dir zu geben.

11.
O Seele, sündigst du und denkst, Gott sieht dich nicht;
Wie ist die Blindheit groß, wie klein der Einsicht Licht!
Und sündigst du und weißt, daß es sein Blick vernahm,
Wie ist die Frechheit groß, wie klein ist deine Scham?

12.
Willst du dem Irrenden klar seinen Irrtum machen,
So sieh, von welcher Seit' er angesehn die Sachen.
Räum' ein, die Sache sei von dieser Seite wahr,
Und mach' ihm nebenbei die andern Seiten klar.

13.
Du mußt nach oben schaun, zu sehn, wieviel noch Stufen
Des Bessern übrig sind, wozu du bist berufen.
Du mußt nach unten schaun, um auch zu sehn zufrieden,
Wieviel dir Bessres schon als andern ist beschieden.

14.
Wer selber zweifelt, kann nicht fremde Zweifel heben,
Und Überzeugung nur kann Überzeugung geben.
Wenn du der Lehre nicht willst allen Nachdruck rauben,
Mußt du, zum wenigsten solang' du lehrst, dran glauben.

15.
Mit Kindern brauchst du nicht dich kindisch zu gebärden;
Wie sollen sie, wenn du ein Kind bist, Männer werden?
Als wie der Mann das Kind, liebt auch das Kind den Mann;
Nur der erzieht's, wer es zu sich heraufziehn kann.

16.
Du wünschtest wohl ein Stück der Erde dein zu nennen;
Von deinem liebsten Wunsch, o Herz, mußt du dich trennen.
Er war ein irdischer; und von der Erde gab
Zum dauernden Besitz dein Los dir nur ein Grab.

17.
Der Mensch soll alles, nur sich selber nicht, aufgeben;
Die Menschheit ist das Selbst, das soll im Menschen leben.
Aufgeben sollst du nur das Selbst, das du nicht bist,
Nicht jenes, das in dir die Menschheit selber ist.

18.
Die Wesen unter sich sind stets im Widerstreit,
Das Leben, eins in Gott, ist außer ihm entzweit.
In Gott sind wir geeint und außer ihm geschieden;
Ohn' ihn ist ew'ger Krieg und durch ihn ew'ger Frieden.

19.
Befreie deinen Geist! Dies ist dein höchster Hort,
Doch wenn du ihn befreist, denk' an des Meisters Wort,
Dies Wort: Verderblich ist, was deinen Geist befreit
Und nicht zu gleicher Frist Selbstherrschaft dir verleiht.

20.
Es ist ein wahres Wort: Wer glaubt, er wird betrogen;
Wer aber keinem glaubt, hat sich noch mehr entzogen.
Wenn niemand ihn betrügt, wenn niemand ihn beraubt;
Wie elend, wer sich stets beraubt, betrogen glaubt!

21.
Wenn du mich fragst: auf wen darf ich in Treuen baun?
Ich sage dir: »Auf die, die selber andern traun.«
Und fragst du aber, wem zu traun dir nicht gebührt?
Nur dem nicht, der im Mund stets Treu' und Glauben führt.

22.
Ihr habt euch nun einmal verliebt ins Häßliche,
Und zur Bewunderung braucht ihr das Gräßliche.
Ich aber will mit Gott das Schöne lieb behalten
Und siegreich seinen Glanz auch noch der Welt entfalten.

23.
Vorgestern Hoffnungen, in Knospen eingeschlossen;
Und gestern Blütenfüll', in Duft und Glanz ergossen;
Am Boden liegen welk die Rosenblätter heut:

Das ist dein Glück, o Welt, und was ein Herz erfreut!

24.
Kein Irrtum, hinter dem nicht eine Wahrheit steht,
Kein Schatten, der nicht aus von einem Lichte geht.
Und wie der Schatten selbst dich wird zum Lichte leiten,
So auf des Irrtums Spur magst du zur Wahrheit schreiten.

25.
Des Berges Haupt ist kahl, doch fruchtbar ist sein Fuß;
Der Bach war oben schmal, breit unten ist der Fluß.
Des tröste dich, wenn du dich senken mußt, statt heben;
Je mehr es abwärts geht, je reicher wird das Leben.

26.
Wenn immer Aussicht wär' auf malerische Höh'n,
Sähst du, o Wandrer, nie die Blum' am Wege schön.
Wo Großes vor dir steht, da mußt du es betrachten;
Und wo das Große fehlt, lernst du auf Kleines achten.

27.
Versäume kein Gebet, doch das der Morgenröte
Versäume nie, weil keins dir gleichen Segen böte.
Die Engel von der Nacht, die Engel von dem Tag,
Umschweben dies Gebet mit gleichem Flügelschlag.

28.
Du mußt dich der Natur mit einem Schwung entschwingen
Und der Geschichten Flur mit einem Sprung entspringen.
Weißt du, worin Natur sich und Geschichte ründen?
Im Gottgefühle nur, das lern' in dir ergründen.

29.
Wer zweien Herren muß zugleich sein unterthan,
Dem geht es schief, als wie dem Mond auf seiner Bahn;
Der, von der Erde hier, der Sonne dort gezogen,
Beschreibt am Himmelskreis so unstet seinen Bogen.

30.
Von Aberglauben ist Unglauben stets begleitet,
Und Aberglauben hat zum Glauben oft geleitet.
So im Unglauben ist der Glaube schon enthalten;
Durch Gottes Kraft geweckt, wird er sich draus entfalten.

31.
Weh dir, o Poesie, in dieser Zeit Gedränge!
Du bist nicht ernst genug der ernst gelehrten Menge;

Zu ernst der leichten Welt, die Unterhaltung sucht;
So nimmt Gelehrt und Ungelehrt vor dir die Flucht.

32.
Was nicht von Gott hebt an und sich zu Gott hin wendet,
Ist um und an mißthan, mißangefahn, mißendet.
Den Schein, etwas zu sein, mag's haben eine Frist;
Bald wird es offenbar, daß nichts es war und ist.

33.
Nicht im Gedanken laß die Wirklichkeit verschweben!
Der Himmel ist nicht da, die Erde aufzuheben.
Doch, wo hier Dunkel ist, laß Licht von dorther glänzen!
Der Himmel ist nur da, die Erde zu ergänzen.

34.
Nicht leicht vergeht ein Tag, an dem nicht was geschah,
Das herzlich mich erfreut, wenn ich es recht besah.
Wenn einer doch verging, an dem mir nichts des neuen
Erfreulichen geschehn, da muß mich altes freuen.

35.
Noch immer fand ich, wann ich ging auf neuen Wegen,
Daß mir die Förderung von selber kam entgegen,
Ein Fingerzeig, den mir am Orte, wo es not,
Ein Fremder ungesucht und unerwartet bot.

36.
Falsch, lieblos ist die Welt; doch welches Herz vom Glauben
Der Liebe lebt, läßt ihn sich von der Welt nicht rauben.
Das Gute, was du an Unwürdigen gethan,
Sei nur getrost! Gott schreibt auch das für gut dir an.

SIEBENTE STUFE - ERKENNTNIS

1.
Wenn es dir übel geht, nimm es für gut nur immer,
Wenn du es übel nimmst, so geht es dir noch schlimmer.
Und wenn der Freund dich kränkt, verzeih's ihm und versteh:
Es ist ihm selbst nicht wohl, sonst thät' er dir nicht weh.
Und kränkt die Liebe dich, sei dir's zur Lieb' ein Sporn;
Daß du die Rose hast, das merkst du erst am Dorn.

2.
Sich selber anzuschaun, der Schöpferkraft bewußt,
Erschuf Gott die Natur, den Spiegel seiner Lust.
Im Anblick der Natur, wenn du dich fühlst erbaut,
Da hast du ihn belauscht, der in den Spiegel schaut.

3.
Wie der Genesene ganz der Gesundheit Glück
Empfindet, wenn er an die Krankheit denkt zurück;
Des ungehemmten Stroms der Lebensfülle froh,
Wenn er der Hemmung nun, er hofft auf stets, entfloh:
So auch, wer voriger Verirrungen gedenkt,
Aus denen Gott ihn hat zur rechten Bahn gelenkt;
Er mag die rechte Bahn mit rechter Freude wallen,
Kraft fühlend und Entschluß, nie mehr zurück zu fallen.
Doch wie ein Nachgefühl der Krankheit den Gesunden
Oft leise mahnt, und, kaum sich meldend, ist geschwunden;
So den, der voriger Verirrung auch gedenkt,
Nur daß dies Nachgefühl von Krankheit stärker kränkt.
Denn einen Unterschied in dem, was wir erduldet,
Macht immer, ob es war ver- oder unverschuldet.

4.
Es hat Natur dem Mann dazu das Weib beschieden,
Damit der Geist gestellt sei durch den Leib zufrieden.
Der Geist, wenn er den Zoll der Sinnenwelt gegeben,
In seine Reiche soll er ungehindert schweben.
Wenn er im Innern nun des Lebens Früchte zeitigt,
Hat sie die Störungen von außen ihm beseitigt.
Und was er so vollbringt, das hat sie mit vollbracht,
Weil sie für ihn gelebt, weil er für sie gedacht.
Fragt ihr, in welcher Schul' ich, was ich lehre, lernte?
Mein Liebesfrühling trägt nun seine Weisheitsernte.

5.
Du klagest, daß die Welt so unvollkommen ist,
Und fragst, warum? Weil du so unvollkommen bist.
Wenn du vollkommen wärst, wär' auch die Welt vollkommen,
Die Unvollkommenheit wär' ihr von dir genommen.
Sie will Vollkommenheit nur mit dir selbst empfahn,
Und du bist noch so weit zurück auf dieser Bahn.
Dank ihr, daß sie mit dir will halten gleichen Schritt,
Und spute dich, daß sie auch vorwärts kommt damit!

6.
Sechs Wörtchen nehmen mich in Anspruch jeden Tag:
Ich soll, ich muß, ich kann, ich will, ich darf, ich mag.
Ich soll, ist das Gesetz, von Gott ins Herz geschrieben,
Das Ziel, nach welchem ich bin von mir selbst getrieben.
Ich muß, das ist die Schrank', in welcher mich die Welt
Von einer, die Natur von andrer Seite hält.
Ich kann, das ist das Maß der mir verlieh'nen Kraft,
Der That, der Fertigkeit, der Kunst und Wissenschaft.
Ich will, die höchste Kron' ist dieses, die mich schmückt,
Der Freiheit Siegel, das mein Geist sich aufgedrückt.
Ich darf, das ist zugleich die Inschrift bei dem Siegel,
Beim aufgethanen Thor der Freiheit auch ein Riegel.
Ich mag, das endlich ist, was zwischen allen schwimmt,
Ein Unbestimmtes, das der Augenblick bestimmt.
Ich soll, ich muß, ich kann, ich will, ich darf, ich mag,
Die sechse nehmen mich in Anspruch jeden Tag.
Nur wenn du stets mich lehrst, weiß ich, was jeden Tag
Ich soll, ich muß, ich kann, ich will, ich darf, ich mag.

7.
Nie stille steht die Zeit, der Augenblick entschwebt,
Und den du nicht benutzt, den hast du nicht gelebt.
Und du auch stehst nie still, der gleiche bist du nimmer,
Und wer nicht besser wird, ist schon geworden schlimmer.
Wer einen Tag der Welt nicht nutzt, hat ihr geschadet,
Weil er versäumt, wozu ihn Gott mit Kraft begnadet.

8.
So hilflos zu der Welt wird nie ein Tier geboren
Als wie der Mensch, der sich so hoch fühlt auserkoren.
Warum? Es hat Natur dadurch uns sagen wollen,
Daß wir uns selber und einander helfen sollen.
Die Mutter hilft zuerst dem Kind, der Vater dann;
Dann hilft es ihnen, und sich selber hilft der Mann.

9.
Wer sich als Menschen fühlt und tief in sich empfindet,
Daß mit der Menschheit ihn die Menschlichkeit verbindet,
Der wird nicht wollen, wird nicht können auch, die Leiden
Und Freuden des Geschlechts von seinen eignen scheiden.
Wes irgend einer vom Geschlecht sich freut' und litt,
Mitfreuen wird es ihn und leiden wird er's mit.
Doch Freud' ist Geistesthat, zur Freud' ist er berufen:
Ein Thor nur glaubt, daß ihn zum Leiden Götter schufen.
Vernunft will freie That; wer ihre Stimme hört,
Räumt freudig weg, was ihm Freiheit und Freude stört,
Räumt weg die Leidenschaft und mit ihr seine Leiden;
Wird er nun auch darum den Anblick fremder meiden?
Ja, wenn er, dumpf genug, nicht fühlt, was er nicht sieht,
Auch der Vorstellung mit dem Anblick sich entzieht.
Viel lieber kämpfen wird er mit des Geistes Waffen,
Vom Leiden frei wie sich auch andere zu schaffen.
Hat er in sich bekriegt das Leid und es besiegt,
Daß überwunden es zum Fuß der Freude liegt;
So wird er ihren Krieg auch andern helfen kriegen,
Daß sie, von seinem Sieg gestärkt, sich selbst besiegen.
Nicht weil er fühlt, daß er's in sich allein vollbracht,
Wird er die Schwächeren verlassen in der Schlacht.
Wes er sich selb schämt, wird er sich für sie nicht schämen,
Mit Freuden wird er teil an fremden Leiden nehmen.
Ob er den Gipfel auch der Göttlichkeit erstiegen,
Wo Erdendunstgewölk' in Ätherduft verfliegen;
Um wieviel mehr, wenn er sich sagen muß, er sei
Noch selbst von Leiden nicht und Leidenschaften frei.

10.
Auch mir will oft das Haupt der Greisenwahn umdüstern,
Von alter bessrer Zeit und neuer schlechtrer flüstern.
Doch gleich danieder schlägt den Wahn und die Verachtung
Der Gegenwart zerstreut die doppelte Betrachtung:
Daß ich doch schlechter nicht geworden, als gewesen,
Ja besser, als es war zu hoffen, bin genesen;
Und daß nun andre nicht sind schlechter, als ich war,
Und können darum noch viel besser werden gar.

11.
Nicht eine Stimme nur in dir warnt dich vorm Bösen,
Die du, wie leise, hörst trotz lautesten Getösen;
Dieselbe Stimme mahnt dich auch zum Guten an,
Die Zügel ist zugleich und Sporn auf deiner Bahn.
Nicht das Gesetz nur spricht in dir, das du gebrochen;
Dasselbe hat in dem, der nie es brach, gesprochen,

Du fühlst, daß dies Gesetz Gott selber in dir sei;
Und daß du ihm gehorchst, das macht von ihm dich frei.
Wie ein gelehrig Roß nicht Zügel fühlt noch Sporn;
Das widerspenst'ge nur fühlt seines Meisters Zorn.

12.
Vollendet wird hier nichts, nichts aber kann gelangen
Dort zur Vollendung, was nicht hier ward angefangen.

13.
Leicht ist's, mit der Natur im Einklang dich empfinden,
Wenn sie im wonn'gen Schoß dich wiegt mit weichen Winden;
Doch anders, wenn sie an dich haucht mit eis'gem Sturm,
Und schaudernd du vor ihr dich krümmest wie ein Wurm.
Dann fühlest du, daß sie das Leben nicht allein,
Der Tod auch ist und ihr gleichgültig Herz und Stein.
Dann danke Gott, der dich nicht gab in ihre Macht,
Und nimm dich künftig auch vor ihrer Huld in acht.

14.
Zwölf Jahre war ich alt, da hatt' ich ohne Fleiß
Fast alles und noch mehr gelernt, als ich nun weiß.
Ich hatte schon die Frucht, wovon den Ruhm nun haben
Manch andre, die zuerst ans Licht der Welt sie gaben.
Und rühm' ich dessen mich? Ich rühme nur die Zeit,
Durch deren neuen Trieb das Neu' allein gedeiht.
Gedanken kommen wie des Frühlings goldner Duft,
Sie sind nicht mein noch dein, sie schwimmen in der Luft.
Sei dankbar, daß die Welt so reich dir dargeboten
Des besten Wissens Schatz von Lebenden und Toten.
Du hast ihn nicht gesucht, du hast ihn nur gefunden;
Nun spend' ihn liebend aus und sei der Welt verbunden.

15.
Wie fern der Wirklichkeit, wie fern der Ahnung liegt
Der Unschuld Friedenswelt, wonach die Sehnsucht fliegt!
Wo mit dem Äußern nicht im Streit das Inn're war,
Dem Geiste klar die Welt, und er sich selber klar.
Wo rein im Wunschgenuß war Wunschbefriedigung,
Von Erdenschwere nicht behindert Himmelschwung.
Wir wünschen, Kindern gleich, nun Fest um Fest heran;
Und wie es ist erreicht, so ist es abgethan.
In nächster Zukunft scheint das goldne Glück zu liegen,
Und wird sie Gegenwart, so sehn wir's weiter fliegen.
Dein ganzes Leben ist verfallen dem Geschick,
Gewinnen mußt du's neu in jedem Augenblick.
Aus jedem Plätzchen läßt ein Paradies sich machen,

Und neugeschaffen fühlt sich täglich dein Erwachen.
Und neugeboren schläft die Welt in jedem Kinde,
Ihr Alter fühlt sich jung in jedem Frühlingswinde.
Das alles ist ein Hauch, ein Schatten und ein Traum,
Doch kann das Ewige nicht anders stehn im Raum.

16.
Das höchste Liebeswerk, das Menschen ist verliehn
Zu thun, ist, andere zur höchsten Liebe ziehn.

17.
Du wärest gerne reich, umhäuft von Überfluß,
Und gern auch arm zugleich, zufrieden im Genuß.
Du wärest gern berühmt, von aller Welt genannt,
Und gern auch ungestört, von niemand gar gekannt.
Du hättest gern zugleich den Himmel und die Erde;
Ich fürchte, daß dir so von beiden keines werde.

18.
In langem Umgang kann vermeiden ganz kein Mann,
Zu kränken und gekränkt zu werden dann und wann.
Wer aber weis' ist, sucht des Freunds Entschuldigung
In sich, und wer da sucht, der findet bald genung,
Sieht, ob er kann verzeihn mit Ehren und Gewissen,
Und will um Eitelkeit ein Menschenherz nicht missen.

19.
Wenn dein Gemüt ist frisch vom Tau der Nacht befeuchtet
Und deine Seele klar vom Morgenglanz durchleuchtet,
So schwinge mit Vertrau'n in Andacht dich empor
Und trage dein Gebet dem Herrn der Schöpfung vor!
Ein Vaterauge schaut, es hört ein Vaterohr;
Ihm trage dein Gebet mit aller Schöpfung vor!
Zum Himmel aufwärts blickt und ruft der Wesen Chor:
Nun trage dein Gebet mit Blick und Worten vor!
Den Wünschen aufgethan ist der Erhörung Thor;
O trage dein Gebet in frommen Wünschen vor!

20.
Du hast, vom Glück belehnt, ein schönes Fleckchen Erde;
Genieß es recht, daß dir's ein Stückchen Himmel werde.
Ich wünsche dir nicht ganz ein sorgenfreies Los,
Nur gegen den Genuß die Sorge nicht zu groß.
Ein wenig Salz ist gut, auch Pfeffer, am Gericht,
Nur übersalzen sei's und überpfeffert nicht.

21.
Was ist die Tugend? Schrank' und Maß der Menschenkraft;
Drum Menschentugend ist gleich Menschen mangelhaft.
Und manches, was für uns hier Tugend ist auf Erden,
Wird keine sein, wenn wir einst mehr als Menschen werden.
So ist's auch nicht für die, die mehr als Menschen sind,
Doch rechnen sie dir's an als Tugend, Menschenkind!

22.
Leb' in der Gegenwart! Zu leer ist und zu weit
Der Zukunft Haus, zu groß das der Vergangenheit.
In beiden weißt du nicht den Hausrat einzurichten
Der ungescheh'nen und geschehenen Geschichten.
Doch daß die Gegenwart nicht eng dir sei und klein,
Zieh die Vergangenheit und Zukunft mit herein.
Die beiden mögen dir erfüllen und erweitern
Die Wohnung und mit Glanz die dunkle schön erheitern.

23.
Aus Felsen springt der Quell, und Freiheit will ihm ahnen,
Das Schicksal reißt ihn schnell auf ungewählte Bahnen.
Er möchte dort hinab, doch er muß da hinunter;
Er schlingt und schlängelt sich und spielt mit Kieseln munter.
Er sammelt sich zum See, doch seine Lust ist kurz;
Er muß aus weichem Bett zum jähen Wassersturz.
Da meint er zu versprühn, doch kurz ist auch die Qual,
Er schnaufet aus und fließt, ein stiller Fluß, im Thal.
O Wandersmann am Quell, so wechselt Leid und Glück;
Das Leben rinnet schnell und kehret nie zurück.

24.
In der natürlichen Religion geboren
Wird jeder Mensch, und nie geht sie ihm ganz verloren.
Ihm angezogen wird ein äuß'res Glaubentum,
Das nimmt im Leben er wie einen Mantel um.
Er trag' es, weil er lebt; im Tode legt er's ab,
Da bleibt der Glauben ihm, den Gott ihm selber gab.

25.
Wer nur das Kleinste thut, was recht ihm dünkt und gut,
Wird finden, daß ihm gut davon der Nachschmack thut,
Du brauchst, was dir gelang, so hoch nicht anzuschlagen,
Um doch ein freudiges Bewußtsein mitzutragen.
Vor dem, was droben ich soll thun, ist eitel Tand,
Was ich hienieden that, doch ist's ein Liebespfand,
Das ich beim Abschied froh lass' in der Nachwelt Hand.

ACHTE STUFE - WELTSEELE

1.
Ein Wunder ist die Welt, das nie wird ausgewundert,
Das niederschlägt den Geist und wieder ihn ermuntert.
Daniederschlägt den Geist vorm ew'gen Stoff ein Bangen,
Und stets ermuntert's ihn, den Kampf neu anzufangen.
Ob du benennen willst das Viele, Einzle, Kleine?
Ob du erkennen willst das Große, Ganze, Eine?
Unendlichkeit ist dort und hier Unendlichkeit,
Und mit den beiden wagst du Endlicher den Streit.
Eh' du am Boden ganz ein Gras hast durchbetrachtet,
Ging eine Welt voll Glanz vorbei dir unbeachtet.
Und eh' du Zweig und Blatt gezählt am Sternenbaum,
Blüht ungenossen ab ein Erdenfrühlingstraum.
Getrost! zwar du nicht bist, doch Gott ist überall;
Du siehst das ganze Licht in jedem Farbenstrahl.
Und alles ist dem Geist ein würd'ges Element,
Was schürt die Andachtsglut, in der die Schöpfung brennt.

2.
Der Mond am Himmel ist nicht schön im leeren Raum,
Der Mondschein lieblich nicht auf Fluren ohne Baum.
Entweder muß sein Glanz aus lichten Wolken steigen,
Oder gebrochen sanft erscheinen zwischen Zweigen.
So nimmt die Schönheit selbst bald einen Schleier vor,
Bald schauet man zu ihr durch einen auch empor.

3.
Den Rosenzweig benagt ein Lämmchen auf der Weide,
Es thut's nur sich zur Lust, es thut's nicht ihm zuleide.
Dafür hat Rosendorn dem Lämmchen abgezwackt
Ein Fleckchen Wolle nur, es ward davon nicht nackt.
Das Flöckchen hielt der Dorn in scharfen Fingern fest;
Da kam die Nachtigall und wollte baun ihr Nest.
Sie sprach: Thu' auf die Hand und gib das Flöckchen mir,
Und ist mein Nest gebaut, sing' ich zum Danke dir.
Er gab, sie nahm und baut', und als sie nun gesungen,
Da ist am Rosendorn vor Lust die Ros' entsprungen.

4.
Aus vier Grundstoffen ist gemischt die Körperwelt,
Die als Grundstimmungen dein Inn'res auch enthält.
Der Zorn ist eine Glut, dem heißen Feuer gleich,
Die Traurigkeit wie Flut des Wassers feucht und weich.
Die Lust ist wie die Luft, leicht, licht und wandelreich,

Die Furcht wie Erdengruft, schwer, dumpf und totenbleich.
Laß deines Zornes Glut nie werden wilde Wut;
Sie sei ein steter Mut im Kampf fürs höchste Gut.
Den Glutmut dämpfe dir die Traurigkeit zur Demut;
Schwimm, und verschwimm nur nicht, in Sehnsucht und in Wehmut;
Im Weh ist eine Wonn' und in der Lust ein Leid;
Die reinste Lebenslust ist Liebe ohne Neid.
Aus Furcht kommt Neid und Geiz und aller Selbstsucht Pein;
In deinem Herzen sei nur Gottesfurcht allein.

5.
Vor allen Tieren, die dem Menschen ähnlich scheinen,
Hat dies der Mensch voraus, zu lächeln und zu weinen.
Durch Lächeln suchet er und Weinen übers Tier
Hinüber, o Natur, den Weg zurück zu dir.
Denn deine Blume auch, sie lächelt und sie weint,
Wenn sie dein Tau benetzt, wenn sie dein Licht bescheint.
Dein Weinen das Gewölk, dein Lächeln ist die Sonne,
Dein Lächelweinen ist wie unsre Wehmutswonne.
Du, weil wir weinen, weinst: wir lächeln, weil du lachst;
Wir machen vor und nach dir alles, wie du's machst.

6.
Wir bringen unsern Preis der Morgensonne dar,
Die hell die Schöpfung macht und unsre Seele klar.
Vor ihrer Ankunft geht der Morgenwind als Bote,
Und ihres Einzugs Fahn' erscheint im Morgenrote.
Ein Schauer meldet sie; und nun erscheint sie gleich
Und nimmt mit einem Blick Besitz von ihrem Reich.
Den Nebelschleier hebt sie von den Berggestalten
Und drängt den Rest der Nacht zurück in Thälerfalten.
Sie füllt mit Glanz das Thal gleich einer Opferschale,
Und einen eignen Strahl trinkt jede Blum' im Thale.
Und wie die Blum' in Lust zum Licht empor sich richtet,
So hat in Menschenbrust Bewußtsein sich gelichtet.
Traumschattengaukelei, Nachttäuschungstruggespinst
Zerreißt, Licht der Natur, wo du den Sieg gewinnst.
Streck' aus die Strahlenhand, das Opfer zu empfangen,
Das dir die Schöpfung bringt und Herzen voll Verlangen.
Erheb' mit deinem Blick und stütze wie die Ranken
Des Baumes tauschwer sich aufrichtende Gedanken.
Die Wünsch' und Hoffnungen, die Vorsätz' und Entschlüsse,
Beleb', erfrische, stärk' und zieh wie Sommerschüsse.
Gib allen Knospen, daß sie sich zur Blüt' entfalten,
Und allen Blumen, daß sie sich nach dir gestalten.
Und allen Herzen gib, nach Blumenart zu wandeln,
Unwandelbar zum Licht gewandt, im Licht zu wandeln.

Das ist das Frühgebet, das wir dir tragen vor;
Trag' es empor zu dir und über dich empor!
Denn als ein Mittler gehst du durch der Schöpfung Mitte,
Zu bringen oberen der untern Wesen Bitte.
Bring' zu der Sonne sie, die dich am Faden leitet,
Daß die sie bringe der, in deren Dienst sie schreitet.
Der goldne Eimer reicht von immer höhern Sonnen
Zu immer höhern bis zum höchsten Sonnenbronnen.
Dort füllt ihr mit dem Tau den Eimer, der uns letzt;
Dorthin, mit Dank gefüllt, tragt mir den leeren jetzt!

7.
Wie gleichest du, o Mensch, und dein Geschick den Saaten,
Von denen niemand weiß zuvor, wie sie geraten.
Wie manches Ungemach, Frost, Nässe, Dürre, Brand,
Gibt ihnen zu bestehn des Himmels Unbestand.
Und wenn sie glücklich nun bestanden die Beschwerden,
So ist ihr Ende, daß sie abgeschnitten werden.

8.
Was unterscheidet dich, o Mensch, von Tier und Pflanze?
Daß du für dich auch bist, nicht bloß wie sie fürs Ganze.
Fürs Ganze bist auch du, wie Tier und Pflanze sind,
Doch bist du's nicht wie sie, du selbstbewußt, sie blind.
Sie sind fürs Ganze nur, weil sie nur sind für sich;
Weil du fürs Ganze bist, sind sie und es für dich.
Fürs Ganze bist du ganz, wenn ganz für dich du bist,
Erkennend, daß durch dich das Ganze ganz nur ist.

9.
Was unterscheidet dich, o Mensch, von der Natur?
Du bist ein Werdender, sie ist geworden nur.
Sie ist geworden, was sie werden sollt' und kann;
Du aber bist ein Kind, das werden soll ein Mann.
Darum an der Natur ist alles schön und groß,
Vollkommen, reich und stark, du schwach, nackt, arm und bloß.
Doch ist die Kraft in dir, stark, reich und groß zu werden;
Und daß die Kraft du fühlst, seh' ich an den Gebärden.
Und dies Gefühl der Kraft soll man dir nicht zerbrechen;
Dir soll, wenn es erschlafft, der Himmel Mut einsprechen.
Du kannst nicht sinken, wenn du dich erheben willst,
Wenn du am Niedern nicht dein Hochverlangen stillst.
Gewonnen ist das Ziel, wenn du den Mut gewannst,
Daß du schon jetzt bist viel und mehr stets werden kannst.

10.
Wenn sein Gottähnliches du willst dem Menschen zeigen,
So darfst du ihm auch nicht sein Tierisches verschweigen.
Gefährlich ist es, ihn bewundern sich zu lassen;
Gefährlich auch, ihn nur zu zwingen, sich zu hassen.
Auffordern mußt du ihn, sich selber zu bekriegen,
Um durch sein Besseres sein Schlecht'res zu besiegen.

11.
Das Rohr im Winde seufzt mit Sehnsucht nach dem Schönen,
Daß es als Flöte mög' am Mund des Menschen tönen.
So seufzet die Natur in jeder Frühlingsblüte,
Daß sie vom Menschen mög' empfangen ihr Gemüte.
Die schönste Landschaft seufzt, als ob ihr etwas fehle,
Daß der beseelte Blick der Liebe sie beseele.

12.
Ich sprach am Abend, als ich meinen Stock begoß:
Sag' an, warum sich heut nicht diese Blüt' erschloß?
Gerötet hat ihr Mund der Sonne Kuß empfangen,
Ihr Busen schwoll; warum ist sie nicht aufgegangen?
Da wiegte sanft der Stock sein Haupt im Abendwinde
Und sprach: ich hab' es selbst geraten meinem Kinde.
Sie wäre heut nur unvollkommen aufgeblüht,
Denn viele schloß ich auf, und meine Kraft ist müd',
Wir wollen sammeln ihr im Schlummer frischen Duft,
Und morgen würzen soll ihr Hauch die Morgenluft.
So sprach der Strauch; ich ging und hielt in mir zum Glück
Ein halberschlossnes Lied auf morgen auch zurück.

13.
Ein Tempel Gottes hat sich die Natur gebaut,
Worin er tausendfach geahnt wird und geschaut.
Als Tempeldiener gehn hindurch die Jahreszeiten,
Die bunten Teppiche am Boden hinzubreiten.
Strahlend im höchsten Chor, lobsingen Sonn' und Sterne,
Der Abgrund und das Meer antworten aus der Ferne.
Das Mittelfeuer glüht am ew'gen Opferherde,
Und alles Leben naht, daß es das Opfer werde.
Als Opferpriester kniet der Geist an viel Altären,
Die er mit Bildern schmückt, und sucht sie zu erklären.
In viele Hüllen hat die Fülle sich verhüllt,
Doch von der Fülle nur ist jede Hüll' erfüllt.
Und wo der Geist vermag hinweg der Selbsucht Schleier
Zu heben, sieht er hell darunter Gottes Feier.
Und Gottes Atem geht ein Morgenhauch durchs Schiff,
Einsammelnd jeglicher Verehrung Inbegriff.

Sein Lächeln streuet Duft in trüber Inbrunst Glimmen,
Sein Säuseln Einigung in widerstreit'ge Stimmen.
Aus jedem Opferrauch nimmt er das feinste Korn,
Den reinsten Tropfen auch aus jedem Andachtsborn;
Aus jedem Wortgebet den ihm bewußten Sinn;
Er selbst legt ihn hinein und findet ihn darin.
Dann will er auch den Sinn der Sinnenden entfalten,
Daß immer würdiger sie ihm die Feier halten;
Daß die gebundnen frei zu höh'rer Wonn' aufgehn;
Denn das ist seine Lust, der Schöpfung Lust zu sehn.

14.
Am Hügel saß ich nachts und war dem Thal entronnen,
Von dem mir aufwärts klang gedämpfter Schall der Wonnen,
Der lauten Weltlichkeit, die mich von sich gescheucht,
Und selig fühlt' ich mich im Dunkel warm und feucht.
Doch über eine Schlucht zur Seit' herüber drang
Dein Schlummerröcheln, o Natur, und macht mir bang.
Ein flüsterndes Getön im Laub der alten Rüstern,
Ein düsterndes Gestöhn, Geschnaub aus welchen Nüstern?
Und die unheimlichen Nachtgeister trieben wieder
Mich zu der Welt Getös, dem ich entflohn war, nieder.
O Herz, das zwischen Welt und der Natur du schwebst,
Der einen scheu entstrebst und vor der andern bebst!

15.
Weil du dich allerdings zu höhern fühlst berufen,
Beklagest du, o Mensch, die stehn auf niedern Stufen;
Als ob Stein, Pflanz' und Tier tot oder taub und blind,
Unglücklich müßten sein, weil sie wie du nicht sind.
So hörest du das Tier wie nach Erlösung stöhnen,
Hörst Weh- statt Wonnelaut in Nachtigallentönen,
Selbst einen Seufzerhauch im Frühlingsflüsterhain
Und einen Schmerzensklang aus jedem Erz und Stein.
In dem, was ihn nicht fühlt, ist nicht der Widerspruch,
Er ist in dir, du selbst belegst die Welt mit Fluch.
Je mehr du in dir selbst zum Einklang bist gekommen,
Je mehr wird er von dir auch außenher vernommen.
Befreie dich, o Mensch, vom Halben, Falschen, Bösen,
Und die gebundene Natur wird Gott erlösen.

NEUNTE STUFE - DÄMMERKLARHEIT

1.
Der Vater mit dem Sohn ist über Feld gegangen,
Sie können nachtverirrt die Heimat nicht erlangen.
Nach jedem Felsen blickt der Sohn, nach jedem Baum,
Wegweiser ihm zu sein im weglos dunklen Raum.
Der Vater aber blickt indessen nach den Sternen,
Als ob der Erde Weg er woll' am Himmel lernen.
Die Felsen blieben stumm, die Bäume sagten nichts,
Die Sterne deuteten mit einem Streifen Lichts.
Zur Heimat deuten sie; wohl dem, der traut den Sternen:
Den Weg der Erde kann man nur am Himmel lernen.

2.
Ob eine Wahrheit ist in dieser falschen Welt,
Ich weiß nicht; minder noch, wo sie versteckt sich hält.
Daß eine Wahrheit war, schließ' ich aus ihrem Namen,
Denn war und Wahrheit scheint ersproßt aus gleichem Samen.
Doch wenn sie einmal war, wird sie dort ewig sein,
Wo alles ist, was war, dort geht sie aus und ein.
Dort werd' ich einst sie sehn in eigenster Gestalt:
Jetzt scheint ihr Licht von dort herab durch Wolkenspalt.
Sie ist die Sonne, die nicht selbst zur Erde kommt,
Doch ist in ihrem Schein, was uns zum Leben frommt.
Wie ist der Wahrheit Schein genannt? Wahrscheinlichkeit,
Damit behelfen wir uns vorderhand zur Zeit.

3.
Ich hab' ein wonniges Gefild im Traum gesehn,
So heller Lichter, die mir noch im Herzen stehn.
Ich weiß nicht, ob ein Land, wo ich daheim einst war,
Daheim einst werde sein, doch heimisch wunderbar.
So heimisch war es mir, so heimlich und geheim,
Vertraulich zeigte mir sein Sehnen jeder Keim.
Ich sah das grüne Laub, das nie wird Windesraub,
Die Luft von keinem als erfüllt von Blütenstaub.
Ich sah des Waldes Kranz im Abendsonnenglanz,
Der doch nicht unterging und hell war immer ganz.
Da ich so helle seh' in Träumen, soll ich klagen,
Daß mehr und mehr den Dienst die Augen mir versagen?
Jawohl, es sieht ein Mensch mit Augen nicht allein;
Was sehenswert ist, sieht dein inn'res Licht allein.

4.
Ich denke, daß auch dich zuzeiten noch verwirret,
Was in der Jugend mich so mannigfach geirret;
Wenn den Aussprüchen ich der Weisen aller Zeiten
Ging gläubig nach und mich von ihnen gern ließ leiten;
Da stellt' ich jeden mir als einen Leitstern vor,
Und jede Perle nahm ich freudig in mein Ohr.
Wenn meine Sprüche nun, die goldnen, ich verglich,
Mit Staunen nahm ich wahr: sie widersprachen sich.
Und weil ich konnte nun nicht alle mehr zusammen
Annehmen, hatt' ich Lust, sie alle zu verdammen.
Denn welchen hätt' ich Recht, dem andern vorzuziehn,
Da mir an seinem Platz jeder der rechte schien?
Bis mir die Einsicht kam, daß alle Weisheit bringt
Bedingte Wahrheit nur, nicht Wahrheit unbedingt;
Daß alles, was ist wahr in eigener Verbindung,
Und wie hervor es ging aus eigener Empfindung,
Falsch wird, sobald man der Verbindung es entzieht
Und mit veränderter Empfindung es besieht.
Seitdem ließ ich gestellt, und so magst du's auch lassen,
Jedes an seinem Ort und sah ein jedes passen,
Dankbar den Weisen all für ihre Weisheitsspendung
Und vorbehaltend mir die eigne Nutzanwendung.
Ich räume gleiches Recht dir ein auf dieses Buch;
So widerspricht sich nicht der Sprüche Widerspruch.

5.
Du glaubst, was ich nicht glaub', und glaubst nicht, was ich glaube;
Erlaub' mein Glauben mir, wie ich dir deins erlaube.
Wer noch nichts glaubt, ist leicht zum Glauben zu bekehren,
Wie die Gefäße leicht zu füllen sind, die leeren.
Doch dem, der etwas glaubt, fällt andres glauben schwer;
Gibt er es einmal auf, so glaubt er gar nichts mehr.

6.
Gott teilet, wie er will, die Güter uns hienieden;
Fragst du, warum er dem hat mehr als dem beschieden?
Wenn du nur wenig hast, ein andrer hat noch minder;
Du bist bei weitem nicht das ärmste seiner Kinder.
Doch seiner Kinder auch das ärmste fühlt sich reich,
Das Gottes Kind ist, dies Gefühl macht alles gleich.
Du möchtest teilen mit den Reichen wohl auf Erden
Die Fülle, nicht auch mit den Armen die Beschwerden?
Wenn alles aber gleich geteilet allen würde,
Leicht käm' auf dich von Gut noch minder, mehr noch Bürde.
Drum laß, wie's ist geteilt, und nimm an Lust und Leid
Der Brüder Anteil ohn' Hartherzigkeit und Neid.

Dem Reichen laß sein Gut, wenn er's allein will tragen,
Und tragen hilf so viel du kannst des Armen Plagen.

7.
Laß einen Heilversuch dir meines Auges sagen,
Des äußern, den du magst aufs Inn're übertragen.
Mein Auge sah sich selbst von einem Flor umhangen,
Von einem Wirrgeweb aus Punkten, Flecken, Schlangen.
Ein Netz der Täuschung, das die Sehkraft selbst sich wob,
Das mit dem Blick sich senkt und mit dem Blick sich hob.
Ein Schatten, welcher nie vom Lichte sich verlor,
Der, aus dem Aug' erzeugt, schwebt' überall ihm vor;
Nur um so nächtlicher, als heller war der Tag,
Wie vor der Unschuld wohl die Schuld sich fühlen mag.
Mir war davon die Lust an Gottes Welt benommen,
Daß rein ihr Schönes nicht mir sollt' ins Auge kommen;
Getrübt der Glanz der Flur, des Menschen Angesicht
Und jede Schrift, durch die der Geist zum Auge spricht.
Den himmlischen Genuß des Lichtes wollt' ich missen
Eh'r, als ihn haben so versetzt mit Finsternissen.
Heilwasser heilen nicht, einfache noch zusammen-
Gesetzte, weil sie rein dem Lichte nicht entstammen.
Sollt' ich die ird'sche Kunst des Augenarztes brauchen?
Ich will mich in den Quell des Lichtes selber tauchen.
Die Lüfte waren blau, die Fluren waren grün,
Und meinen Blick erhob zur Sonn' ich adlerkühn.
Entweder soll die Welt in dir mir untergehn
Auf immer, oder ich will rein wie du sie sehn.
Die Feuerwirbel ließ ich mir im Auge wallen,
Wie sie mich blendeten fühlt' ich mit Wohlgefallen.
So lange duldet' ich den Einstrom, bis zusammen
Die krausen Schlanggewind' in eine Masse schwammen.
Vom Himmel blickt' ich dann zurück zur Erdenflur,
Und statt der Schlangen sah ich Sonnenblendung nur.
Die lichte Finsternis zerfloß dann, und o Glück,
Die Schlangen kehrten nicht, die sie verschlang, zurück.
Und sollten doch einmal sie mir im Auge kehren,
So soll ein neuer Strahl der Sonne sie verzehren.

8.
Dich trägt Erinnerung zu deiner Kindheit Schwelle,
Den vollen lauten Strom zurück zur stillen Quelle.
Dort aber angelangt, begehrst du weiter nur
Zu dringen und verlierst im Dunkel bald die Spur.
Und nur die Sternenschrift im Dunkeln kannst du lesen:
Du warest, eh' du warst, und bleibst, wann du gewesen.
Als wie aus einem Traum erwachtest du, geboren,

Und fandest eine Welt, wie eine du verloren.
Du sahest sie vor dir sich wechselnd umgestalten
Und lerntest deine Kraft im Kampf mit ihr entfalten.
So vieles kam und ging; laß alles gehn und schwinden!
Du wirst dich anders stets und stets denselben finden.

ZEHNTE STUFE - VOM TOTENHÜGEL

1.
In deines Herzens Haus- und Festkalender mag
Nur auch gezeichnet sein ein Allerseelentag.
Gezeichnet soll er sein nicht mit zu düstern Farben,
Doch auch zu helle sind für die nicht, die da starben.
Mit sanftern Lichtern sei und leisem Schattenschlag
Gezeichnet in dein Herz dein Allerseelentag.
Ein Allerseelentag, wo du vereint in Frieden
Mit allen Seelen bist, die von dir sind geschieden;
Wo alle Seelen, die dich aus der Fern' umwallen,
Zum Fest versammelt sind in deines Tempels Hallen.
Da bete für ihr Heil und laß sie beten auch
Für deines, denn Gebet ist Seelenlebenshauch.
Manch' Angedenken zieh hervor, an das sich knüpft
Ein Name, zieh es fest, daß er dir nicht entschlüpft.
Manch' teures Bild auch, eh' der Kennzug dir erlischt,
Sei von der Malerin Erinn'rung angefrischt.
Bedaure du sie nicht, daß sie der Welt entgangen,
Und nicht beneide sie, denn du wirst nachgelangen.
Versichere du nur dich ihrer, daß sie bleiben
Von oben dein Geleit, nach oben dich zu treiben.
Von oben neigen sie, nach oben zeigen sie
Und deinem Blick voran nach oben steigen sie.
Nach oben steigen sie, wo sie dir wollen zeigen,
Was sie versprechen mit geheimnisvollem Schweigen.

2.
Viel Angedenken stellst du um dich her zusammen
Zu Ehren Teuerer, von denen sie dir stammen.
Die teuren Namen nennt dir nun ihr stummer Mund
Und machet dir das Herz nicht fröhlich, sondern wund.
Beim Angedenken denkst du, daß vom Lebensmahle
Dir nichts geblieben ist als die geleerte Schale.

3.
Je länger du's gehabt, je länger willst du's haben,
Und ein Geliebtes wird dir stets zu früh begraben.
Du bildetest dir ein, es sei auf ewig dein,
Und solltest Gott, der dir's so lang' ließ, dankbar sein.

4.
Ich denk' an euch, die ihr vom Schoß mir aufgeflogen
Und nun herab auf mich lächelt vom Himmelsbogen.
Der holde Frühling kommt, wo alles Schöne nieder

Vom Himmel steigt, da kommt auch euer Bild mir wieder.
Nun fliegt der Schmetterling, nach welchem sonst ihr lieft;
Der Vogel singt, von dem ihr eingesungen schlieft.
Nun blühn die Blumen, die an eu'r Verblühn mich mahnen,
Und Lüfte wehn, die eure Näh' mich lassen ahnen.
Was ihr mir waret, was ich euch gewesen bin,
Und was ihr jetzt mir seid, beschäftigt meinen Sinn.
Ihr wart an mich geknüpft durch ein natürlich Band,
Das aber hat gelöst des Todes kalte Hand.
Nur daß ihr im Gefühl der Liebe waret mein,
Verheißt mir, daß ihr auch mein werdet ewig sein.
Um dies Gefühl und euch in ihm nie zu verlieren,
Will ich noch oft mein Lied mit euren Namen zieren.

5.
Ich wüßte nicht, wem ich noch Blumen sollte bringen,
Dürft' ich sie nicht ums Grab geliebter Kinder schlingen.
Die Mutter wird schon ernst, die Brüder werden groß,
Und unveränderlich bleibt ihr nur Kinder bloß.
Ihr nehmt an jedem Tag mit immer gleicher Liebe
Die euch von Vaterhand gebrachten Frühlingstriebe.

6.
Ich kann aus meinem Haus nicht auf- noch abwärts schreiten
Daß nicht mich Kinder zwei verlorene begleiten.
Denn aufwärts liegt vom Haus ein Graben, den mein Fuß
Beschreitet niemals, daß ich nicht gedenken muß,
Wie ich das letzte Mal sie dieses Weges führte,
Als heimlich Todesglut in ihnen schon sich schürte.
Den kleinen Schrittchen war der Graben da zu breit,
Doch sie vertrauten auf mein väterlich Geleit.
Darüber hob ich sie und dachte sie zu haben
Gebracht, wie über den, schon über jeden Graben.
Nicht bei dem Graben fiel mir damals ein das Grab;
Jetzt fällt mir's immer ein, seitdem ich ihm sie gab.
Doch abwärts von dem Haus, wenn ich mich wenden wollte,
Da ist das Pflaster, wo der Leichenwagen rollte.
Sein Rollen hör' ich noch und glaube noch die Spur
Zu sehn, wie auch indes manch andres drüber fuhr.
Was auch darüber fuhr, nie hat's die Spur verwischt,
Und stets auf dieser Spur geh' ich, die nie erlischt.

7.
Wem ein Geliebtes stirbt, dem ist es wie ein Traum,
Die ersten Tage kommt er zu sich selber kaum.
Wie er's ertragen soll, kann er sich selbst nicht fragen;
Und wenn er sich besinnt, so hat er's schon ertragen.

8.
Wer einmal hier hat in geliebtem Angesicht
Des Todes Bild gesehn, vergißt es ewig nicht.
Der Schatten legt, wohin fortan dein Auge schaut,
Sich über alles, was dir lieb ist oder traut.

9.
Du bist gegangen, und wir gehn dir alle nach;
Du gingst zur Ruh', und wir sind noch ein Weilchen wach.
Vielmehr wir schlafen noch, du bist vom Traum erwacht;
O Leben, Spreu und Wind, o schwerer Traum der Nacht!
Was ist's, das weiter wir hier zu besorgen haben,
Als eins das andere anständig zu begraben!

10.
Ihr meine Teueren, wo seid ihr hingekommen?
Dort in die Ewigkeit verewigt aufgenommen.
Doch in der Zeitlichkeit ist eure Spur verschwunden?
Nein, tief in meinem Sein, in meinem Sinn gebunden.
Bedeutend innere Denkmale meines Lebens!
Wär't ihr auch dieses nur, ihr wäret nicht vergebens.
Was wirkend nun mein Sinn nach außen mag entfalten,
So seid ihr mit darin, wie in mir selbst, enthalten.

11.
Wer in dem Winter stirbt, warum sollt' er nicht sterben,
Wo alle Blätter von des Frostes Hauch verderben?
Und wer im Sommer stirbt, wo alle Blumen blühn,
Wie wär' er tot? sein Grab macht Lebenshoffnung grün.
Drum wer im Sommer dir und wer im Winter starb,
Natur hat einen Trost, Heil dem, der ihn erwarb.

12. Johannis
1835.

Frühzeitig wardst du in die Schule dieses Lebens
Gesandt, und durchgemacht hast du sie nicht vergebens.
Jung, jede Prüfung hast du rühmlichst so bestanden,
Daß sie dich würdig bald zum Weiterrücken fanden.
Erhebung ohne Stolz, Ergebung ohne Beugnis:
Der Schul' entlassen bist du mit dem besten Zeugnis.
Du hast viel später als wir selbst den Gang begonnen
Und unerwartet uns den Vorsprung abgewonnen.
Du hast die Höh' erreicht, nach der dich's früh getrieben;
Wir sind hier unten auf der Schulbank sitzen blieben.
Ein Zeichen, daß wir noch genug gelernt nicht haben,
Für jene Klass', in der sie dir den Zutritt gaben.

13. Der Mutter
Wohl gönnen darf ich's dir, daß du vor mir gegangen,
Nicht diesen Schmerz von mir, den ich von dir, empfangen;
Daß du mich bleiben sahst und ich dich sah verscheiden;
Denn sehn Geliebter Tod ist mehr als eigne Leiden.

14.
Gott, der dir manches Leid im langen Leben gab,
Und endlich Ausruh' dir von allen gab im Grab,
Hab' ich gebeten oft, dich nur zu überheben
Des einen, daß du mich auch müssest überleben.
Mit Gott nun hab' ich dir die Augen zugethan,
So daß ich, ohne dich zu kränken, sterben kann.

15.
Ich dachte nun erst warm im Alter dich zu pflegen,
Und muß statt aller Pfleg' ins kalte Grab dich legen.
Die Zinsen dacht' ich erst der Schuld dir abzutragen
Der Sohnesdankbarkeit, statt dich ins Grab zu tragen.
Gott nimmt den Willen für die That; nicht mir beschieden
War's, dir zu schaffen Ruh'; er schuf dir Ruh' und Frieden.

16.
Nun hab' ich erst gelernt, daß ich bin Staub und Erden,
Da ich, die mich gebar, sah Staub und Erde werden.
Da hat das greifliche Gefühl mich erst durchdrungen,
Daß ich nichts anders bin, als woraus ich entsprungen.

ELFTE STUFE - IM ANSCHAUEN GOTTES

1.
Wenn das Erhab'ne staunt die junge Menschheit an,
Spricht sie im hellen Traum: Das hat der Gott gethan,
Und wenn sie zum Gefühl des Schönen dann erwacht,
Bekennt sie freudig stolz: Es hat's der Mensch vollbracht.
Und wenn zum Wahren einst sie reift, wird sie erkennen,
Es thut's im Menschen Gott, der nicht von ihm zu trennen.

2.
Zieh deine Selbheit aus und an die Göttlichkeit!
Die Selbheit ist so eng, die Göttlichkeit so weit.
Sei selbst! Er selber will, daß selbst du sollest sein,
Daß du erkennest selbst, er sei dein Selbst allein.
Erinn're dich daran! du hast es nur vergessen.
Laß dich erinnern! stets erinnert er dich dessen.
Wenn du ihn hören willst in dir, mußt du nur schweigen;
So spricht er laut: Du warst, sollst sein und bist mein eigen.

3.
O fühle: was du hast, das hast du nur empfangen;
Und laß, wie dir es kam, es andern zugelangen.
Sei wie der Mond, der von der Sonn' entlehnt sein Licht
Und leiht's der Erdennacht, für sich behält er's nicht.
Gott ist die Sonne, die läßt ewig Licht ausgehn,
Um hell die Welt und sich hell in der Welt zu sehn.

4.
Von beiden Welten, wenn ich sollt' entbehren eine,
Die große draußen wär's und nicht in mir die kleine.
Du wirst die Welt in dir nicht mehr die kleine nennen,
Wenn du das Göttliche im Menschen wirst erkennen.
Klein ist und eng, was Zeit und Raum nennt seine Schranke,
Nur göttlich weit ist ein gottfassender Gedanke.
Viel leichter macht der Mensch von jedem ird'schen Band
Sich los als von dem Zug nach einem höhern Land.
Der Sinnennahrung kannst du selber eh'r entbehren
Als des Gedankens, der den Gott in dir muß nähren.
Beglückt, wenn dir ein Hauch der Phantasie mit Kunst
Die beiden Welten schmelzt in *eine* rein von Dunst.
Das Unsichtbare siehst du klar im Sichtbar'n nur,
Und nichts im Sichtbar'n, als des Unsichtbaren Spur.
Umringt von einer Welt verkörperter Gedanken,
Empfindest schrankenlos du dich in Körperschranken.

5.
Es strömt ein Quell aus Gott und strömt in Gott zurück,
Der Einstrom hohe Lust, der Ausstrom höchstes Glück.
Es strömet in dich ein durchs offne Thor der Sinnen
Und strömet aus dadurch und nimmt dich mit von hinnen.
Durchs Auge strömt er ein als Licht, daß er verkläre
Dein Inn'res, und entströmt verklärt als Freudenzähre.
Den Geist zu wecken, strömt er ein als Ton durchs Ohr
Und strömt aus deinem Mund als Dankgebet hervor.
Einströmt er dem Geruch als Lenzduft, Sehnsuchtshauch
Und strömt im Atem aus als Seufzeropferrauch.
Er strömt durch den Geschmack ins Mark und ins Gehirne,
Und als Gedanke tritt er leuchtend aus der Stirne.
Er strömt als irdischer Empfindungen Gewühle
Ins Herz und aus der Brust als himmlische Gefühle.
Du fühlest: Was du bist, ist er in dir, nicht du;
Und strömst in dem Gefühl ich deinem Urquell zu.

6.
Ich finde dich, wo ich, o Höchster, hin mich wende;
Am Anfang sind' ich dich und finde dich am Ende.
Dem Anfang geh' ich nach, in dir verliert er sich;
Dem Abschluß späh' ich nach, aus dir gebiert er sich.
Du bist der Anfang, der sich aus sich selbst vollendet,
Das Ende, das zurück sich in den Anfang wendet.
Und in der Mitte bist du selber das, was ist;
Und ich bin ich, weil du in mir die Mitte bist.

7.
Was schlichtet, Herz, den Streit, der dich mit dir entzweit?
Die Gottesfurcht, die dich von aller Furcht befreit;
Von aller Furcht der Welt und weltlicher Geschicke,
Von aller Furcht vor dir, dem quälendsten der Stricke.
Verstören kann dich nichts, wenn du dich nicht verstörst,
Und frei nur fühlst du dich, wenn du dem Herrn gehörst.
Wie schön ist's, einen Herrn statt vieler Herrn zu haben,
Der seine Diener kann mit Herrlichkeit begaben.

8.
Der Zweifel, ob der Mensch das Höchste denken kann,
Verschwindet, wenn du recht dein Denken siehest an.
Wer denkt in deinem Geist? Der höchste Geist allein.
Wer zweifelt, ob er selbst sich denkbar möchte sein?
In den Gedanken mußt du die Gedanken senken:
Nur weil Gott in dir denkt, vermagst du Gott zu denken.

9.
Ein Mensch sein ohne Gott, was ist das für ein Sein!
Ein bessres hat das Tier, die Pflanze, ja der Stein.
Denn Stein und Pflanz' und Tier, die zwar um Gott nicht wissen,
Er aber weiß um sie, sie sind ihm nicht entrissen.
Sie sind nicht los von Gott, gottlos bist du allein,
Mensch, der du fühlst mit ihm und leugnest den Verein.

10.
Die Liebe Gottes kann so werden übertrieben,
Daß sie für Sünd' es hält, den Menschen auch zu lieben;
Als würde Gott um das, was ihm gebührt, betrogen,
Der Anteil, den du weihst dem Menschen, ihm entzogen.
So ist's, den Menschen, wenn du liebst als Kreatur,
Lieb' ihn als ewigen Gedanken Gottes nur!
Du liebest Gott nicht ganz, wenn du ihn liebst allein,
Wenn nicht auch alles, was er liebet, groß und klein.

11.
Der Frühling grüßt die Erd' und macht die Hoffnung grün,
Der Liebe Rührung taut, und meine Gräber blühn.
Das Liebste, was ich hab', ist Gottes Liebesgabe,
Ob ich es nun im Grab, ob ich's im Herzen habe.
Das Beste, was ich bin, wird immer Gottes bleiben,
Und nur mein Böses muß ich ganz mir selbst zuschreiben.
Versuch' es nur und schreib' es einem andern an,
Du fühlst in dir, dadurch ist dir's nicht ausgethan.
Wer nicht das Rechte weiß, gut ist's, wenn er's nur thut;
Doch wenn er recht es weiß, so ist es doppelt gut.
Wer Böses weiß und thut's, der thut viel Bös'res noch;
Doch wer unwissend auch es thut, thut Böses doch.
Gott ist, was Gutes ist an jedem guten Triebe,
Der Glanz am Mond, die Blüt' am Baum, in dir die Liebe.
In jedem Geiste, der nicht zagt, fürs Licht zu kriegen,
Ist sichtbar Gottes Geist zur Welt herabgestiegen.
Wenn er im Kampf erliegt, kehrt er als Sieger heim,
Hier lassend den mit Blut gepflanzten Friedenskeim.
Den Geist mit der Natur sollst du zusammendichten,
Die Erd' in Himmelsglanz verklären, nicht vernichten.
Kehr' auf die Sinnenwelt so deine Thätigkeit,
Daß nicht die Lust an dir dich mit dir selbst entzweit.
An keinem niedern Stoff laß die Gedanken haften;
Der Sinn vom Gegenstand nimmt an die Eigenschaften.
Betrachte liebend Gott, willst du gottähnlich werden;
Denn das Gemüt nimmt an vom Liebsten die Gebärden.
Doch willst du an der Welt unschuldig dich erbaun,
Mußt alles du in Gott und Gott in allem schaun.

Und das ist gar nicht schwer; der höchsten Liebe Spur
Im Niedersten zu schaun, hab' Liebesaugen nur!
Die Liebe siehst du dann, wie dort im Reigen gehn
Der Stern', in Blumen so hier auf den Grüften stehn.

12.
Was rühmst du dich, daß du nach Geld und Gut nicht trachtest,
Wenn du nicht minder doch nach Ruhm und Ehre schmachtest?
Zur vollen Seligkeit, o Seele, ging nicht ein,
Wer etwas auf der Welt noch sucht, als Gott allein.

13.
Die Götter lieb' ich nicht, die uns die Sagen gaben,
Die bald zuviel ein Aug' und bald zu wenig haben.
Die Gottheit lieb' ich, die mich unsichtbar umfließt,
Ein ew'ger Liebesblick der Schöpfung Blüt' erschließt.
Die Gottheit lieb' ich, die allgegenwärtig waltet,
Gestaltenlos, der Welt Gestalten umgestaltet.
Und nimmt sie selbst Gestalt, und es soll mir nicht graun,
So muß sie menschlich aus zwei Augen an mich schaun.

14.
Dein höchstes Leben sei, zu leben gottbewußt;
Darin ist zweierlei: gottwissend, gottgewußt:
Daß du dich wissest stets von Gott gewußt, gekannt,
Gemahnt, gestraft, geprüft, geliebt und Kind genannt.

15.
Wer alles mag in Gott, in allem Gott betrachten,
Hat keinen Grund, ein Ding groß oder klein zu achten.
Wie sollte scheinen ihm ein Allergrößtes groß,
Da es ein Kleinstes ist vom Einziggroßen bloß.
Wie dürfte gelten ihm das Allerkleinste klein,
Da mit dem Größten es hat Gottes Geist gemein?
Nach deiner Einsicht nur erhebest du zumeist
Das, was am klarsten dir abspiegelt Gottes Geist.
Je höher aber selbst wird deine Einsicht steigen,
Je klarer wird der Geist in allem dir sich zeigen.
Des Bösen Schein ist's, was des Guten Glanz verhält;
Zerstör' das Bös' in dir, so siehst du gut die Welt.

16.
Die Lehrer sind im Streit, womit hier auf der Erde
Am würdigsten gesucht das Antlitz Gottes werde.
Die einen: Ehren soll man Gott mit Opfergaben,
Im Dienste, welchen wir von unsern Vätern haben.
Die andern: Loben soll man ihn mit guter That,

Wozu er Kraft verliehn und Trieb zum Guten hat.
Die dritten: Suchet ihn in heiliger Gesinnung,
Gesammelten Gemüts Weltsinnenlustentrinnung.
Die vierten sagen: Gott hat nur, wer ihn erkennt,
Die Wissenschaft allein ist Gotteselement.
Ich aber sage dir: Mit jedem von den vieren
Magst du ihn suchen hier und wirst ihn nicht verlieren.
Wer ihm die Gaben weiht, genießet seiner Gaben;
Wer durch ihn Gutes thut, wird im Gemüt ihn haben.
Mit ihm ist ungestört, wer von der Welt sich trennt,
Und eines ist mit ihm, wer ihn als eins erkennt.

17.
Der du im Lichte bist und bist in mir das Licht,
Ich nehme, was du gibst, und andres will ich nicht.
Du gabest mir den Drang, so klar dein Lob zu sagen,
Als Mund und Ohr von mir und Welt es konnt' ertragen.
Du gabest mir die Kunst, nicht schöner uns zu lügen,
Als, Welt und ich, wir sind, doch schöner uns zu fügen.
Das bleibe mir bewußt: Nur Gottes Macht besiegeln
Wollt' ich in der Natur, nicht drin mich göttlich spiegeln.
Und darum dank' ich dir für jeden hellen Blick,
Den du mich ließest thun in Leben-Tod-Geschick.
Ich danke dir, daß du die Augen mir erschlossen,
Durch die von außen auch dein Glanz in mich geflossen.
Ich will, solange mir zum Sehn die Augen taugen,
Nur deinen Glanz aus Stern- und Blumenaugen saugen.
Und soll dem Auge nun das äußre Licht erblinden,
So laß als inn'res dich in meiner Seele finden.
Ich hab' g'nug gesehn, um lebenslang zu malen
Ein Bild, wie dein Geschöpf nicht strahlt, doch sollte strahlen.

18.
Die Sonne selber siehst du nur durch Sonnenlicht,
So schaust du Gott durch Gott, durch andres Mittel nicht.
Die Sonne, die das Licht, die Welt zu sehn, dir spendet,
Siehst du ihr Angesicht, bist du davon geblendet.
Und so im Menschengeist erlischt, was in ihm denkt,
Wenn er sein Denken dreist im höchsten Geist versenkt.
Mußt du die Sonne sehn? sieh Fluren sonnerhellt;
Und willst du Gott sehn, sieh die gotterfüllte Welt.
Der Sonne echte Kraft siehst du im Schmelz der Flur,
Und Gott, den du nicht siehst, in seinen Werken nur.

19.
Je Höheres du aus vom Höchsten sagen magst,
Je tiefer fühlst du, daß du nichts im Grunde sagst.

Magst du's mit reichstem Schmuck der Phantasie bekleiden,
Mit feinster Sond'rung auch vom Irdischen ausscheiden;
Dort machst du Geistiges zu leiblicher Erscheinung,
Und hier das vollste Ja zur leeresten Verneinung.
Was anders also kannst du thun, als dich bequemen,
Jetzt dies zu setzen und es dann zurückzunehmen?
Was alles du von ihm magst sagen, daß es sei,
Es ist nicht, was du sagst, doch was du fühlst dabei.

20.
Gott gebe dir an dir ein stilles Wohlgefallen,
Ein innigfreudiges in seiner Gnade Wallen;
Ein heiliges Gefühl, daß du ihm angehörest
Und seine Ordnungen, die ewigen, nicht störest;
Ein hebendes Gefühl, daß du auf rechten Wegen
Mit rechten Kräften strebst dem rechten Ziel entgegen;
Nicht Selbstgefälligkeit, sich andern überhebend,
Nicht Ungeselligkeit, in enger Dumpfheit strebend;
Doch Selbstgenügsamkeit in deiner eignen Weise,
Und Seelenfügsamkeit in deinem Schicksalskreise;
Und Selbstzufriedenheit, mit aller Welt in Frieden,
Weltabgeschiedenheit, von Gott nur ungeschieden.

21.
O ew'ger Lebenshauch, durch den der Baum der Zeiten
Treibt Blüten, Früchte trägt und falbes Laub läßt gleiten.
Was stockt und was sich regt, regt sich und stockt in dir;
Und jedes Herz, das schlägt, schlägt und frohlockt in dir.
Du hebst den Menschengeist in deiner Lieb' empor,
Er fühlet sich in dir und kommt so groß sich vor.
Dann fühlt er sich so klein vor deiner Größe wieder,
Und tiefe Demut beugt den kühnen Stolz danieder.
Du aber öffnest dem Gebeugten deinen Schoß,
Erhebst ihn wieder, und der Kleine gilt dir groß,
Du kehrest in ihm ein mit dem Gefühl der Huld,
Sein Sehnen stillest du und sühnest seine Schuld.
Mit Zittern sieht er dich als Herren, der ihn schuf,
Und mit Vertrauen hört er deinen Vaterruf.

22.
So wahr als aus dem Eins die Zahlenreihe fließt,
So wahr aus einem Keim des Baumes Krone sprießt,
So wahr erkennest du, daß der ist einzig einer,
Aus welchem alles ist, und gleich ihm ewig keiner.
Doch fühlt der Mensch so weit vom Ursprung sich getrennt,
Daß Mittelstufen er notwendig anerkennt.
Ob er sie Götter mag, Kräft' oder Geister nennen,

Ihn binden sollen sie an Gott, von Gott nicht trennen.
Sie sollen das Geweb' vom Mittelpunkt ausbreiten,
Bis in sein kleines Ich die Lebensfäden leiten.
Was also streitet ihr um wechselnde Betitlung
Von Heilsanstalt und Amt der Sühnung und Vermittlung?
Ob hier der Schöpfer sich verborgen im Erhalter,
Der Hausherr dort zurücktrat hinterm Hausverwalter?
Ihr mögt mit Frömmigkeit und gläubigem Vertrau'n
Sichtbares als ein Bild des Unsichtbaren schaun;
Doch steht's dem Geiste frei, wenn er dazu hat Schwingen,
Ins Allerheiligste unmittelbar zu dringen.

23.
Was Gott in der Natur und dir im Herzen spricht,
Mit Andacht merke drauf und überhör' es nicht.
Und wenn du's andern nicht kannst machen offenbar,
Doch dir zur eigenen Erbauung mach' es klar.
Und ist es dir nur klar, so wird's auch andern werden,
Wenn nicht in Worten, doch in Mienen und Gebärden.
Und wenn in Handlungen, wenn in der Handlungsweise,
Das ist den Menschen erst zum Heil und Gott zum Preise.

24.
Warum die Allmacht nicht ohn' Übel schuf die Welt?
Weil ein vollkommnes Bild nicht lauter Licht enthält.
Der beste Maler kann's nicht ohne Schatten malen,
Die stets notwendig sind, damit die Lichter strahlen.

25.
Begreifen willst du Gott? Laß deinen blöden Eifer!
Denn mehr muß sein als das Begriffne sein Begreifer.
Darum ja, wenn du ihn begriffest, wärst du mehr;
Dir, den er minder schuf, ist unbegreiflich er.
Begreifest du dich selbst und fühlest den Beruf,
Den zu begreifen, der dich, dir ein Rätsel, schuf?

26.
Gott ist ein Geist und kann des Leibes nicht entbehren;
Den Schöpfer fassen nicht reingeist'ger Schöpfung Sphären.
Er schuf, um Halt und Bild der Schöpfung zu verleihn,
Zum Geiste Fleisch und Bein, zum Menschen Pflanz' und Stein.
Als wie gefangen ist die Rose von dem Strauch,
So ist gefangen auch vom Leib des Geistes Hauch.
Dich zu vergeistigen, darfst du dich nicht entleiben;
Wenn du den Stock zerstörst, wo soll die Rose bleiben?

ZWÖLFTE STUFE - FRIEDEN

1.
Ich freue jeden Tag dem Abend mich entgegen
Und jede Nacht im Traum mich auf den Morgensegen.
Ich freue still mich mit unungestümer Lust,
Nicht ungeduldig ist die Freud' in meiner Brust.
Ich freu' mich auf die Stund' und auf den Augenblick,
Auf groß und kleines, mein und anderer Geschick.
Vom Herbst den Winter durch freu' ich dem Lenz mich zu
Und aus dem Sommer durch den Herbst zur Winterruh'.
Ich freu' mich durch des Jahrs und durch des Lebens Zeit,
Und aus der Zeit hinaus mich in die Ewigkeit.

2.
Ring' an, den Himmel mit der Erde auszugleichen!
Wer das errungen hat, der trägt das Siegeszeichen.
's ist keine Kunst, die Welt roh untern Fuß zu treten:
So zarte Blumen blühn auf diesen Gartenbeeten.
Es ist auch keine Kunst, den Himmel für die Schwachen
Einladend und dem Trotz die Hölle heiß zu machen.
Den Himmel zieh herab, die Erd' empor mit Brunst,
Nur das, der Rede wert, ist Erdenhimmelskunst.

3.
Nicht auf die Schwalbe, die des Frühlings Botschaft bringt
Und mir von ewiger Erneuung Lieder singt,
Freu' ich so sehr mich als auf einen Freundesgruß,
Der das mir bringt, was ich zum Leben haben muß:
Daß Zeitenwechsel geht, fest die Gesinnung steht,
Ist, was mein Herz mit mehr als Frühlingshauch durchweht.

4.
Wo schließet sich der Raum und stehet still die Zeit?
Wo endet hier und dort sich die Unendlichkeit?
Dort endet sie in Gott, hier endet sie in dir;
Der Schein Unendlichkeit steht zwischen dort und hier.
Den Schein, der zwischen dir und Gott steht, räume fort,
Und einfällt Raum und Zeit, dein Hier ist ewig dort.

5.
Dem müden Wandersmann ist doch die Nacht willkommen,
Die den bestaubten Stab ihm aus der Hand genommen.
Und wenn das Leben nun ist eine Wanderreise,
Was freuet Lebende der Tod nicht gleicherweise?
Den Wand'rer freut die Nacht, nur wenn er ist am Ziel,

Auf halbem Wege nicht, wenn sie ihn überfiel.
Die meisten fürchten sich darum vorm Tod vielleicht,
Weil sie des Lebens Ziel noch haben nicht erreicht.

6.
Unruhig ist die Welt, unruhig ist das Herz,
Und eins das andre setzt in Unruh' allerwärts.
Im Himmel nur ist Ruh', im Himmel nur ist Frieden;
O fänd' ich Ruh', von mir und von der Welt geschieden!
Komm, Gottesruh', den Sturm mir aus der Brust zu hauchen!
Laß mich den Krieg der Welt in deinen Frieden tauchen.

7.
Mit Einzelliebe wer beginnet zu verschwenden
Den Schatz des Herzens, wird mit Eigenliebe enden.
Allliebe sei es, die zuerst das Herz erfüllt,
Aus deren Zauberduft sich Einzellieb' enthüllt.
Die Einzelliebe blüht und welkt, der Traum sinkt nieder,
Und wie am Anfang steht am End' Allliebe wieder:
Allliebe zur Natur, zu jeder Kreatur,
Zu Gott und in dir selbst zu jeder Gottesspur.

8.
Woher ich kam, wohin ich gehe, weiß ich nicht;
Doch dies: von Gott zu Gott! ist meine Zuversicht.
Warum ich jetzo bin und andre sonst gewesen;
Warum mir dieser Platz, kein andrer, ist erlesen?
Ich blühe wie die Blum' und wachse wie der Baum
In meiner Jahreszeit, in meinem Gartenraum.
Im großen Garten ist kein abgelegnes Beet,
Das nicht zu seiner Zeit von Lenzluft ist durchweht.
Kein abgelegnes Beet, das nicht erblüht in Wonne
An seines Gärtners Blick, sein Blick ist Mond und Sonne.
Ich fühle Sommerlust und fühle Winterschauer,
Und einen Schauder, daß ich bin von kurzer Dauer,
Doch eine Ahnung, daß ich ewig bin vom Stamme,
Und daß nicht sich verzehrt, die mich verzehrt, die Flamme.
Es ist ein nied'rer Trieb in mir und höh'res Streben,
Dem soll ich folgen und mich jenem nicht ergeben.
Zur reinsten Blüte will ich meine Lust entfalten,
Und meine Schmerzen selbst zu Wonnen umgestalten.
Ich steh' in Gottes Hand und ruh' in Gottes Schoß;
Vor ihm fühl' ich mich klein, in ihm fühl ich mich groß.

9.
Unendlich ist zugleich und endlich jedes Ding;
Dort achtest du es groß, hier schätzest du's gering.

Das, was du liebest, lern' als ewig festzuhalten,
Gewurzelt im Gemüt, um niemals zu veralten.
Doch was Unliebes dir macht Ärger und Verdruß,
Das wirf entschlossen in der ird'schen Dinge Fluß.
Dich tröst' es, daß im Fluß es wird vorübertreiben,
Im Meer der Ewigkeit wird deine Liebe bleiben.

10.
In allen Zonen liegt die Menschheit auf den Knien
Vor einem Göttlichen, das sie empor soll ziehn.
Verachte keinen Brauch und keine Flehgebärde,
Womit ein armes Herz emporringt von der Erde.
Ein Kind mit Lächeln kämpft, ein andres mit Geschrei,
Daß von der Mutter Arm es aufgenommen sei.

11.
Die Welt ist öd' und leer und grenzenlos der Raum,
Wo nicht die Liebe wohnt mit einem Himmelstraum, –
Wo nicht die Liebe wohnt, von der, zu der du gehst,
Um deren Mittelpunkt du dich im Geiste drehst.
Drum denke, wo du gehst, damit nicht öd' erscheine
Die Welt, daß eine Lieb' auch dort wohnt, irgend eine, –
Daß irgend einer dort träumt seinen Liebestraum;
Den gönn' ihm, träume mit, und voll sei dir der Raum.

12.
Ich habe doch genug des Schönen aller Art
Auf dieser eiligen Vorüberfahrt gewahrt,
Auf dieser eiligen Vorüberfahrt durchs Leben,
Genug, den Menschengeist über die Welt zu heben;
Genug des Göttlichen im Menschenangesicht,
Im Spiegel der Natur und Dichtung Zauberlicht.
Und wenn es mehr nicht war, so war es meine Schuld;
Und daß es so viel war, ist Gottes große Huld;
Die Strahlen jener Huld, die selbst das Aug' erschließen,
Das eigensinnig sich dem Lichte will verschließen;
Den Augendeckel rührt der Himmelkuß gelind:
Sieh, das ist Gottes Welt und du bist Gottes Kind.

13.
Die Tage nach dem Tag, wo du gepflanzt den Baum,
An dem du blühen siehst der Zukunft goldnen Traum,
Die Tage wünschest du, daß sie geflügelt seien,
Um nur mit einemmal zu sehn des Baums Gedeihen.
Doch geben kann dein Wunsch den Tagen keine Flügel;
Die starke Hand der Zeit führt sie am festen Zügel.
Und desto langsamer siehst du dahin sie schreiten,

Je ungeduldiger du wünschest ihr Entgleiten.
O wünsche nichts vorbei und wünsche nichts zurück!
Nur ruhiges Gefühl der Gegenwart ist Glück.
Die Zukunft kommt von selbst, beeile nicht die Fahrt!
Sogleich Vergangenheit ist jede Gegenwart.
Du aber pflanz' ein Kraut an jedem Tag im Garten,
So kannst du jeden Tag auch eine Blüt' erwarten.

14.
Du fragst, wie Ewigkeit du dir auf Erden dichtest?
Nicht anders als indem du Zeit und Raum vernichtest.
Die Zeit vernichtest du, wenn selig du vergissest
Vergangenes und nicht Zukünftiges ermissest.
Den Raum vernichtest du, wenn, wo du bist, du bleibst
In Frieden, dich nicht um in fremden Kreisen treibst.
Dadurch vernichtest du nicht völlig Zeit und Raum,
Doch ist, was übrigbleibt, dir nur ein leichter Traum.
Aus diesem Traume laß vom Wachen dich nicht stören;
Was hast du auf der Welt zu sehn noch und zu hören?
Und was du hören mußt und sehn, dir ist gegeben
Die Kunst, es deinem Traum unstörend einzuweben.

15.
Geh unempfindlich nicht und ungerührt vorbei
Vorm Schönen dieser Welt, als ob's nicht Gottes sei.
Zu schauen Blumenflor, zu hören Vogelchor,
Hat er das Auge dir erschlossen und das Ohr.
Wenn du verstopfen willst das Ohr, das Auge schließen,
Kann Gottes Preis dir nicht ertönen und ersprießen.
Viel Schönes hat die Welt, das, um von dir genossen
Zu werden, Gott erschuf, genieß' es unverdrossen!

16.
Es ist ein Ewiges, das wandelt und das bleibt,
Das in sich selber ruht und ruhlos alles treibt.
Du mußt Erregungen und Leidenschaften lassen,
Wenn du das Ewige, das ruhet, willst erfassen.
Du mußt Erregungen und Leidenschaften hegen,
Wenn dich das Ewige, das wandelt, soll bewegen
Erfassend und erfaßt, erregend und erregt,
Sei gleich dem Ew'gen selbst, bewegt und unbewegt.

17.
Mit Unvollkommenheit zu ringen ist das Los
Des Menschen, ist sein Wert und nicht sein Mangel bloß.
Was unvollkommen ist, das soll vollkommen werden;
Denn nur zum Werden, nicht zum Sein, sind wir auf Erden.

18.
Am letzten Tag des Jahrs blick' ich zurück aufs ganze,
Und leuchten seh' ich es gleich einem Gottesglanze.
Es war nicht lauter Licht, nicht lauter reines Glück,
Doch nicht ein Schatten blieb in meinem Sinn zurück.
Die Freuden blühn mir noch, die Leiden sind erblichen,
Und ins Gefühl des Danks ist alles ausgeglichen.
Ich gab mit Lust der Welt das Beste, was ich hatte,
Und freute mich zu sehn, daß sie's mit Dank erstatte.
Nichts Bessres wünsch' ich mir, als daß so hell und klar,
Wie das vergangne mir sei jedes künft'ge Jahr.

19.
Am Neujahrsmorgen merkt man wohl auf Schicksalszeichen;
Glaubt' ich den meinigen, so müßt' ich schon erbleichen.
Ich schlüpft', als ich aufstand, verkehrt in mein Gewand;
Als ich die Uhr nahm, fand ich, daß sie stille stand.
Mög' alles, was verkehrt ich dieses Jahr soll thun,
So leicht wie dies Gewand sein umzuwenden nun!
Und wenn mir soll die Uhr des Lebens stille stehn,
Mög' es so unvermerkt und sanft im Schlaf geschehn!

INDISCHE LIEBESLYRIK

Zur Aussprache der indischen Wörter

Die Vokale â, î, û sowie e, o, ai, au sind stets lang. Die Konsonanten werden wie im Englischen gesprochen, also c wie deutsches »tsch« (Pancabâna sprich Pantschabâna) j wie deutsches »dsch« (Jayadeva sprich Dschajadeva) s wie deutsches »ss« (Kansa sprich Kangssa) sh wie deutsches »sch« (Shiva sprich Schiwa) v wie deutsches »w« (Veda sprich Weda) y wie deutsches »j« (Yamunâ sprich Jamunâ)

Das h im indischen bh, ch, dh, gh, jh, kh, ph, th, ist als ein deutlich hörbarer Laut zu sprechen (Buddha sprich »Budd-ha«). Die Betonung richtet sich nach der Quantität der Vokale. Der Ton wird so weit als möglich zurückgezogen, und zwar bis zur drittletzten Silbe, wenn die vorletzte kurz ist (Amaru, Késhava, Narâyana, Mánmatha); ist die vorletzte Silbe von Natur oder durch Position, d.h. durch folgende Doppelkonsonanz lang, so trägt sie den Ton (Kâlidâsa, Jayadéva, Govínda).

1. KÂLIDÂSA

Aja und Indumatî

Eine idyllische Romanze

(Aus Kâlidâsa's »Raghu-vansha«)

König Aja (sprich: Adscha) von Ayodhyâ, Raghu's Sohn, ist glücklich vermählt mit Indumatî, der Königstochter von Vidarbha. Die wunderbare Art, wie er sie verliert and betrauert, schildert die Romanze.

Eines Tags, gedenkend seines Volkes,
Ging lustwandelnd der beglückte Vater
Mit der Gattin in den offnen Gärten,
Wie in seinem Paradies Gott *Indra.*

Doch, um dem am Südmeer in Gokarna
Eingekehrten Shiva auf der Laute
Vorzuspielen, eilte durch die Lüfte
Nârada im Sonnenpfad von Norden.

Den um's Haupt des Saitenspiels geschlungnen
Kranz, geflochten aus unird'schen Blumen,
Raubte, sagte man, ihm der ungestüme
Wind, der gleichsam sie durchduften wollte.

Alles, was die Jahrszeit an Gewächsen
Bot, mit Seimgeruchfüll' überbietend,
Nahm der Himmelskranz den schönen Platz ein
Auf der Königsliebsten Busenschwellung.

Einen Augenblick den holden Brüsten
Sah sie ihn gesellt nur, und ohnmächtig
Schloß des Edlen Gattin ihre Augen,
Wie bei Mondverfinstrung die Nymphäe.

Mit dem sinnverlassnen Leibe niederfallend,
zog sie mit zum Fall den Gatten.
Nicht so? mit des Tropfen Öls Verschüttung
Kommt zu Boden auch die Lampenflamme.

Vom Gefolg der beiden mit verwornen
Weherufen aufgescheuchte Vögel,
Nistende in Lotosbüschen, schrieen
Dort nun, wie vom gleichen Schmerz betroffen.

Fächlung und dergleichen hob des Fürsten
Sinnumnachtung, aber sie blieb liegen;
Denn nur da kann Rettungsanstalt frommen,
Wo vom Leben übrig ist ein Funken.

Einer Laute, welche man von neuem
Will beziehn, glich die entseelte Schöne,
Die der ganz von Zärtlichkeit durchdrung'ne
Hielt umfassend im gewohnten Schoße.

Und er klagte laut in Tränen schluchzend,
Angestammte Festigkeit vergessend;
Selbst geglühtes Eisen muß ja schmelzen,
Was soll man von Menschenseelen sagen!

»Ach, wenn Blumen selber durch Berührung
Eines Leibs das Leben rauben können:
Was wird nicht zum Todeswerkzeug werden
In der Hand des feindlichen Geschickes!

»Oder ja, zu fällen sanftes Wesen,
Brauchet Sanftes nur der Lebensender;
Dessen Beispiel sah ich eine Lilie
Jüngst an Reifbeträufelung verscheiden.

»Oder ja, um meines Unglücks willen
Ward von Gott gebildet dieser Blitzstrahl,
Daß von ihm nicht ward der Baum zerschmettert,
Nur die Ranke, die an ihn sich schmiegte.

»Die du, selber wo ich dich gekränket,
Lange Zeit auf mich nicht zürnen mochtest:
Wie auf einmal mich nun, den Unschuld'gen,
Achtest du nicht würdig anzureden?

»Lächelklare! wohl für einen Unhold,
Einen falschen Freund mußt du mich halten,
Daß du auf Niewiederkehr zur andern
Welt von hier gingst, sonder Abschiednahme!

»Hatt' es doch, Geliebte, dich begleitet,
Was ist's ohne dich zurückzukommen?
Tragen mag es nun, mein übles Leben,
All' die Qualen, die es selbst verschuldet!

»Hier auf deiner Wange steht des Schweißes
Perle noch, erzeugt von Liebeslustkampf,
Und du selber bist in dir zergangen;
O Hinfälligkeit der Leibbegabten!

»Deine blumdurchflochtenen, gekrausten,
Bienenschwärme gleichen Locken regend,
Täuscht, o Zartgegliederte, der Windhauch
Mein Gemüt mit deiner Umkehr Hoffnung.

»Liebste! möchtest du durch dein Erwachen
Also meinen Kummer schnell zerstreuen,
Wie durch ihren Glanz bei Nacht die Pflanze
Im Geklüft Himâlayas das Dunkel!

»Aber mich betrübt dein haarumflossnes
Angesicht mit dem verstummten Munde,
Gleich dem nächtlich eingeschlafnen Lotos,
Wenn in ihm nicht mehr die Biene summet.

»Die sogar ein Bett aus frischen Blumen
Mag verletzen, deine zarten Glieder,
Sage, wie sie es ertragen sollen,
Holder Leib, den Holzstoß zu besteigen!

»O, zum Nichterwachen eingeschlafen,
Deines Leibs Vertrautester, dein Gürtel,
Tonlos, weil dein reger Gang nun ruhet,
Dir aus Kummer scheint er nachgestorben.

»Deinen sanften Laut in Kuckucksweibchen,
Deinen trunken matten Gang in Schwanen,
Deinen schwanken Blick in Rehen, deine
Flatterung in windbewegten Ranken.

»Diese Eigenschaften hinterlegtest
Du, beim Himmelsfluge mich bedenkend;
Aber nicht mein Herz, von deiner Trennung
Kummerschwer, vermögen sie zu stützen.

»Wenn von deiner Anmut nun befruchtet,
Der *Ashoka*baum wird Blüten bringen,
Dir bestimmt zum Lockenschmuck, wie soll ich
Dir zur Grabbekränzung sie verwenden?

»Aus Vakulablumen, welche duften
Wie dein Odem, eine Scherzkett' hast du

Halb mit mir geschlungen, nicht vollendet,
Und nun, Himmelssängerkehle, schläfst du!

»Freundinnen, die Lust und Leiden teilen,
Und ein Sohn, dem Mond im Wachsen ähnlich,
Und ich selbst dir einzig hold, und gleichwohl
Fest beharrest du bei deinem Vorsatz

»Unterging Genuß, dahin Vergnügen,
Der Gesang verstummt, der Lenz ist festlos,
Und des Schmuckes Anlaß ist benommen,
Einsam nun geworden ist mein Lager.

»Weib, geheimer Rat, vertraute Freundin,
Liebe Schülerin in süßer Tonkunst,
Mir geraubt vom mitleidlosen Tode,
Du, o sage, was mir nicht geraubt sei!

»Trunkenaugige, die du einst trankest
Süßen Saft von meinem Munde, wie nun
Sollst du trinken meine tränentrübe
Dir ins Jenseits nachgereichte Spendflut!

»Blieb die Königsmacht auch, da du fehlest,
Nur soweit sei Aja's Lust gerechnet:
Ungereizt von anderen Begierden,
Ist in dir beschlossen mein Verlangen.«

Kosala's Gebieter, also klagend
Leidgefügte Weisen um die Liebste,
Machte rings die Bäume des Gefildes
Von den Zweigen Harzflußtränen regnend.

Endlich die aus seinem Schoß gerissne
Holde Gattin ward von den Begleitern
Angetan mit Totenschmuck, gegeben
Sandelaloegenährtem Feuer.

»Einem Weibe starb er nach aus Kummer,
Er, ein Fürst!« erwägend solchen Leumund,
Deshalb nur nicht opfert' er der Glut sich
Mit der Kön'gin, nicht aus Lust am Leben.

Und so zog er ohne sie zur Stadt ein,
Gleich dem Monde, den die Nacht verlassen,
Seines Kummers Überströmung schauend
In betränter Städterinnen Augen.

Doch sein Lehrer, der in heil'ger Weihe
Hütete die Siedelei, da kund ihm
Durch Eingebung ward der Schmerz des Königs,
Sendet, ihn zu trösten, einen Schüler:

»Weil den Muni fromme Bräuche halten,
Obgleich deines Kummers Anlaß kennend,
Ist er selber nicht zu dir gekommen,
Der Aufrechte, um dich aufzurichten.

»Doch, o Trefflicher, du triffst in meinem
Munde seinen Gruß geschwinden Rates,
Du, des' Ruhm die Welt vernahm, vernimm ihn,
Und im Herzen mögest du ihn wahren.

»Denn in dem Gebiet des unerschaffnen
Höchsten Geistes sieht mit ungehemmtem
Auge der Erkenntnis das Gedritt er,
Das Gewesne, Seiende und Künft'ge.

»Einst, so heißt es, über Trinavindus
Schwere Büßung in Besorgnis schwebend,
Sendete zur Störung seiner Andacht
Hari Harinî'n, die Götterschöne.

»Er mit Zornglut der gehemmten Buße
Das Gestad des Gleichmuts überwogend,
Fluchte der vor seinem Blick liebreizend
Gaukelnden: Zum Menschenweibe werde!«

»Heil'ger Mann! ich diene fremdem Willen:
Die getane Ungebühr verzeihe!«
Die so Fleh'nde bannt' er doch zur Erde,
Bis sie würde Götterblumen schauen.

»Sie nun ward, geboren im Geschlechte
Krathakaishika's, zu deiner Gattin,
Und sie blieb es, bis ihr fiel vom Himmel,
Unverlangt, was jenen Fluch beendigt.

»G'nug des Grames nun um ihr Entschwinden!
Untergehn muß alles Aufgegangne.
Richte deinen Blick auf diese Erde,
Denn die Erde ist des Fürsten Gattin.

»Der du, Übermut im Glück vermeidend,
Weisheit einst mit festem Sinn entfaltet,

Mögest du, da dein Gemüt ein Leid traf,
Mit Unweichlichkeit auch jetzt sie zeigen!

»Kummerfreien Sinns erfreue deine
Hausgenossin mit den Totengaben;
Denn der Angehör'gen stetes Weinen
Brennt den Hingeschiednen, also lehrt man.

»Edler Selbstbeherrscher, nicht in Herrschaft
Der Betrübnis falle, gleich Gemeinen!
Was ist Unterschied von Berg und Bäumen,
Wenn sie beid' im Winde wollen schwanken?« –

»Gut, so sei es!« Also nahm er an das Wort
Seines Lehrers, und ließ ziehn den Boten;
Doch, nicht findend Raum in kummervoller Brust,
Zog auch es zum Meister gleichsam wieder.

Acht Jahre bracht' er hin mit Not getreulich
Und freundlich, um des jungen Sohnes willen,
Mit Schau'n von Ebenbildern seiner Liebsten,
Und flüchtiger Vereinungslust in Träumen.

Der Keil des Kummers aber spaltet' unversehns
Sein Herz, wie eines Hauses Wand ein Feigensproß;
Annahm er dieses, Ärzten unheilbare, Weh
Für Heil, aus Sehnsucht, seiner Gattin nachzugehn.

Als wohlerzogen, waffentragend, seinen Sohn
Zur Hut der Völker brauchgemäß er eingesetzt,
Des kranken Leibes üble Wohnung räumete
Der Fürst, sich unterziehend freiem Hungertod.

Wo am heil'gen Wallfahrtort sich Sarayû und Gangâ
Mischen, ließ er seinen Leib, und trat im Götterchor ein,
Und vereint mit seiner Liebsten, reizender als jemals,
Spielet er in Wonnehäusern, Paradiesesräumen.

Der Wonne Wehklage

Rati (»Wonne«), die Gattin des von Shiva mit dem Feuer seines Zornes verbrannten Liebesgottes Kâma, klagt um ihren Gemahl.

Sie, die bewußtlos lag, die Gattin Kâmas,
Ward vom Geschick geweckt,
Das ihr die Schmerzempfindung geben wollte
Der neuen Witwenschaft.

Die aus der Ohnmacht aufgegangnen Augen
Ließ sie umher nun spähn
Und wußte nicht, daß ihnen sei auf ewig
Des Liebsten Blick geraubt.

»O Herr des Lebens, lebst du?« also rief sie,
Stand auf und sah vor sich
In Mannsgestalt am Boden von des Gottes
Zornfeuer Asche nur.

Hin sank sie wieder, mit der Erd' Umarmung
Bestaubend ihre Brust,
Und klagt', ihr Haar zerraufend, ihre Schmerzen
Mitteilend dem Gefild:

»Dein Bild, das der Verliebten höchstes Gleichnis
Durch seine Schönheit war,
Ist so zerstört, und ich bin ganz geblieben?
Hart ist ein Frauenherz!

Mich, deren Leben hängt an dir, verlassend
Mit schnell getrenntem Bund,
Wie mit gesprengtem Damm verläßt Nymphäen
Ein Teich, wo flohst du hin?

Unliebes tatest du mir nie, und niemals
Tat ich zuwider dir;
Was ohne Grund entziehst du deinen Anblick
Der Wonne, die nun klagt?

Gedenkst du das mir, daß zur Leichtsinnstraf' ich
Mit meinem Gurt dich band?
Daß dir von Blumen, die ich trug im Ohre,
Ins Aug' ein Stäubchen fiel?

Was lieb du sprachst, du wohnest mir im Herzen,
Erkenn ich nun als falsch;
War es nicht Schmeichelei, wie wärst du leiblos,
Und heil die Wonne hier?

Ich will, o Wanderer, in andre Räume
Einschlagen deinen Weg;
Die Welt hier ist vom Glück getäuscht, denn du bist
Die Lust der Lebenden.

Wann Finsternis der Nacht liegt auf den Straßen
Der Stadt, und Donner rollt,

Wer außer dir soll zu geliebter Wohnung
Leiten der Liebe Tritt?

Entflammter Augen Funkeldrohen, der Wörtchen
Gebrochne Stammelung
Von schönen Fraun ist, wo du flohst, geworden
Ein leeres Gaukelspiel.

Hört er, daß du ein Märchen wardst, verliert
Den Mut dein Freund, der Lenz;
O Leiblos! auch der Mond, der wachsen sollte,
Wagt zuzunehmen kaum.

Mit bräunlich grünem Schaft geschmückt, besungen
Vom Ruf des Kokila,
Wem soll, o sprich, der Mangoschoß zum Pfeile
Zu dienen wachsen nun?

Die Bienenreihe, die du oft zur Sehne
Des Bogens hast gemacht,
Mit dumpfem Schwirren gleichsam klagt sie jetzt mir
Der Tiefbetrübten nach.

Nimm wieder deinen holden Leib und lehre,
Indem du dich erhebst,
Die Liebesbotin Nachtigall zu werben
Den süßen Gruß an mich!

Der zitternden Umarmungen mit Sinken
Des Hauptes im Genuß
Mit dir, gedenk ich heimlich, o Gedenker,
Und meine Ruh ist hin.

Noch hält, den du um meine Glieder schlangest,
O Wonnekundiger,
Mit eigner Hand, der Jahresblumenschmuck, und
Dein schöner Leib ist hin!

Du von grausamen Göttern abgerufen
Inmitten des Geschäfts:
Hier meinem linken Fuße sind die Farben
Noch anzulegen, komm!

Ich will auf Schmetterlingswegen kommend
Dir wieder ruhn im Schoß,
Eh du von artigen Götterfraun im Himmel,
O Freund, mir wirst verführt.

›Getrennt von ihrem Gatten, hat die Wonne
Ein Stündchen noch gelebt,‹
Das wird ein Schimpf beständig hier mir bleiben,
Auch wann ich folgte dir.

Wie soll die letzten Ehren ich erweisen
Dem Hingeschiedenen,
Da du mir bist verschwunden mit dem Leben
Und mit dem Leib zugleich?

Nun denk ich, wie im Schoß den Bogen haltend
Du schnitzend an dem Pfeil,
Sprachst lächelnd mit dem Lenz und aus dem Winkel
Des Augs ihn schieltest an;

Wo ist der Busenfreund, der deinem Bogen
Die Blumen gab, der Mai?
Es hat doch Shiva's grimmer Zorn nicht auch ihn
Dem Freunde nachgesandt?«

Von ihren Klagen, wie von giftgesalbten
Geschossen herzenswund,
Trat nun, zu trösten die betrübte Wonne,
Sichtbar der Mai heran.

Ihn schauend weinte sie erst recht, indem sie
Des Busens Fülle schlug;
Wohl tritt in Freundesgegenwart der Schmerz wie
Aus offnem Tor hervor.

So sprach die Schmerzenreiche: »Sieh, was übrig,
O Frühling, ist vom Freund!
Verweht vom Winde wird dies Aschenhäufchen,
Schillernd wie Taubenhals.

O zeige dich, Gedenker, doch! es steht hier
Der sehnsuchtsvolle Lenz;
Bleibt Männersinn, den Frauen unbeständig,
Doch wohl den Freunden treu.

Durch sein Geleit war Untertan der Götter
Und der Dämonen Reich
Einst deinem lotosbastbesehnten Bogen
Mit weichem Blumenpfeil.

Der Freund, einmal gegangen, kehrt nicht wieder,
Erloschner Lampe gleich;

Ich bin der Docht von ihr: sieh, wie der Kummer
Unleidlich mich umqualmt.

Das Schicksal tat nur halb sein Werk, das leben
Mich ließ bei seinem Tod.
Wenn Elefant den Baum brach, der sie trug, muß
Die Ranke fallen auch.

Drum ohn' Aufschub sei von dir, o Edler,
Das Freundeswerk getan:
Mit Flammenspende förder' mich verlassen
Zu meinem Gatten hin.

Nachtlilie geht mit dem Mond, es schwindet
Der Blitz mit dem Gewölk;
Das Weib geht ihrem Gatten nach, das weiß auch
Die leblose Natur.

Die Brüste will ich färben mit der Asche
Des holden Leibes hier,
Und wie auf jungen Laubes Bett die Glieder
Strecken auf Feuersglut.

Du hast so oft, o Schöner, mit uns beiden
Auf Blumenpfühl geruht;
Nun schichte schnell den Holzstoß mir! fußfällig,
Handfaltend bitt ich dich.

Die Flammen dann, die mich umfassen, rege
Mit Südwindhauchen an!
Du weißt, daß Kâma keinen Augenblick ja
Kann ohne Wonne sein!

Ist das getan, dann gieß uns beiden eine
Schale voll Wasser aus,
Die ungeteilt mit mir zugleich dort oben
Genießen soll der Freund;

Und bei dem Totenopfer weih', o Frühling,
Das schwankende Gesproß
Des Mangezweigs dem Freund, weil er vor allen
Die Âmrablüte liebt.«

Sie sprach's, bereit zu sterben, als aus Lüften
So eine Stimme scholl,
Die sie belebte, wie der erste Regen
Den Fisch im trocknen Teich:

»Gattin des Blumenwaffnigen! nicht lange
Bleibt unerlangbar dir
Der Gatte, der nun ward zum Schmetterlinge
In Shivas Augenglut.

Wann Shiva freit, von ihrer strengen Tugend
Gerührt, die Pârvatî,
Gibt sein erfreuter Sinn dem Liebesgotte
Auch seinen Leib zurück.

Darum behalt', o Schöne, zur Vereinung
Des Gatten deinen Leib!
Der sonnenbrandgetrunkne Bach kommt wieder
Bei Sommers End' in Fluß.«

Der unsichtbare Ruf macht' etwas wanken
Der Wonne Todsentschluß;
Und darauf fußend, tröstete der Freund sie
Mit angemessnem Wort.

Doch Kâmas Gattin, gramgenaget, harrte
Des Ausgangs ihrer Not,
Als wie des Abends harrt am Tageshimmel
Der bleiche Sichelmond.

König Nala's Frühlingshofhalt

(Aus dem »Nalodaya«.)

So ward nun einzige Lust zuteil
In seinem Hause Nala dem Erkämpfer
Des einzigen geliebten Weibs,
Dem herrlichen Feindübermutesdämpfer.

Als ein Kraftmeer strahlt der König,
Und sie schimmert wonnefeucht;
Und der Frühling kranichtönig
Zieht nun auf mit Lustgeleucht.

Die wie vor Scham am Grund sich barg,
Die Wasserlilie richtet auf der Morgen
Mit reisährblanker Strahlenhand,
Darum sind nun die Bienen ohne Sorgen.

Das Gefilde vom Krächzen der Kraniche tönt,
Da bekrönt sich mit Grün der Geranienstrauch;

Das Gewässer, von reinen Nymphäen verschönt,
Zu bezaubern, o wen denn vermag es nicht auch?

Aus Winterschnee-Eismassen brach
Hervor die übermächtige Macht der Sonne;
Vor ihr und vor'm Glutschlangenpfeil
Des Kâma flieht der Held ins Haus der Wonne.

Von Kâmas Nadel, die das Herz
Der Welt durchbohrt, brach auf die Campakblüte;
Sie hegte solche Pein, wie hegt
Getrennter Gatten sehnendes Gemüte.

Am dünn und hochbelaubten Zweig
Quoll die Palâshablüte blutgerötet,
Dem Fleische gleich des Wandrers, den
Voll Gier der schnöde Dämon Kâma tötet.

Brunstschrei heben, von des Lenzes Kraft durchgoren,
Jetzt die mächtigen Elefanten;
Ihre Zähne, Mondsicheln gleich, durchbohren
Jeden jetzt vom Weib verbannten.

Wer einem holden Weibe nun
Schmerzbringend, seine eigne Lust verstöret,
Verzweifelt, wenn wie Vorwürf' er
Im Blütenstrauch die Bienen summen höret.

Nun zu Kâmas Kampfplatz schmückt sich
Das Gefild, wo Kranich tönt;
Seiner hohen Herrschaft bückt sich
Alles, was nach Liebe stöhnt.

»Vom Frühling angeregt, wie kann
Ein Mann, der liebt, nun leben fern vom Weibe?«
Denkt eine Schön' und nippet Wein;
Was tut man nicht, daß man den Gram vertreibe!

Wo den Liebsten nun die Schöne
Spröde meidet, horch, ihr grollt
Kokila, der seine Töne
Liebeszornig gurgelnd rollt.

Der kühle Mond strahlt Glanz und Reif,
Das Lied des Kokila macht Âmras reifen.
Trägt nicht der Pfau im Tanz den Schweif?
Und läßt er rings nicht seine Rufe schweifen?

Wer trägt zur Zeit, wo Mangos blühn,
Der Trennung Schmerz? und welches Weib gedenket
Beim lieben Freund des Wörtleins nun,
Das an mit »Ha« hebt und mit »der« sich senket?

In Kâmas Dienste schwärmt von Baum
Zu Baum ein Schwarm liebschwärmerischer Immen,
Nippt Süßes und gibt süßen Ton,
Davon des Lenzes Süßen frisch erglimmen.

Zu seinem stolzen Herzgespiel
Sucht nun den Weg ein Liebender, verwirrt
Vom Frühlingshimmel, der umwölkt
Vom regen Bienenschwarmgewimmel schwirrt.

Wer irgend nun gehet vom Hause der Braut,
Und hat nicht ein stilles Verlangen gestillt;
Es wird ihm, von grauser Umnachtung umgraut,
Begegnen ein Gegner, der Tod, der ihm gilt.

Die Törin, die statt zu dem Freunde zu gehn,
Nun schmollend beim Flechten von Kränzen verweilt,
Wird, von ihm geschieden, bestrafet sich sehn,
Mit Reueverstummung vom Himmel ereilt.

»Weit schaust du mit blühenden Augen im Raum,
O Baum auf der Höh', den kein Kummer befiel!
Erblickst du den Liebsten, so sag' ihm, o Baum:
Hier spielet im blühenden Lenz dein Gespiel.«

So zum Baume tretend sprach sie,
Der zurück ihr gab kein Wort;
Nur der Liebe Schlange stach sie,
Nicht den Liebsten fand sie dort.

Welch reizend Weib erträgt den Gott,
Der Blumenpfeile schießt und wohnt in Herzen?
Am Tage, wo den Frühling fühlt
Die Bien' und summet ihre Liebesschmerzen!

Er, dessen Feinde Toren sind,
Fürst Nala, frauenliebeslustgegattet,
Vom Liebesgott gekettet, geht
Zum Garten, von Mandâren überschattet.

Ihm, dem ruhmreich hochgewichtigen,
Lacht die Gattin mild und rein,

Ihm, dem mondgleich-angesichtigen
Im gleichparadiesigen Hain.

»O kehr hierher den hellen Blick!«
So ruft den gartenwallenden Frau'ngestalten
Je Freund und Freund, den spangenreich
Geschmückten, deren Fülle schwoll in Falten.

Dort die gekränkte Stolze will
Nicht gehn in blütenbaumbewachsnen Gründen;
Jedoch für reiche Blumenspend'
Empfängt der Freund Vergebung seiner Sünden.

Eine Vermittlerin spricht:

»Gepriesene Schönheit, o Kind, dir sei kund,
Wie zehrend dein leichterer Zorn auf ihm liegt.
Soll hier sein verbleichender blühender Mund
Verhauchen den Geist, dir zu Füßen geschmiegt?

»O komm, eh des Frühlings fröhliche Frucht
Die Frische verlieret, o komme du jetzt
Zum Garten, und Köstliches kost' auf der Flucht!
Im Lenze zuletzt sich zu letzen, verletzt.«

Der listigen Lockerin lauschte mit Lust,
Die Stirn vom gelösten Gelocke geschwärzt,
Das Mädchen, und suchte mit klopfender Brust
Den Freund, der nun fröhlich im Grünen sie herzt.

»Am Rande des Weihers still und hell,
Mit Blütensaugern und mit ruhenden Kran'chen,
Was soll dein Stolz?« – so zog sein Freund
Die Liebste nach mit Schmeichelwörtchen manchen.

Am Baume stand ein andres Weib
Und wollte pflücken seine roten Blüten;
Die roten Blüten wurden blaß,
Als ihres Lächelns weiße Lichter sprühten.

Zum Bassin tritt eine Schlanke,
Das des Baumes Fuß benetzt;
Selbst wie eine Schlingblütranke
Schlingt sie um den Baum sich jetzt.

Vom Wuchs der Rankgewächs' umrankt,
Ward lange nicht vom Freund erkannt die Schöne,

Bis sie verriet der Freundinnen
Gelächter und der Bienen Lustgetöne.

Zur Heilung ihres kranken Aug's,
Das Blütenstaub getrübt im Aufwärtsblicken,
Stellt eine nah vor'm Freund sich hin,
Mit Antlitzstreifung schlau ihn zu bestricken.

Zwar schuldbewußt weiß jener sich
Der Unschuld Schein durch Redekunst zu geben;
Und sie, die Gute, zürnet ihm
Nicht länger, den sie liebt als wie ihr Leben.

Ein andrer macht von Schuld sich frei,
Da er in Staunen wandelt das Erboßen
Der Schönen, wie er so gewandt
Den Frühlingswald beschreibt ohn' anzustoßen.

Von der stolzen Glanzgeschmückten,
Die er ewig lieben muß,
Wird zuteil dem Hingebückten
Auf das Haupt der Tritt vom Fuß.

Fraun, die schönstes Haus bewohnen,
Lockt es nun zur Flur hinaus,
Wo hoch in Tamâlakronen
Weht Malayalüftesaus.

Die Männer frohlustwandelnd so
Mit jenen durch des Haines Blütenprangen,
Nun mit den Schönen kamen sie
Zum lotosüberblühten Teich gegangen.

»Was gehst du hin zum Teich, o du
Mein Himmelshulden-Nektarmeer-Gestade!«
Rief Nala, der verliebte Fürst,
Und folgt zum Teiche Damayantîs Pfade.

Des Edlen Sinn gefangen nahm
Der reine Glanz am ungetrübten Weiher,
Dazu die laute Wasserschar,
Schwan, Möwe, Kranich, Pelikan und Reiher.

»Was ist da für Gefahr am Rand
Der schmalen leicht bewegten Flut zu kosen?
Was zittern scheue Kinder so
Zu nah'n dem Wasser hier dem walfischlosen?'

Weggeflogen ist die Biene
Vom Nymphäen-Düftestaub
Weil sie blühende Frauenmiene
Lüstern macht nach süßerem Raub.

Vom Nalafrauenchorgeleit
Dem lusterglühten, spielend umgewendet,
Hat mancher stille Lotosbusch
Verstörtes Bienensummen ausgesendet.

Eingetaucht im Flutenglanze,
Überfällt die zarten Frau'n
Vor des Sees vom Lotostanze
Angeregter Well' ein Graun.

Alsdann aus schaumbekrönter Flut,
Wie Göttinnen aus sternbekränztem Himmel,
Aus kranichlautdurchtönter Flut
Ans Ufer stieg das weibliche Gewimmel.

In der Reize Fülle schwankend,
Alle Bienen lockend nach,
Hell wie Abendsonne wankend,
Suchen sie das Wohngemach.

»Gib Lieb', eh' Liebe stirbt mit mir!
Krank macht mich Lieb' am Leben und am Leibe!«
So trat ins liebgeweihte Haus,
Ins himmelgleiche, Nala mit dem Weibe.

Die Sonne war zum Abendrot
Gelangt, dem Lotos war sein Glanz entwichen;
Zur Diebin ward sie offenbar
An ihm, den ihre Strahlenhand beschlichen.

All von wannen, all von wannen
Wonn'ges Sonngefunkel wich,
All von dannen, all von dannen
Dehnte düstres Dunkel sich.

Nun hat den Sonnenuntergang
Gebracht der Abend, Vogelsang verbreitend,
Den Himmel wie ein Baldachin
Bestirnend, und den Herden Ruh bereitend.

Nun erglänzt die Luft vom Strahle
Dessen, der dem Meer entsteigt,
Und sich gleich der Silberschale
Zum Spendeopfer Kâma's zeigt.

Ihm, der mit dunkeln Flecken schmückt
Sein Antlitz – welches Weib, vom Freund getrennet,
Vermag ihn anzusehn, den Mond,
Der Nacht für Nacht verliebte Wandrer brennet?

Nun die Welt mit Glanz bedeckend,
Träufelnd nachtgekühlten Tau,
Weiße Wasserlilien weckend,
Wacht der Mondschein auf der Au.

Wie mit Kunst die Männer werben
Flehentlich um Frauengunst,
Durch Erniedrungen erwerben
Sie Erwiderungen der Brunst.

Die in Liebesflammen ächzten,
Alle nun mit Scherzetausch,
Wie nach Amrit Götter lechzten,
Lechzen sie nach Trank und Rausch.

Spröde weich, die Weichen machte
Spröde das genossne Naß;
Neuen Liebesglanz entfachte
Den verwirrten Scharen das.

Vom süßen, bien'umschwärmten Saft,
Der Kraft hat, jeden Liebanstoß zu glätten,
Genetzt nun und geletzt entrafft
Die eil'ge Schar sich zu gewölbten Betten.

Lose Freundeshände lösen
Unter mancher Nagelspur,
Lässiges Frau'ngewand und bloßen
Lustvollschwellende Lendenflur.

Den Schönen, deren Schönheitsruhm
Im meerumschäumten Erdenrund erschollen,
Den jungen Frau'n und Jünglingen
Ist volle Lust bei Kâma's Fest entquollen.

Als wie im Tanz, mit Wonnausruf,
Schwoll hier die Fülle lustbewegter Glieder;

Auf Freundesbrust klang Frauenspang'
Und floß des Haar's gelöster Perlstrang nieder.

Aber ihr, der falschelosen,
Sich in Wonne wiegenden,
Weihte Nala minn'ges Kosen,
Ihr, der Shrî-besiegenden.

Sie, ohne Sorgen, ohne Trug,
Begehrte sittig Nalas Lustbegehren;
Er, ihrem Willen willig, war
Bestrebt ihr hohes Freudenspiel zu mehren.

So lebte, bis die Kali-Macht
Ihn traf mit unheilschweren Truggewalten,
Der König froh in Glückes Kraft
Der reichen Schätze seines Reichs zu walten.

Hoher Herrschaft Hort und Hüter,
Durch der Gattin Wahl beglückt,
Thront er wie der Gott der Güter,
Wie Kuvera, glanzgeschmückt.

2. BHÂRAVÎ

(Aus dem »Kirâtârjunîya«)

Reis und Wasserlilie

Der breitgerispete, durch Reifheit seiner Frucht
Zur Rötlichkeit gelangte Halm vom Reise
Neigt sich zu der dem Wasserfeld entblühenden
Nymphä' und küßt die dunkle, duft'ge leise.

Gefärbt von Wasserlilien-Staubfädenglanz,
Von Lotosblätterschimmer überflogen,
Die Flut, gerötet von des Reises Ährenwuchs,
Scheint ein entflohnes Stück vom Regenbogen.

Von der verachtungsvollen Wasserlilie
Verschmäht, wiewohl vor ihr sein Haupt verneigend,
Gelangt der Reis hier, dorrend mitten in der Flut,
Zur Bleichheit, sich als liebverbrannter zeigend.

Nymphäentanz

Vom sanften Wind bewegt, ist fröhlich
Hier ein Nymphäentanz zu schauen,
In Wassern, die sich leise furchen,
Wie muntrer Frauen Augenbrauen.

Liebesspiel

Der aus dem Auge mit Mundes Wind fürwahr
Ein Blütenstäubchen nicht zu bringen ist imstand,
Die Schöne stößt, von seinem Atem aufgeregt,
Ihn stürmisch mit des hochgeschwellten Busens Rand.

Badeszene

Mit lotosbewegendem Fischgeschnalz,
Mit Wellenschlag am reinen Gestade,
Mit lauter Stimme von Möw' und Schwan
Rief gleichsam der Strom die Frau'n zum Bade.

Vom glutendämpfenden, Lotosduft-
Verhauchenden, wehenden leis' und linde,
Geboten ward, gleichsam den Schönen der Arm
Vom wellenkranzumfangenden Winde.

Durchs erste Tauchen der muntern Schar,
Die strebend schwellende Lenden stemmte,
In Unruh kam die geteilte Flut,
Die strandwärts ihre Kraniche schwemmte.

Durch der Gandharven felsige Brust,
Und der Himmelsfrauen strotzende Brüste,
Beschäumter Welle zum Ufer geführt,
Wird bleich das Wasser, als ob sich's entrüste.

Abstreifend Sandelsalbe dem Leib,
Frau'nlocken wirrend, und Kränz' entflitternd,
Zu großer Vertraulichkeit schuldig, ward
Das Wasser gleichsam vor Strafe zitternd.

Den vor der Nebenbuhlerin ihr
Der Freund auf die schwellende Brust gedrücket,
Sie läßt nicht los den zerwässerten Kranz;
Nicht ist's ja der Stoff, was die Liebe beglücket.

Die glänzenden Ohrgehänge der Frau'n,
Vom Wasser genommen, im Wellengeflüster
Umtreibend, sind nun kläglich zu schau'n
Wie ihrer Würden entsetzte Minister.

Mit abgespületen Schminken des Aug's
Und der Lippe, die Frau'n, die doch entzücken,
Betrachtend, haben Gandharven erkannt,
Daß selber den Schmuck nur der Leib kann schmücken.

Nie so verbrannt' er im vollsten Putz;
Gewählt um des Freundes Herz zu gewinnen,
Wie feucht nun verbrennt der schöne Leib
Die Augen der Nebenbuhlerinnen.

Im Wasserwirbel von Frauenhand
Geschlagen, ist Trommelgetön angebrochen,
Wozu im Takte bewegt aufführt
Herzraubende Tänze das Busenpochen.

Nymphäen verlachende, lächelnde
Frau'nangesichter im Wogenbilde
Belohnen schmückend den Strom dafür,
Daß er den Nymphen sich zeigte milde.

Vom schnalzenden Fisch an der Hüfte berührt,
Vor Schreck ausbreitend des Arm's Gezweige,

Ein Schauspiel bieten die Schönen dar
Den Freundinnen selbst, den Freunden geschweige.

Als wie aus Furcht vor dem Fisch in der Flut,
Hat eine Spröde den Freund umschlungen;
An Schönen gefällt ein verstelltes Tun,
Aus unverstellter Neigung entsprungen.

Durch ihre vom Untertauchen verwirrt
Ergossenen Locken verhüllt, erlangen
Fraun'angesichte den Schein von Nymphä'n,
An welchen Trauben von Bienen hangen.

Ausstreckend der Hände junges Gesproß
Im Wasser, eia! dem gar zu tiefen,
Ward Freundesumfahung der Stolzen zuteil,
Ohne daß sie Gespielen als frech beriefen.

Von Freunden mit Händen voll Wasser bespritzt,
Indem sie nun dehnen die Brust mit Stöhnen,
Und ringen die Hand mit Gebärdenspiel,
Erreichten den Zweck die koketten Schönen.

Als der sonst spröde Freund nun galant
Sich erweisend, eine spritzt' ins Gesicht,
Stahl gleichsam mit blinzelnden Augen dies
Der Nebenbuhl'rinnen Wangenlicht.

Entsalbetem Aug' hat der schmachtende Blick,
Entschminketen Lippen das leise Leben,
Der Stirne, des Stirnezeichens beraubt,
Hat *Schmuck* die matte Falte gegeben.

Die augendrehende, zwickende Schar,
Die mit dem Freund um die Wette tauchet,
Mit zitternden Gliedern und atmender Brust, –
Hat Mattheit, hat Anmut sie angehauchet?

Nach anderem Strand verliebte Vögel scheuchend,
Verstörend friedliches Nymphä'ngeschlechte,
Nun aus dem Bade stiegen sie mit blanken
Halsketten, wie sternflimmerreiche Nächte.

Von Sandelduft gefärbt, bunt überstreuet
Von Flittern und geborstner Perlenkette,
Glich, von den Frau'n genossen und verlassen,
Das Wogenbett nun einem Liebesbette.

Sonnenuntergang

Da begierig mit Strahlenhänden
Sie der Nymphäe Nektar getrunken,
Ist die Sonne berauscht zur Erde,
Rotgewordenen Leibs, gesunken.

Wie seinem Ruf der Nachtgetrennte
Hin nach der nahen Gattin lenket
Hat der Nymphäe blühend Antlitz
Erloschner Freude sich gesenket.

Verlassend nun die nachtgetrübten
Geschlossenen Nymphäenkronen,
Entflieht der Glanz zum Sternenhimmel;
Denn jeder will im Sichern wohnen.

Die Salbung des Liebesgottes

Zur Salbung Kâma's hat die Schöne
Der Nacht nun den mit Lotossprossen
Bestreuten Silbernapf voll Glanzflut,
Den Mond voll Flecken ausgegossen.

Kâma's Grausamkeit

Umarmung unter Nägelzeichen,
Kuß unter dichten Zahneindrücken;
Ja, der sich nennt den zarten, weichen,
Herb ist selbst Kâma im Entzücken.

Die rote Fußspur

Mit dem saftigen Lack der Sohlen
Zeichnet die wandelnde Frauenherde
Pfade, daß gleichsam von Indrahirten
Wimmelt die gräsergerötete Erde.

3. Amaru

Anrufung Pârvatî's

Der mit Liebesringspiel-Handgriff Händerücken-zeichnenden
Nagelspurenglanz umhersprüht, hüt' er gnädig dein Geschick:
Er, der lustvoll Karnapûren-Blütensproß-umschwärmender
Bienen Schwärmereien anregt, Ambikâ's Streifseitenblick!

Anrufung Shiva's

Der weggeschleudert an die Hand sich hangende,
Zurückgestoßen schmiegende sich ans Gewand,
Haar fassend weggedrängte, Fuß-umfangende,
Nicht mehr gesehen dann, weil die Besinnung schwand;
Der von den Mädchen Tripura's mit Schaudermut
Umarmend abgeschüttelte, mit Tränenflut
Zurückgewiesne Werber, ungedämpfter Glut,
Verbrenn er eure Sünden, Shiva's Rohrpfeilbrand!

Anrufung der Geliebten

Das seine Locken wirr bewegt,
Sein Ohrgehänge schütternd regt,
Mit feinen Tropfen Schweiß verwischt Shrî-Mal an Stirn
und Wange,
Es, dessen Auge schmachtend bricht
Im Wonnenrausch, das Angesicht
Der Liebsten hüte dich, wozu bedarfs der Götter lange?

Mit den schmachtend liebefeuchten Blüten, die sich knospig schließen,
Bald anblickend auf sich tun, sich schamschwank wenden ab mit Nicken,
Mit den Augen, die der herzverwahrten Regung Sinn ergießen,
Sprich, o Mädchen, welchen Sel'gen du damit heut an wirst blicken?

Die Zwischenträgerin spricht:

Bewerbung wandtest du an sie, und lange Zeit war sie von dir geehret;
Wie bist nun du's, der durchs Geschick die Jugend ihr in Traurigkeit verkehret?
Nicht auszuhalten ist das Leid, kein tröstend Wort kann ihr zu Herzen dringen;
Soll, Unbedachter, weinend laut die Freundin sich ins Leutgerede bringen?

Zurede

Draußen sitzt, und schreibt am Boden, dein Geliebter hingeneigt,
Deine Mägde mit verweintem Aug' enthalten sich der Speise,
Selbst der Papagei im Käfig stellt sein Plaudern ein und schweigt;
Und dich selbst verstört der Unmut; Spröde, laß nun diese Weise!

Sie nehmen mit Gewalt den Mann, die Weiber, lassen sich's nicht wehren.
Was zagst du dumpf und klagst du dann? Tu ihnen nicht was sie begehren!
Ein hold, jung, herz'ger Lustgesell, der wird sich dir zum Freunde schicken,
Vielleicht ist er noch feil; geh schnell, und fang ihn ein mit hundert Stricken!

Die Hinrichtung

Mit Armgerankes schwanker Kett' m Zorne fest geschnüret,
Im Lustgemach am Abende den Mägden vorgeführet,
»Tust du mirs wieder?« angelallt, Verbrechens überführet,
Von der Geliebten, welche weint, wird wie es sich gebühret
Gerichtet hin der Glückliche, den es zum Lachen rühret.

Kindische Zeitberechnung

In zwei Stündchen, oder bis zu Mittag oder Nachmittag,
Oder wann der Tag ist um, wirst, Liebster, du zurück doch kommen?
So ihn, der zur Reise, die wohl hundert Tage währen mag,
Eben geht, hält sie mit Worten, die von Tränen sind umschwommen.

Der Abschiednehmende

»Kommen doch wieder, die gehn! Mach, Schönste, dir keine Gedanken!
Sieh mich so bleich nicht an!« – Da ich mit Weinen es sprach:
Ach, von ihrem betränten, vor Scham mattsternigen Auge
An mit Lächeln geblickt, ging ich, dem Tode geweiht.

Hörend in schweigender Nacht dumpfrauschenden Regengewölkes Ton,
Langaufseufzend ans Weib, das verlassene, denkend in Zähren
Weinte ein Wandrer so laut aus offener Kehle die Nacht durch,
Daß die Bewohner des Dorfes im Dorfe die Rast ihm verwehren.

Da ich nur einmal im Schmerzzorn »geh doch!« sprach mit barschem Ton,
Ging er gleich, das Felsenherz, vom Bette mit Gewalt davon.
Solches hastig treubundbrechend unbarmherz'gen Mannes nun
Denkt die Seele schamlos wieder! Freundin, o, was soll ich tun?

Der bestrafte Plauderer

Da was das liebende Paar in der Nacht sprach, immer am Morgen
Plaudert der Hauspapagei, wirft die sich schämende Braut
Einen Rubin, als sei es ein rötlicher Kern der Limone
Ihm in den Schnabel und stopft also dem Schwätzer den Mund.

Die Gekränkte weiset den Untreuen auf die ihr nicht entgangenen frischen Zeichen seiner Untreue hin

Mich verachtlich abgewandte, schwergekränkte zu umfangen
Wirst du unverständig, Frecher, ja so weit hast du's getrieben!
Sieh hier deine Brust gerötet von – es ist mir nicht entgangen –
Von des Schätzchens dicker Schmink, und fett von Salben eingerieben.

Das Zusammensitzen wehrt sie durch Entgegengehn geschwind,
Und durch Betelbringensvorwand hemmt sie der Umarmung Brunst;
Anred' überhört sie durch Befehlegeben ans Gesind:
So befriedigt sie am Liebsten ihren Groll mit aller Kunst.

Doppelliebschaft

Scheuer Begier, da er sah zwei Schätzchen zusammen auf einem
Sitze, von hinten herbei schlich er, verhält wie zum Scherz
Einer die Augen, und leise, der Schelm, mit gebogenem Halse
Auf die errötende Wang' hat er die andre geküßt.

Da verschmäht den Fußfall sehend,
(Weg, Verworfner! schalt sie ihn)
Ab vom Gnadeflehen stehend,
Der Geliebte wollte fliehn;
Gab sie, auf den Busen stemmend
Ihre Händ' und Seufzer hemmend,
Aus dem Auge, dem betauten,
Einen Blick an die Vertrauten,
Welcher sagte: haltet ihn!

So den Gewandsaum gürtelgefestigt, wieder warum, nur
Schläft die blinzenden Augs? fragte der Freund ihr Gesind. –
»Schützt mich sogar nicht der Schlummer?« sie zürnt'
es und warf sich herum zum
Schlafen mit List, und es ward jenem ein Platz auf dem Bett.

Zweier auf demselben Lager abwärts redlos schmollender,
Gegenseitig herzergebner, aber ernsttun wollender
Gatten, wie die Blicke leise sich durch Augenwinkelstreifung
Mischten, schwand ihr Groll in Lachen unter fester Halsergreifung.

Der Sieger

»Was sie mir anhat, wollen wir sehn!« so faßt ich ein Herz mir.
»Redet er etwa mich an, der Verwegne?« trotzte mir jene.
Wie wir einer des andern Verlegenheit also erlauern,
Lacht ich mit List, da floß ihr die haltungraubende Träne.

Wie sie halbverlegnen Stolzes mit der Hand den Antlitzmond stützt,
Wie der Fußfall mir Ratlosem blieb zum einzigen Hort,
Ward von ihr mir unter wimpersaumgekräuselspaltendem,
Sich am Busenrande brechendem Tränenstrom das Gnadenwort.

»Ja trägst du nicht von eines Weibs Umarmung auf der Brust die frischen
Salbkrusten, suche sie nur nicht mit Kunst durch Fußfall zu verstecken!«

So da sie sprach; »Wie so?« rief ich, schnell die Spuren zu verwischen,
Umarmt' ich sie mit Ungestüm, daß sie's vergaß im frohen Schrecken.

»Du Frohaugige hast herzraubende Reize genug auch
Ohne Korsett« – da der Freund also die Schleifen ergriff,
Jetzt von der lächelnd am Bette gesessenen freundlich gegrüßt ging
Leise die dienende Schar, Listiges flüsternd, hinaus.

Ob Brauenfurchung sei beschickt,
Das Auge dennoch schmachtend blickt;
Und ob das Herz sich streng ummauert,
Die Haut des Leibes dennoch schauert.

Ist's Wort gehemmt, doch lächelvoll
Wird dieser Mund, der brennen soll!
Wie ist es möglich, sich zu fassen,
Wo sich die Männer sehen lassen!

»Liebste, bring mit Blickespielen hin die wen'gen Tage nur!« –
»Schön! Mit Blicken mag ich spielen, wo nicht öde steht die Flur.« –
»Sieh, auch kommen werd ich.« – »Kommen wirst du, Freunden bringend frohen Mut.«
»Und was soll ich dir mitbringen?« – »Eine Handvoll Gangesflut.«

Bei des Gatten erstem Fehltritt, keinen Rat der Freundin hörend,
Weiß sie nichts von leidenschaftlichen Gebärden oder Zanken.
Nur allein mit reinen Tränen Augen-lotose verstörend
Weint die junge Unschuld eben, daß die feuchten Locken schwanken.

Laß, Bester, es gesagt dir sein! Genug der Reden! Gehe!
Nicht die geringste Schuld ist dein, doch mein Geschick ist Wehe.
Wenn deine Lieb', einst also groß, ein solches Ziel nun findet,
Was kümmert mich das nichtige Scheinleben, ob es schwindet!

Hell klingt das Halsband auf der Brust, die Hüft' umhüpft der Gürtel
Mit Glockenspiel, der Knöchel tönt von Edelsteingespange.
Wenn du zum Liebsten gehend schlägst das Tamburin, o Mädchen,
Warum doch blickst du her um dich so bebend scheu und bange?

»Morgens morgens immer kommst du, nur im Schlummer mich zu stören,
Besserung geworden ist mir Armen nun nach schwerem Weh.« –
»Was verbrach ich Unbedachter?« – »Freundestreue brachst du, geh!«
»Du bist krank.« – »Und was ich tu', um zu genesen, wirst du hören.«

Vergleichung

Ein Mädchen sie, wir gramgebückt.
Ein frohes Weib sie, wir gedrückt.
Sie üppig schwellebrustig.
Wir kummerschwer unlustig.
Sie trägt der Lenden Fülle kaum,
Uns trägt der Fuß nicht mehr im Raum.
Nie wird an uns gerochen,
Was andere verbrochen!

Auf sind gebrochen die Spangen, und stets gehn liebende Tränen,
Fassung bleibet nicht mehr; Geist ist zu wandern gesinnt.
Alle sie ziehn mit dem scheidenden Freund; und, mußt du doch auch gehn,
Mußt es gegangen denn sein, Leben, was gehst du nicht mit?

Spröde die Lipp' einkneifend, erschreckt vorstreckend die Finger,
»Laß mich, Wicht!« so mit Zorn höher die Brauen gespannt,
Schaudernden Auges die Stolze; wer also sie küßt mit Hast, hat
Amrit, es rührten umsonst törichte Götter das Meer.

»Er schläft; geht schlafen!« sprach ich, und hinaus ging Dirn um Dirne.
Da drückt' ich liebewallend noch den Mund auf seine Stirne;
Bis ich des Schelms erlognen Schlaf am Schaur der Haut bemerkte;
Da kam mir Scham, die nahm er dann durch zeitgemäßeWerke.

Worin der Zorn ein Brauenfurchen, die Weigerung ein Schweigen,
Worin die Huld ein Wechsellächeln, der Blick ein Gunstbezeugen;–
Die Lieb', in der so lind war alles, wie ward sie so uneben!
O sieh, du windest dich zu Füßen, und ich kann nicht vergeben!

»Laß doch, Schönste, den Zorn, o sieh mich zum Fuß dir geneiget;
Nicht doch so grausamer Art sonst ist gewesen dein Zorn.«
Also da sprach der Gebieter, von ihr schrägblinzenden Auges
Wurde nicht wenig geweint, aber erwidert kein Wort.

Mit von Umarmungsdruck ausbrechendem Schauer der Brüste,
Mit von Wonnegewalt wogendem Lendengewand ;
»Laß mich, laß mich, genug!« so Töne gebrochene stammelnd,
Schläft oder stirbt sie,« vergeht oder vergehet in mir?

Wie er ans Gewand sich schmieget, neigt sie willig ihr Genick;
Wie er zur Umarmung drängt, enthüllt bescheiden sie den Leib,
Schweigend auf die Mägde, welche lachen, wendet sie den Blick.
Hold vor Scham verstummt beim ersten Minnescherz das junge Weib.

Nach zerbrochnem Freundschaftsbande, nach zerstobner
Hochbewerbungsehre,
Nach hinweggegangnem lieben Mann, als ob ein fremder Mann es wäre;
So betrachtend, so betrachtend, liebe Freundin, jene Tag' im Glücke,
Sagen kann ich nicht, warum das Herz mir nicht zerspringt in hundert Stücke.

Zwei Langgetrennte, sehnsuchtsweh-gewelkte Glieder habend;
Sich nun begrüßend, wie an neu gewordner Welt sich labend,
Antretend endlich ihre Nacht an langen Tages Ziele;
So süß wie ihr Gespräch vergehn kaum ihre Minnespiele.

Festlicher Empfang

Blicke, nicht Nymphäen, sind es,
Die sie schlingt statt Kranzgewindes;
Und ihr *Lächeln*, nicht Jasminen,
Soll zum Blumenstrauße dienen.
Ein schweißentbindend *Brüstepaar*,
Kein Opferkrug, bringt Weihflut dar.
Bei läßt sie nur die eignen *Glieder* steuern,
Zur Willkommspende dem erharrten Teuern.

Der Freund, im Magdgewand hereingekommen,
Und sich im Winkel schmiegend, schuldbewußt,
Ward von mir ungekannt in Arm genommen;
Ein Laut verriet ihm das Geheimnis meiner Brust,
Die nach Zusammenkunft mit ihm entstandne Lust.
»O Mädchen, das wird schwer sich fügen!«
Rief er, der fest im Arm mich nahm.
Leicht konnte mich der Schelm betrügen,
Heut, eben als der Abend kam.

Fußfall fürchtend, birgt sie sittig mit dem Kleid des Fußes Ort,
Unterdrückt mit Kunst ein Lachen, lasset ihren Blick nicht frei;
Red' ich an, so spricht zur Magd sie nebenaus ein letztes Wort.
Ei, daß ihre Sprödigkeit, die reizende, gesegnet sei!

Wieviel Spruch' ihr eingelehrt von klügeren Vertrauten waren,
Soviel sagt sie eilig her vorm Freunde, der sich schwer vergangen;
Dann sofort beginnt sie, wie es ihr ums Herz ist, zu gebaren;
O Natürlichkeit der Liebe, hold von Mädchentand umfangen!

Sehnsuchtsvoll, da von fern er nahete – staunend betroffen,
Als er den Gruß ihr bot, – rötlich vor Zorn, da den Arm
Er um sie schlang, – als ihr Kleid er umklammerte, wolkig von Braue, –
Als er zu Fuß ihr verstört stürzte, von Tränen gefüllt

Ward es, das *Auge* der Stolzen, o Wunder, das scharfblickreiche,
Weil es am Liebsten entdeckt eine verborgene Schuld.

»Woher der Glieder Schmächtigkeit? Das Zittern, wie?
Von wannen, O, Mädchen, diese bleiche Wang?« als so der Herr sie fragte,
»Das ist gekommen von ihm selbst«, antwortet die Verzagte
Und räumt die Tränen seufzend weg, die von den Wimpern rannen.

Vor ihr stand ich betreten, verwirrt durch Namensverwechslung,
Und aus Verlegenheit schrieb etwas am Boden ich hin.
Unglücklich lenkte der Züge Verschlingung, ach, zu Vorschein
Kam nun der Nam' auch dort, der mein Geheimnis verriet.

Hartherz'ge, laß den Irrtum, laß das ehrenrührige Schmähen,
Zu kränken einen Mann wie mich, ist, Teure, dir nicht beschieden.
Doch hältst du es für Rache, mein Kind, und meinst,es muß geschehen,
So tu mir, Liebste, was du willst, und sei mir nur zufrieden.

Lind den Staub der Flur besiegelnd, Eingang findend in die Ritzen
Des von Sturmwindskrach gebrochnen Hüttleins, die nicht sind zu stopfen,
Wo der arbeitsamen Bäurin sie den Schweiß der Brustbespritzen,
Fallen jetzt des Herbstes Candalblüt' erweckende Regentropfen.

Der Mond, zugleich getrunken mit dem Wein,
Wie er im Becher schwebt' im Widerschein,
Brach wohl die Stolzverfinstrung spröder Frauen,
Denn diese da läßt plötzlich Huld mich schauen.

Erinnerung an den Abschied

Heil dir, siehst du am Himmel die drängende Fülle der Wolken,
Freund, und eilest! – so weit sprach sie mit Mühe das Wort,
Lehnte sich hin dann auf mein Gewand, und schrieb an dem Boden;
Das nur konnte sie tun, da ihr die Stimme versagt.

Diese weitgeaugt-blicklüstige,
Vollgewölbet-schwellebrüstige,
Breitgelendet träge Gängerin,
Meine liebste Herzbedrängerin.

Ein mit Lack belegter, frühlingssprossenlinder,
Ein bespangter Fuß, ein schwer wollüstig träger;
Wo ein Tritt von ihm trifft einen Liebessünder,
Der ist dein, o sel'ger Delphinfahnenträger!

»Kind!« »Herr!« »Laß, o Gekränkte, den Groll!« »Was tu ich mit Groll dann?«
»Mir ist's leid.« »Nicht mein Herr kränkt mich, die Schuld ist an mir.«

»Nun was weinst du schluchzend?« »Vor wem denn wein ich?« »Vor mir nicht?«
»Wer bin ich dir?« »Mein Lieb!« »Nein! und ich weine darum!«

Winterbild

Die ringsum in des Himmels Antlitz streuen
Den hochentführten schneegeflockgepaarten
Jasminenblütenstaub, den zarten
Wohlduftigen, dessen sich die Bienen freuen;
Die gleichsam aus dem Liebespochen
Safrangesalbter Busen-Auen
Hervorgebrochen,
Frosteswonneschauer von dem Munde
Eintrinken rehgeaugter Frauen,
Die winterlichen Winde wehn zur Stunde.

Sie hört in stiller Nacht der ersten Wolke Dröhnen,
Und mit erschlafften Gliedern fällt
Aufs Bett sie, an den Boden hin mit Stöhnen,
Wo stützend sie die Hand betrübter Mägde hält.
Aus voller Kehle, wehgeschwellt,
Zuletzt ein Tränenstrom zerschellt
Am harten Busenpochen,
So weinet süß gebrochen,
Gedenkend an den holden Leib
Des fernen Freundes, das verlassne Wandrerweib.

»Warum hab' ich Törin nicht umhalst den Herzgebieter nun?
Seinem Kuß den Mund entzogen? Warum ihn nicht angelacht?
Angesprochen?« Also denkend an ihr jungfräuliches Tun,
Fühlt das junge Weib nun Nachreu, da ihr Herzchen aufgewacht.

Dessen Namen nur vernehmend, wolkenschaurig stehn die Glieder,
Dessen Antlitzmond erblickend, wird der Leib mondperlenfarb,
Wann doch wird von dem genahten halserfassungsungestümen
Lebensherrn der Stolz gebrochen meiner, die an Blitzen starb!

Der Morgenwind nach einer Lustnacht

Feucht von schöner schweißbeperlter Antlitzmonde Tropfenraub,
Schwanke Lockenfülle schüttelnd, rüttelnd Lendenhülle lind,
Früh im Frühling mit erblühter Wasserlilien Düftestaub,
Fächelnd, nächtger Lust Erschöpfung nehmend, weht der Morgenwind.

Glieder sandelstaubbleich, laubweich Lippen braun von Betelkaun,
Von Besprengungswassern trübe Augen, die von Salben taun,

Blumenwerkduftend-feuchtes Haarnetz, blaue Duftgewänder weit:
Solches gibt am Sommerabend lieben Frauen Lieblichkeit.

Etwas besser ist der Tag noch als die Nacht,
Besser doch die Nacht noch als der Tag verbracht;
Besser daß nur beides schwinde,
Wo ich nicht den Liebsten finde!

Zitternde Wasser im Auge, Beschwörungen, lieblicher Fußfall –
Zärtliche halten damit auf den Geliebten, der reist.
Hell sei, o gehe du nur, und heiter der Morgen zur Ausfahrt!
Was mir die Liebe gebeut, hörest du einst wann du kehrst.

Sie hängt sich nicht ans Kleid, die Tür
Nicht sperret sie mit Armerankenstemmung;
Die Kniee nicht umklammert sie;
Nicht: »bleibe, bleibe!« ruft sie mit Beklemmung.
Den Harten, der, wie regnerisch
Das Wetter sei, doch fort will ohne Hemmung,
Hält auf nur die vom Tränenguß
Der Schmächtgen eingetretne Überschwemmung.

Ich weiß nicht, wann der Freund erscheint
Und bringet Freundesrede vor,
Ob alle Glieder mir vereint
Im Aug' sind oder ob im Ohr.

Den Leib in Liebeswehn verzehrt der ungeschickte Kâma,
Und Tag' und Stunden zählt geschickt der mitleidlose Yama.
Du selber, doch ein Mann, erliegst der Krankheit im Gemüte,
Bedenke, wie soll leben erst ich zarte Frauenblüte!

Liebe, gegen den zu Fuß geschmiegten
Welche Härte! Gegen den besiegten
Treu ergebnen, Grausame, welch ein Verfahren!

So begütiget von Mägdesprüchen;
Ward von ihres Zornes Tränausbrüchen
Plötzlich stillgestanden nicht, noch fortgefahren.

Mein Leib ist einst gewesen vollkommen ungekränkt,
Dann wardst du Herzgeliebter, dem ich mein Herz geschenkt.
Nun bist du Herr, Gebieter, und was bin ich? Das Weib!
Doch halten diese Glieder, und nicht zerspringt der eisenfeste Leib.

»Törin, was willst du verbringen in törichter Trauer die Tage?
Fasse nur Mut! Tu ab Treu, und Beständigkeit laß!«

So von der Freundin ermuntert, erwidert die Schüchterne leis': »O
Wird mich nicht hören der Freund, welcher im Herzen mir wohnt?«

Je mehr ich trinke liebetrinkbegierlich,
Von der Geliebten reichem Lippensaft
Wird immer mehr mein Durst gereizt, natürlich,
Es ist darin Gewürzes Kraft.

»Wo in der wolkigen Nacht, Rehfüßige, trägt dich dein Weg hin?« –
»Wo der Geliebteste wohnt, welcher mein Leben beherrscht.« –
»Sprich, so einsam allein, wie fürchtest du nicht dich, o Mädchen?« –
»Ist mein Geleitsmann doch Kâma gefiederten Pfeils.«

Den sie mit dem Lotosfächer schlug,
Weil fremder Küsse Spur er trug,
Stand blinzelnd mit den Augen, daß sie glaube,
Die Sehe sei versehrt vom Blütenstaube.

Wie sie vor ihm nun stehet itzt
Und bläst, und ihren Mund wie eine Knospe spitzt,
Küßt er in einem fort, halb aus Verlegenheit?
Die Bebende, halb aus Verwegenheit?

Mag nur zerspringen das Herz! Mag Kâma nach Lust nur den Leib mir
Magern, o Freundin, nichts, nichts von dem Flatternden mehr!
Also rufend in Zornaufwallungen, blickte das Rehaug
Seitwärts aus auf den Pfad, ob der Ersehnte nicht naht.

»Siehe, das Bett von der Last in Umarmung zerriebenen Sandels
Ward hier, Zarte, zu hart«. Also empor an der Brust
Hob er mich rasch, die vom Schmerz eng pressenden Kusses verwirrt,
Und aufschürzend den Saum, tat was ihm ziemte der Schalk.

Als er zurück kam endlich, der lang mich Gekränkte vermieden,
Zeigt' ich, gemagert vor Weh, doch ihm die Träne des Zorns.
Aber, besorgt vor dem Hörvorwitz unduldsamer Mägde,
Erst mich allein im Gemach sehende, weint' ich mich aus.

Sie blickt, so weit die Blicke tragen, dort hinaus,
Von wo er kommen soll, bis zum Ermatten;
Doch ach, die Pfade sind geteilt, sich neigt der Tag,
Und immer finstrer dehnen sich die Schatten.

Da gibt sie ihre Hoffnung auf, und heimwärts tut
Sie einen Schritt, der kaum ihr geht von statten;
Da denkt sie »Kommen wird er jetzt!« Und noch einmal
Gereckten Halses blickt sie nach dem Gatten.

Angekommen war der Freund, der Tag in lauter Wünschen schwand,
Doch ein täppisch Fraungesinde dehnte das Gespräch der Nacht.
»Jemand sieht uns!« rief sie plötzlich, schüttelte das Florgewand;
Von der Lustbewegten ward die Lampe so zur Ruh gebracht.

Ohne daß du Sinneswandlung am geprüften Freunde spürtest,
Treuer Mägde Rat verachtend, warum hast du ihm getrutzt?
Da mit eignen Händen du um dich den Brand der Kohlen schürtest,
Der dich peinigt; Törin sieh, was nun dein Waldgewinsel nutzt?

Stille war alles im Hause, vom Lager erhob sie sich leise,
Schlich, und betrachtete lang' ihn, der den Schlummer nur log;
Küßt' ihn vertraut; da bemerkt sie die schauernde Haut auf der Wange;
Schnell das sich schämende Kind küßte der wachende Freund.

Ward nicht Sehnen reg im Herzen, schwollen weich die Brüste nicht?
Überzog den Leib nicht Schauder, Perlenschweiß das Angesicht?
Da ich schon beim Blick des argen trauten Fassungräubers schmolz,
O wie soll sich aufrecht halten der erkünstelt kluge Stolz?

Angeblickt ins trübe Auge, händefaltend angefleht,
Am Gewand zurückgehalten, unverstellt ans Herz gepreßt;
Da der Harte, von sich alles stoßend, unbarmherzig geht,
Sinkt sie hin, die erst ihr Leben und alsdann den Liebsten läßt.

Was mit Spitzen der Finger die rinnende Träne zerstreuend
Weinst du, Grollende, still? Lauter noch weinest du bald,
Deren erbittertes Wort ausschweifenden Stolzes durch Kränkung
Zum Gleichgiltigen wird wandeln den zärtlichen Freund.

Seinem Antlitz wend' ich ab das Antlitz, und den Blick zu Fuß;
Seiner Rede schließ' ich Ohren, schmachtend er nach einem Gruß.
Schauerschweiß mit Händen deck' ich, der aus beiden Wangen dringt.
Freundin, was tu ich, wenn am Mieder jede Naht mir springt?

Von ferne kamst du lächelnd mir mit Herzlichkeit entgegen,
Verneigend hörtest du mein Wort, antwortend unverdrossen;
Kein stumpfer Blick ward mein Empfang; was seh ich nun dagegen!
Hartherzige, ein stiller Groll hält dein Gemüt verschlossen.

Teilend das Lager mit ihm, den gebrochener Treue sie zeihet,
Ab sich wendend im Groll, wie er begütigen mag,
So hartnäckig verschmäht den Geliebten sie; bis er nun still wird;
»Schläft er wohl?« also den Hals recket sie und blicket nach ihm.

Hinging der Frühlingslüfte Chor, der Mallikâ-Blütenduft-.

Belad'ne Sommer schwand hin; o könntest du, Wolke, dies?
Mir treiben ein den harten Mann, der draußen in Berg und Kluft
Vorsteht den Kühn, Hirte würd' er leicht Arjuna's im Paradies.

Sie sah des eignen Nagels Mal auf meiner Wang' und ging berauscht
Von Eifersucht. »Wo gehst du hin?« so am Gewandsaum hielt ich sie.
Doch abgewandten Angesichts, betränten Auges: »Laß mich, laß!«
So zorngeschwellter Lippe was sie sprach, vergessen kann ich's nie.

Der lackbelegte, dem an Reiz kein Lotos sich vergleichen darf,
Der von Juwelenfersenglanz rotschimmerig bespangte,
Den die nymphäenaugige mit Heftigkeit die Zorn'ge warf,
Der Fuß auf meinem Scheitel als ein Glückes Zeichen prangte.

Die Wangen Lotosblätter, vom Schlag der Hand zerknittert ;
Des Lippensaftes Nektar, der Seufzer trinkt ihn leer.
Die Trän', am Halse hängend, den zarten Busen schüttert:
Der Zorn ist nun dein Liebster, Unhuld'ge, wir nicht mehr.

Lackspur über der Stirn, und am Hals Handspangenbesieglung,
Augschminkenschwärzen am Mund, Augen von Betel gefärbt; –
Wie sie den zornaufregenden Schmuck sah morgens am Freunde,
Haucht' ihr seufzendes Weh hinter dem Fächer sich aus.

Aus dem Aug auf des vor Brand vergehenden
Trennungswehverglühten Herzens Klopfen
Fallen der dem Freund Entgegenspähenden
Zischend wie auf heißen Stein die Tropfen.

Ihn, der unterdrückten Stolzes schweigend lag zu ihren Füßen,
Und verschmäht sich sehend, weg sich wendet jetzt und gehn will eben,
Hält ihr Auge, das beschämt sich unter steten Tränengüssen
Auf die Brust, bewegt von Seufzern, senkt, zurück aus Lust am Leben.

Wasser im Aug, das die Zarte gedämmt vorm Blick des Gebieters,
Einwärts gärend hat des Manmatha's Flamme bespritzt;
Siehe, von dieser im Sprühen gehemmten zieht aus dem Mund nun
Atmender Wohlduftsrauch, welcher die Bienen berückt.

Beschickt ist Brauenfurchung nun, befohlen ist dem Aug' ein Zwinken,
Gelernt ist Schmollen, eingeübt mit Sittigkeit das Lachenhalten.
Dem Herzen bracht ich endlich bei, in fester Fassung nicht zu sinken;
Die Anstalt ist zum Kampf gemacht; des Sieges mag dasGlück nun walten!

Manches Gebirg und Wälder mit erdebewässernden Strömen
Wehrt zu des Wanderers Blick dem, was er liebet, den Weg.

Ob er es weiß, doch reckt er den Hals, und tritt auf die Zehen;
Heimwärts blickend im Geist, schwindet in Tränen er hin.

Wenn du den Groll ins Herz, Flutlilienaugige, schlossest,
Sei er dein Liebster nunmehr, was zu bedenken ist noch?
Jene von mir dir offen gegebnen Umarmungen gib mir
Wieder, o gib nur zurück jeden gegebenen Kuß!

Ihr Schenkelpaar zwei Stämme der Kadalen,
Ihr Wuchs ein Strom, die Brüste lustgeschwellt,
Mit Anmutstau gefüllt zwei goldne Schalen,
Zu König Kâma's Krönungsfest bestellt.

Leichtsinnige, was ward von dir dein flehend hergekommener
Fußfäll'ger, wimmerweicher Freund mutwillig abgewiesen?
So magst du, Zuflucht suchend nun beim Weinen, mit verglommener
Lusthoffnung lebenslang die Frucht des bittern Grolls genießen.

So kläglich sang, erschüttert von flutschwerer Wolken dumpfem Ton,
Mit Tränen stiller Sehnsucht Weh der Wandrer in der Nacht.
Es lasse nur der Freund, der mit das Leben nimmt, sein Reisedrohn;
Da mir des Trotzes Grabeflut schon ein fremder Mann gebracht.

Dem ein frischer Kranz, ein feuchtes Kleid, ein Wasserlilienstrauß
Und Frosttropfen sprühnde Mondenstrahlen allenthalben
Nur zum Brennstoff dienen und die kühlen Sandelsalben;
Kâma's Feuer, kann es jemals in dem Herzen gehen aus?

Sie ist wie Gangâ, wenn im Herbste voll
Der Strom noch ist, doch nicht mehr überschwoll.
Als wie zwei Inseln tauchen auf die Wangen,
Darüber falterschimmrig Bachstelzen, lose Augen.
Und Kâma, der Candâle, spannt den langen
Braubogen, doch will er die Vögel fangen?
Zu Schlingen mögen ihm die zwei gewundnen Ohren taugen.

Um rehgeaugter Schönen Busen dehnen
Sich des Geschmeids geschmeidige Geflechte.
Fühllose Perlen selber fühlen Sehnen;
Was wir denn, Kâma's willenlose Knechte!

4. BHARTRIHARI

Die Stufen der Liebe

Was ist Edlen gut zu sehen? Liebchens klares Angesicht.
Was zu atmen? dessen Mundhauch. Was zu hören? dessen Wort.

Was zu kosten? dessen Lippe. Was zu fühlen? dessen Leib.
Was zu denken? dessen Anmut. Reizend ist es allerwärts.

Sagen denn nicht unsre Dichter etwas sehr Verkehrtes
Von den Frauen, wenn sie stets von schwachen Frauen reden?

Die, von deren schwanker Augensterne Blitz getroffen
Himmelsgötter selbst erliegen, sind die schwach zu nennen?

Ohne daß die Locken flattern und sich weit das Aug' auftut,
Ohne daß die Lippen aufgehn mit der reinen Zähne Glanz,
Ohne daß die Perlenschnur schwankt auf des Busens Doppelhöhn,
Auch in völl'ger Ruhe setzt in Unruh' uns ein schöner Leib.

Scheine Lampe, glänze Feuer, leuchte Sonne, Mond und Stern;
Fern von euch, Gazellenaugen, ist die Welt mir Finsternis.

Sieht man sie nicht, begehrt man sie zu sehn nur,
Und sieht man sie, wünscht man sie bloß zu küssen,
Und wenn man dann sie küßt, die Großgeaugte,
Verlangt man völlig mit ihr zu verwachsen.

Der an die Brust gesunkenen mit aufgelösten Locken,
Der noch ein wenig blinzenden mit zugeknosptem Auge,
Der von des Liebeskampfes Schweiß am Wangensaum betrieften
Geliebten Frauen Lippenseim, ihn trinken Hochbeglückte.

Wenn der Freund im Regengusse nicht das Haus verlassen kann,
Und des Frostes wegen fester ihn die Schöne drückt ans Herz,
Dann der Wind mit kalten Tropfen ihre Lustermattung kühlt,
Wird das schlechte Wetter gutes für beglückte Liebende.

Ihr wählt euch eure Meister von den frommen Schriftgelehrten,
Doch wir, anmutig redender Poeten Jünger sind wir.
Denn nicht in jenem Leben gibt's ein höhres Glück als Tugend,
Doch keine Lust in dieser Welt als klargeaugte Frauen!

Sich selbst und uns betrügt der Schriftgelehrte,
Der ungebührlich schöne Mädchen schimpft.

Zwar ist das Paradies die Frucht der Buße,
Doch Mädchen sind die Paradiesesfrucht.

Nenne nur das Weib! und weder Gift noch Nektar gibt es sonst;
Abgeneigt ist sie ein Giftbaum, zugeneigt ein Nektarzweig.

Mit dem einen kost sie traulich, nach dem andern blickt sie hold,
Denkt im Stillen an den dritten; wen denn liebt sie eigentlich?

Als uns umgab Unwissenheit verliebter Finsternisse,
War in Gestalt des Weibes uns die ganze Welt erschienen.
Nun unser Aug' erhellet ist von bess'rer Einsicht Salben,
Erkennt der einsgeword'ne Blick die ganze Welt als Brahma.

Fünf Sprüche eines indischen Weisen

1

Was ist Gewinn? mit Guten streben.
Was Schaden? unter Toren leben.
Was ist Verlust? verlorne Zeit.
Der beste Witz was? Redlichkeit.
Der rechte Mut? vorm Bösen scheu.
Das beste Liebchen? Ehweib treu.
Was Reichtum? seine Kunst verstehn.
Was ist Glück? nicht auf Reisen gehn.
Was Königsmacht? die Seinigen sich gehorchen sehn.

2

Die arm sind an bösen Worten,
Reich an guter Reden Horten.
Nicht verleumden, noch lügen,
Und mit ihren Fraun sich begnügen:
Wo immer sie sind erschienen,
Die Erd' ist geschmückt mit ihnen.

3

Von eines Helden Fußtritt nur
Wo berührt wird die Erdenflur,
Zittert sie freudig allzumal,
Wie getroffen vom Sonnenstrahl.

4

Und wenn auf Erden gleich
Bliebe kein Lotosteich,
Doch scharrte nie der Schwan
Im Miste wie der Hahn.

5

Weise muß man ehren,
Auch wenn sie nicht Weisheit lehren.
Was ihnen nur fällt vom Munde,
Ist immer heilige Kunde.

Der weltentsagende Hindu

1

Wegen dieses Lebens, das dem Tropfen auf der Blume gleichet,
Was hab' ich, der Unverständ'ge, nicht schon alles ausgehalten,
Daß ich selbst vor stolzen Reichen, vom Besitze dumpf Berauschten,
Mit erlogner Scham beging die Sünde, mein Verdienst zu rühmen!

2

Säh' er am zerlumpten Kleide der betrübten Gattin nicht
Eigene betrübte Kinder zerren, hungrig weinende;
Möchte wohl, aus Furcht der Fehlbitt' ein kleinlautes Wörtchen »gib«
Seines eignen Bauches willen stammeln ein Verständiger?

3

Endlich, wenn sie lang' auch weilten, müssen doch die Güter gehn;
warum also gibt nicht lieber sie der Mensch von selber auf?
Wo sie eigenwillig weggehn, lassen sie den höchsten Schmerz;
Wo du sie freiwillig aufgibst, ew'gen Frieden geben sie.

4

Sind die von Gangâ's Flutgeträufel kühlen,
Von Genien bewohnten Felsengrotten
Des Himavân untergegangen etwa,
Daß Menschen ehrlos fremde Bissen suchen?

5

Fehlt's an Wurzeln in den Klüften, im Gebirg an Wasserfällen,
Bäumen, saft'ge Früchte bietend, Stengeln, Bast zum Kleide gebend,
Daß du magst ein Antlitz ansehn, das von Huld dir keine Spur zeigt,
Und ob kümmerlicher Gabe stolz die Augenbrau'n emporzieht!

6

Was irrst du umsonst umher? ausruhe dich, Herz, einmal!
Von selber wie alles wird, so wird es, und anders nicht.
Denk an das Vergangne nicht, noch bilde dir Künf t'ges ein;
Und Freuden, die unbemerkt sonst kommen und gehn, genieß!

7

Wo sie des Haares weiße Farbe sehen,
Das Zeichen, daß dem Mann das Alter obsiegt,
Gehn schnell davon, wie vom Candâlenbrunnen,
Woran der Knocheneimer hängt, die Frauen.

8

Weil noch unerkrankt der Leib ist, und das Alter ferne,
Weil noch ungeschwächt die Sinne, kein Verfall des Lebens,
Mühe für des Geistes Bestes eifrig sich der Weise!
Spät ist es den Brunnen graben, wann das Haus in Brand steht.

9

Reizend sind des Mondes Strahlen, reizend grüner Platz im Wald,
Reizend freundliche Gesellschaft, Dichtersagen reizend auch,
Reizend Liebeszornes Tränen zitternd in des Liebchens Blick,
Reizend alles, denkst du der Vergänglichkeit, bleibt reizend nichts.

10

Ist's schön nicht, wohnen im Palast und Saitenspiel zu hören,
Die Herzgeliebte zu umfahn, ist's süßer nicht als alles?
Doch, wie, von irren Vogels Flug gestreift, die Lampe flattert,
So flatterhaft scheint Weisen das, die zum Einsiedlerwald gehn.

5. JAYADEVA

Gîtagovinda oder die Liebe des Krishna und der Râdhâ

I

Im Frühlingshauch, mit frühlingsblumenzartem Leib,
Im Walde wallend, Krishna suchend überall,
Von Kâmas Kummer schwer bedrängt, verwirrten Sinns,
Ward Râdhâ von der Freundin angeredet so:

Unter malayischem, duftende Nelkengebüsche besuchendem Hauche,
Unter dem bienenumschwärmten, von Kokilas Rufen ertönenden Strauche,
Hari nun spielet im Lenze, dem frohen,
Tanzet, o Freundin, mit Mädchen, zur Zeit, die nicht süß ist, wo Liebe geflohen.

Wo sich von Frau'n der Verreisten erheben aus sehnender Liebe die Klagen,
Vakula-Kronen den immenbelagerten Blütengeweben entragen;
Hari nun spielet im Lenze, dem frohen,
Tanzet, o Freundin, mit Mädchen, zur Zeit, die nicht süß ist, wo Liebe geflohen.

Wo sich mit Moschusgedüfte berauschet das junge Gesproß der Tamâlen,
Kinshuka-Blüten wie Madanas Nägel, die herzenzerreißenden, strahlen;
Hari nun spielet im Lenze, dem frohen,
Tanzet, o Freundin, mit Mädchen, zur Zeit, die nicht süß ist, wo Liebe geflohen.

Wo die Zepter des Königs Ananga sind blühende Kesaras golden,
Bienengefüllet wie Köcher Kandarpa's sich zeigen die Pâtali-Dolden;
Hari nun spielet im Lenze, dem frohen,
Tanzet, o Freundin, mit Mädchen, zur Zeit, die nicht süß ist, wo Liebe geflohen.

Wo, die entfesselte Schöpfung erblickend, die sprießenden Karunas lachen,
Ketaki-Stengel wie liebesverwundende Spieße die Gegend umwachen;
Hari nun spielet im Lenze, dem frohen,
Tanzet, o Freundin, mit Mädchen, zur Zeit, die nicht süß ist, wo Liebe geflohen.

Wo, vom Gerank Atimukta's umarmet, der Âmra, der knospende, schaudert,
Durch Vrindâvana's Dickicht sich schlingend, die schlängelnde Yamunâ zaudert;
Hari nun spielet im Lenze, dem frohen,
Tanzet, o Freundin, mit Mädchen, zur Zeit, die nicht süß ist, wo Liebe geflohen.

Nun in dem Mâdhavî - Düfte verhauchenden, Mâlika-Balsam-betauten,
Selber die Sinne des Büßers berauschenden, zaubrischen Jugendvertrauten –
Hari nun spielet im Lenze, dem frohen,
Tanzet, o Freundin, mit Mädchen, zur Zeit, die nicht süß ist, wo Liebe geflohen.

Aus Blumenstaube, der entstirbt gespaltnem Schöße
Der Malli-Blüte, webt ein hainbeflorend Florzelt
Er jetzt, der sengt das Herz wie Pancabâna's Odem,
Ketaki's Duftgespiel, Duftwagenlenker Lenzwind.

Auf den, hundert Frauen zu umfangen
Geizenden, liebreizenden Murâri,
In der Näh' hinzeigend, hat nun jene
Freundin wieder angeredet Râdhâ'n:

Sandelgesalbeten bräunlichen Leibes im gelblichen Kleid, der Bekränzte,
Ringe des Ohres im Tanze bewegend um Wangen, von Lächeln beglänzte,
Hari im munteren Mädchengedräng,
Mit Scherzenden scherzt er im Freudengepräng.

Mit den erschwellenden wallenden Brüsten umfangend den Hari voll Preise
Singet ihm eine der Hirtinnen nach die gewirbelte ``Pan-cama-Weise;
Hari im munteren Mädchengedräng,
Mit Scherzenden scherzt er im Freudengepräng.

Eine, die Lust hat aus lauschender Losheit der lockenden Augen getrunken,
Steht in Gedanken nun in Madhusûdana's Antlitznymphäe versunken.
Hari im munteren Mädchengedräng,
Mit Scherzenden scherzt er im Freudengepräng.

Eine, geschmiegt an die Seite der Wangen, um etwas ins Ohr ihm zu raunen,
Küsset geschwinde den Liebsten und machet den Wonnedurchschauerten staunen.
Hari, im munteren Mädchengedräng,
Mit Scherzenden scherzt er im Freudengepräng.

Eine des Wirbels der Wonne Verlangende ziehet am Yamuna-Strande
Jenen zur luftigen Laube Gewandten zurück mit der Hand am Gewande.
Hari, im munteren Mädchengedräng,
Mit Scherzenden scherzt er im Freudengepräng.

Wie die von Taktschlag schütternden Spangen die Flöte begleiten im Schwunge,
Schwingt sich im rauschenden Reigen die andre, und Hari belobet die junge,
Hari, im munteren Mädchengedräng,
Mit Scherzenden scherzt er im Freudengepräng.

Eine die halset er, eine die küsset er, herzet der herzigen eine,
Blicket nach jener mit lieblichem Lächeln, und haschet die andere feine.
Hari, im munteren Mädchengedräng,
Mit Scherzenden scherzt er im Freudengepräng.

Er, der allgemeine Wonne ruft hervor durch seine Gunst,
Dessen zarter Lotosleib weiht des Leiblosen Gottes Fest,

Den nach Wunsch allgegenwärtig die Hainmädchen rings umfahn,
Sieh, o Freundin, wie im Frühling unbefangen Hari spielt!

II

Râdhâ, während allverliebt im Haine Hari scherzte,
Ging hinweg, ob dem verlornen Vorzug eifersüchtig,
Und in einer Laube, deren Wipfel laut von Bienenschwärmen
tönte, sprach mit Härmen sie zur Freundin also:

Der mit dem Nektar der Lippe versüßet den Ton des bezaubernden Rohres,
Fütternden Blickes und flatternden Kranzes, geschütterter Ringe des Ohres,
Dort, wie sich Hari gebärdet im Reigen
Denk' ich, wo munterer Scherz ihm ist eigen.

Dem mit beaugetem Pfauengefieder bespangt ist die Fülle des Haares,
Reich mit Purandara's Bogen bezogen das weiche Gewölk des Talares,
Dort, wie sich Hari gebärdet im Reigen,
Denk' ich, wo munterer Scherz ihm ist eigen.

Üppiggelendeten ländlichen Frauen zu küssen den Mund voll Begierde,
Süß bandhujîvischen Lippengeknospes mit lockender lächelnder Zierde,
Dort, wie sich Hari gebärdet im Reigen,
Denk' ich, wo munterer Scherz ihm ist eigen.

Mit den erschaudernden Ranken des Armes ein Hirtinnentausend umkränzend,
Mit bejuweleten Händen und Füßen und Busen das Dunkel durchglänzend,
Dort, wie sich Hari gebärdet im Reigen,
Denk' ich, wo munterer Scherz ihm ist eigen.

Schimmer von sandelbemaleter Stirn zu des Mondes Beschämung ergießend,
Schwellende Brüste mit ungestüm pochender Pforte des Herzens umschließend,
Dort, wie sich Hari gebärdet im Reigen,
Denk' ich, wo munterer Scherz ihm ist eigen.

Edelgesteiniges Makara-förmiges Ohrengehäng' um die Wangen,
Safrangemantelt, von Helden und Heiligen, Göttern und Geistern umfangen,
Dort, wie sich Hari gebärdet im Reigen,
Denk' ich, wo munterer Scherz ihm ist eigen.

Lehnend am weißen Kadamba, das Grauen und Grausen von Kali
beschwichtend, Mich mit Anangas Gedanken und Blicken empor auch ein weniges
richtend,
Dort, wie sich Hari gebärdet im Reigen,
Denk' ich, wo munterer Scherz ihm ist eigen.

Es zählet aller Zierden Zahl, und stößt sich nicht an die Verstoßung,
Es sehnet nach Versöhnung sich, und weiset ferne die Verschuldung;
Nach Krishna, der mit andern zwar sich letzt und ohne mich ergetzet,
Macht liebend wieder doch sich auf dies leide Herz! was soll ich machen?

Mir, der Verborgnen im laubigen Dach, ihn den Schlummrer in nächtlicher Hülle,
Mir, der Allspähenden, furchtsamen Blicks, ihn, den Lachenden, wonniger Fülle,
Freundin! den Keshi-Besieger, den klaren,
Bring' ihn zum Spiele mir, liebesbewegt sich der Wunschesgewährten zu paaren.

Mir, der bei seinem Erscheinen Errötenden, ihn, den beredtsamen Koser,
Mir, der mit lieblichem Lächeln Begrüßten, ihn, der dies Gewand macht loser,
Freundin! den Keshi-Besieger, den klaren,
Bring' ihn zum Spiele mir, liebesbewegt sich der Wunschesgewährten zu paaren.

Mir, der aufs grünende Bette
Gesunkenen, ihn, der mir liege zu Seiten,
Mir, der Bereiten zu Kuß und Umfang, ihn die Lippen zu saugen Bereiten,
Freundin! den Keshi-Besieger, den klaren,
Bring' ihn zum Spiele mir, liebesbewegt sich der Wunschesgewährten zu paaren.

Mir, mit ermattet gesunkenem Aug', ihn mit lustvoll erschauernden Wangen,
Mir, der im Tau der Erschöpfung Zerflossenen, ihn trunken von Zittern umfangen,
Freundin! den Keshi-Besieger, den klaren,
Bring' ihn zum Spiele mir, liebesbewegt sich der Wunschesgewährten zu paaren.

Mir, von des Kokila Girren umschwirrt, ihn, den Sieger anangischer Regeln,
Mir, mit zerknitterten Blumen im Haar, ihn am Busen mit Spuren von Nägeln,
Freundin! den Keshi-Besieger, den klaren,
Bring' ihn zum Spiele mir, liebesbewegt sich der Wunschesgewährten zu paaren.

Mir, der bespanget erklingelt der Fuß, ihn durchmessend die Bahn von Genüssen,
Mir, der entkettet der Gürtel ertönt, ihn, der fasset beim Haar, um zu küssen,
Freundin! den Keshi-Besieger, den klaren,
Bring' ihn zum Spielen mir, liebesbewegt sich der Wunschesgewährten zu paaren.

Mir, im Gefühle der Wonne betäubt, ihn, dem halb ist das Aug' aufgegangen,
Mir, der die Ranke des Leibs hinsinkt, ihn mit steigendem Liebesverlangen,
Freundin! den Keshi-Besieger, den klaren,
Bring' ihn zum Spiele mir, liebesbewegt sich der Wunschesgewährten zu paaren.

Wie aus der Hand die Flöt' ihm sinkt, wie aus den schiefen Augenbrauenranken
Der frohen Frauen freier Blick ihn trifft, die Wang' ihm perlt von hellem Schweiße,
Und, da sein Auge mich erblickt, verlegnes Lächeln um den Mund ihm spielt,
Govind im Hain von Hirtinnengedräng umgeben seh' ich, und es freut mich.

III

Doch es nahm der Kansa-Feind die weltlustbilderfesselnde
Spange, Râdhâ, nun ans Herz, und wich vom Chor der Hirtinnen.

Dahin und dorthin ging er nach der Râdhikâ,
Ananga-Pfeileswunden fühlend in der Brust,
Herzreuevoll, und an Kalindanandîn's
Gestad' im Busche ließ sich nieder Mâdhava.

O! sie ging, wie sie hier umrungen mich sah von Frauengestalten,
Im Gefühle der Schuld auch ward sie von mir zurück nicht gehalten;
Harihari! die Gekränkte, gegangen ist sie im Zorne!

Was beginnet sie? was wohl sinnet sie, die Verlaßne voll Beben?
Was kann Gold nun und Gut mir gelten, was gelten Welt mir und Leben?
Harihari! die Gekränkte, gegangen ist sie im Zorne!

Ihres Antlitzes denk' ich unter den Brau'n, vom Zorne verzogen,
Gleich der roten Nymphäe, dunkel von Bienenschwarm überflogen,
Harihari! die Gekränkte, gegangen ist sie im Zorne!

Herzlich halt' ich sie hier umhegt, in des Herzens Räumen getragen;
Warum soll ich im Wald sie suchen, warum vergebens hier klagen?
Harihari! die Gekränkte, gegangen ist sie im Zorne!

Schmächt'ge! deines von Gram zerbrochenen Herzens muß ich gedenken,
Kann – ich weiß nicht, wohin du gingest – nach dir die Schritte nicht lenken.
Harihari! die Gekränkte, gegangen ist sie im Zorne!

Du erscheinest mir! Ja, ich sehe vor meinen Augen dich schweben;
Warum willst du mit froher Hast mir wie sonst Umarmung nicht geben?
Harihari! die Gekränkte, gegangen ist sie im Zorne!

O verzeih' mir! und nimmer wieder von mir soll solches geschehen.
Gib, o Schönste, mir deinen Blick! ich vergeh' in Manmathas Wehen.
Harihari! die Gekränkte, gegangen ist sie im Zorne!

Dies Fasernband am Herzen mir, nicht ist's der Fürst der Schlangen;
Dies Lotoslaubgewind am Hals, nicht ist's der Glanz des Giftes;
Nur Sandelstaub, nicht Asch' ist dies: befehde nicht mich Kranken.
Mit Hara mich verwechselnd, was voll Grimm, Ananga, tobst du?

Nimm zur Hand den Âmra-Pfeil nicht! spanne nicht den Bogen straff!
Spielender Weltbesieger! ist Ohnmächt'ge fällen Heldentat?
Schon vom Liebesblickgeschosse der Gazellenaugigen

Ist dies Herz genug verwundet, das bis heut sich nicht erholt.

Ist Brau' ein Bogen, Wimperblickes Schwingung
Ein Pfeil, Ohrläppchen eine Sehn', o Smara,
Wie hast du zum Triumphzug dieser Schönen
Geliehen alle Weltbesiegungswaffen!

Vom Brauenbogen Streifblickschuß, richt' er nur Gliederweh an!
Das schwarzgewundne Haarnetz auch, üb' es nur Zauberkünste!
Berückung spend', o Schmächtige, die rote Bimba-Lippe!
Doch deine zartgewölbte Brust, wie spielt mit meinem Geist sie!

Die lieblichen Berührungen, das holde schwanke Blickespiel der Augen,
Der Mundnymphäe würz'ger Duft, die Nektarträufelung der losen Worte,
Der Bimba-Lippe Süßigkeit! da in Vergegenwärt'gung all der Reize
Mit Andacht das Gemüt an sie sich schmiegt; wie kann der Trennung Pein doch walten!

IV

Den am Yamunâ-Stromufer im Laubhause verweilenden
Hari voll Liebesunruhen grüßte die Freundin Râdhâ's itzt:

Sandel verbannt sie, die Strahlen des Mondes erkennt sie für Qualenumschnürung,
Nennt die malayischen Lüfte vergiftet von Schlangengebirges Berührung,
Sie, von der Trennung erkrankend,
Krishna! geschreckt von Ananga's Geschossen, als einzigen Hort dich umrankend.

Um vor den dicht sich ergießenden Madana-Pfeilen dir Schirmung zu geben,
Wölbt sie ums Herz, wo du wohnest, ein Schild sich aus tauigen Lotosgeweben,
Sie, von der Trennung erkrankend,
Krishna! geschreckt von Ananga's Geschossen als einzigen Hort dich umrankend.

Aus den Geschossen des blumenverschießenden Gottes, versenkt in Gefühle,
Häufet sie deiner Umarmungen Wonnen geweihete blumige Pfühle,
Sie, von der Trennung erkrankend,
Krishna! geschreckt von Ananga's Geschossen, als einzigen Hort dich umrankend.

Ihres Gesichtes Nymphäe bewegt sie, von rinnenden Tränen umflossen,
Ähnlich dem Mond, der, vom Rachen des Râhu bedrängt, hat sein Amrit vergossen,
Sie, von der Trennung erkrankend,
Krishna! geschreckt von Ananga's Geschossen, als einzigen Hort dich umrankend.

Mit Antelopengewürze sie malet dich heimlich als Schürer der Gluten,
Betet das Bild an, in Händen den Makara haltend und Pfeile von Cûten,

Sie, von der Trennung erkrankend,
Krishna! geschreckt von Ananga's Geschossen, als einzigen Hort dich umrankend.

Also die Wiederkehr singet sie: Mâdhava! sieh mich zu Fuße dir fallen;
Kehrst du dich ab, so wird Feuer statt Nektar im Becher des Mondes mir wallen.
Sie, von der Trennung erkrankend,
Krishna! geschreckt von Ananga's Geschossen, als einzigen Hort dich umrankend.

Hin in Gedanken geschmolzen, sie stellt sich dich vor, dich so schwer zu erflehen,
Klaget und lachet und lieget und weinet und wandelt und wechselt die Wehen,
Sie, von der Trennung erkrankend,
Krishna! geschreckt von Ananga's Geschossen, als einzigen Hort dich umrankend.

Ihre Wohnung dünkt ein wilder Wald ihr,
Und ihr Mägdechor ein Jägernetz,
Während ihre glüh'nden Seufzerhauche
Bilden eines Waldbrands Flammenkranz;
Doch sie selbst, durch deine Flucht, o Jammer,
Nahm Gazellenbild an, auch und wie
Kâma die Gestalt gewann von Yama,
Und beschickt mit Lust sein Tigerspiel!

Selber vom lieblichen Kranz, der sie schmücket,
Fühlt die Gemagerte sich wie gedrücket,
Râdhâ, in deiner Trennung, o Keshava!

Saftige, weichliche Salbe von Sandeln
Fühlt sie in Gift auf dem Leib sich verwandeln
Râdhâ, in deiner Trennung, o Keshava!

Seufzers unendlich gedehnetes Hauchen
Lässet wie Madana's Lohe sie rauchen,
Râdhâ, in deiner Trennung, o Keshava!

Um und um drehet sie, träufelnden Spieles,
Augennymphäen gesunkenen Stieles,
Râdhâ, in deiner Trennung, o Keshava!

Zweifelnd besieht sie ihr blumiges Bette,
Das ihr erscheint wie Hutâshana's Stätte,
Râdhâ, in deiner Trennung, o Keshava!

Still auf die Hand nur die Wange sie leget,
Wie sich am Abend der Mond nicht beweget,
Râdhâ, in deiner Trennung, o Keshava!

Hari, o Hari! so ruft sie erbangend,
Selbst in der Trennung zu sterben verlangend,
Râdhâ, in deiner Trennung, o Keshava!

Sie schauert, stöhnet, winselt, zittert, schweigt,
Sinnt, schwärmet, nickt, fällt, strebet, schwiemet hin;
Nur deine Huld erhält die Holde noch,
O Himmelsarzt, sonst bleibt kein Anhalt ihr.

Wenn die Liebeskranke, süßer Götterarzt,
Deren Heilung deines Leibes Amrit ist,
Wenn du Râdhâ von dem Weh nicht retten willst,
Indra's Bruder! bist du hart wie Indra's Keil.

Unter Kâma's Drang und Andrang kranken Leibs, o Wunder, fühlt
Ihr Gemüt, an Sandel, Mond und Lotos denkend, Traurigkeit.
In Geduld nur die Gedanken ganz auf deinen kühlen Leib
Richtend, einz'ger Freund, im Stillen atmet noch die Schwindende.

Die, durch ein Blinzen deines Augs gekränkt schon,
Sonst keinen Augenblick ertrug die Trennung,
Wie seufzt sie jetzt, da den Rasâla-Strauch sie
Durch Trennungslänge siehet neu beblütet!

V

»Hier verweil ich; geh zu Râdhâ,
Bring mein Werben! bring sie hergeführet!«
So vom Madhu-Feind gesendet,
Eilte selbst und sprach zu Râdhâ jene:

Wo malayische Lüfte wehn,
schwebend Ananga zu tragen,
Blühende Knospen aufgehn,
Herzen getrennter Verliebter zu nagen,
Freundin! wie schmachtet der Hainbekränzte, getrennt von dir!

Glühend am tauigen Mondesstrahl,
Stellt er sich an zu sterben;
Fühlend Madana's Pfeilqual,
klaget er laut das gedrohte Verderben.
Freundin! wie schmachtet der Hainbekränzte, getrennt von dir!

Vor dem tönenden Bienenschwarm
hält er verstopft die Ohren;
Durch die Trennung an Lust arm,

siechet er nächtlich in Schmerzen verloren.
Freundin! wie schmachtet der Hainbekränzte, getrennt von dir!

Wälder wählt er zum Aufenthalt
glänzende Schlösser verlassend,
Wälzt am Boden sich stumm bald,
bald bei dem Namen dich ruft er erblassend;
Freundin! wie schmachtet der Hainbekränzte, getrennt von dir!

Wo schon eh'r des Wonneherren Lustziel er mit dir erreicht,
In derselben Laube, Kâma's hohem Tempel, harret er,
Mâdhava, der dich nur denkend, flüstert Huldbeschwörungen,
Wieder deiner Busenschal' Umarmungsnektar wünschet er.

Wo er zur Wohnung der Wonnebelohnung genaht ist im Schmucke der Liebe,
Stattlich Gelendete! säume nicht, wende dich schnell zu dem Herrscher der Triebe!
Unter dem Duftstrauch an Yamunâ's Lufthauch harret der Hainbekränzte.

Deinen bedungenen, töneverschlungenen Namen enthaucht er dem Rohre,
Neidet dem Winde den Staub, der gelinde dir, Zarte, gespielt hat am Flore;
Unter dem Duftstrauch an Yamunâ's Lufthauch harret der Hainbekränzte.

Schwingt eine Taube sich, regt es im Laube sich, meinet er, daß du gekommen,
Schmücket das Lager dir, blicket mit zager Begier dir entgegen beklommen;

Laß die umzingelnden, plauderhaft klingelnden, liebesverrät'rischen Spangen,
Freundin, o husche zum dämmrigen Busche, von nächtlichen Schleiern umfangen!
Unter dem Duftstrauch an Yamunâ's Lufthauch harret der Hainbekränzte.

Dort die geschmeidete, safranbekleidete Brust, wie die kranichumschweifte
Wolke, dem Blitze gleich wählst du zum Sitze, die heiß im Verlangen Gereifte.
Unter dem Duftstrauch an Yamunâ's Lufthauch harret der Hainbekränzte.

Schlag die gelösete, schmuckesentblößete Lende gleich einem Gewande
Um den auf Sprossen gewiegten Genossen, o Blüh'nde zu wonnigem Pfande!
Unter dem Duftstrauch an Yamunâ's Lufthauch harret der Hainbekränzte.

Mâdhava's Sinn ist stolz, im Beginn ist die Nacht, bald ist sie vergangen,
Tu, was ich heiße, mit eilendem Fleiße, befriedige Hari's Verlangen!
Unter dem Duftstrauch an Yamunâ's Lufthauch harret der Hainbekränzte.

Zugleich mit deiner Sprödigkeit hinunter ganz gegangen ist die Sonne,
Und mit Govinda's Sehnsucht hat die volle Dichtigkeit erlangt das Dunkel;
Dem Cakravâka-Rufe gleich tönt kläglich meine lange Liebesmahnung;
Leichtsinnige, was zauderst du? die rechte Zeit ist da zum Nachtbesuche!

Unter Armverschränkung, unter Küssen, unter Nägelkampf,
Unter Wonnerweckung, unter Liebeshast und Lustbeginn,
Zwei Entzweite, wieder eins gewordene, traulich Kosende,
Welche Lust, o welche labt sie, schamgewürzt, nicht in der Nacht!

Scheuer Furcht, die Augen rings im Dunkel werfend auf den Pfad,
Oft an einem Baume stockend, langsam setzend Fuß vor Fuß,
Endlich heimlich angelangt mit Gliedern wonnewogenden,
Schöne! mag der Freund dich sehen, und begehen seine Lust!

VI

Doch sie, zu schwach zu gehen,
Voll Liebeswehen lag im Rankenhaus.
Die Freundin, um Govinden
Dies zu verkünden, kam zu ihm:

Überall schaut sie, wohin sie nur schauet,
Dich, dem die Lippe von Honige tauet,
Hari, o Hort!
Râdhâ erliegt in der Laube dort.

Hebt, dir entgegenzugehn, sie die Glieder,
Sinkt sie nach wenigen Schritten danieder,
Hari, o Hort!
Râdhâ erliegt in der Laube dort.

Blüten und Blätter zu Ketten verwebend,
Schwärmt sie, von deiner Erinnrung nur lebend,
Hari, o Hort!
Râdhâ erliegt in der Laube dort.

Sich im gebärdenden Spiele betrachtend,
»Bin ich nicht Hari?« so rufet sie schmachtend,
Hari, o Hort!
Râdhâ erliegt in der Laube dort.

»Warum zum Ort der Bestimmung nicht eilt er?«
Fragt sie beständig: »O Freundin, wo weilt er?«
Hari, o Hort!
Râdhâ erliegt in der Laube dort.

Küssend umarmt sie der nächtlichen Schatten
Wolkengebild, das sie hält für den Gatten,
Hari, o Hort!
Râdhâ erliegt in der Laube dort.

Während du säumest, erliegt sie dem Drange.
Jammert und harret bereit zum Empfange,
Hari, o Hort!
Râdhâ erliegt in der Laube dort.

Bis zum Ohrläppchen schaudernd, seufzerschwellend,
Mit stockender, erstickter Stimme stammelnd,
Auf dich, Treuloser, richtend tiefe Sehnsucht,
Denkt, lustversenkt, nur dich, die Rehgeaugte.

Oft legt sie ihren Gliedern an den Putz, und rührt ein Blatt sich,
So wähnt sie dich gekommen, breitet auf das Bett, und sinnet.
Wiewohl sie so mit Wohnungsschmuck, mit Wonnewahn
und Argwohn Sich unterhält, doch ohne dich durchlebet sie die Nacht
nicht.

VII

Der, dem zur Last fällt Fall und Fehltritt vieler
Nachtwandlerinnen (davon trägt er Flecken),
Jetzt um Vrindâvan's Wald ein Strahlnetz wob er,
Der Mond, am Mund der Nacht ein Sandeltropfen.

Da hin die Lichtscheib' eilte,
Und ferne weilte Mâdhava von ihr,
Hub an mit lautem Klagen
Ihr Leid zu sagen Râdhâ so:

Ach! Der Freund läßt zur Frist mich im Hain unbesucht!
Welken muß meines Leibes Jugendblüt' ohne Frucht.
Ha, an wen wend' ich mich? auch der Herzfreundin Wort
ist Betrug.

Dem ich nachgehe nachts tief in Waldwüstenein,
Madana's Pfeile bohrt er ins Herz mir, o Pein!
Ha, an wen wend' ich mich? auch der Herzfreundin Wort
ist Betrug.

Sterben! was bleibt mir sonst? Soll ich mit krankem Leib,
Sinnberaubt, diese Glut tragen, glückloses Weib?
Ha, an wen wend' ich mich? auch der Herzfreundin Wort
ist Betrug.

Ach, wie bringt Kummer mir diese lenzlaue Nacht!
Welche glücksel'ge hat sie in Lust dort durchwacht?
Ha, an wen wend' ich mich? auch der Herzfreundin Wort
ist Betrug.

Meines Leibs Edelsteinspangenschmuck, keine Lust,
Keinen Trost bringt er mir unter'm Brand meiner Brust,
Ha, an wen wend' ich mich? auch der Herzfreundin Wort
ist Betrug.

Selbst der Strauß, den ich drück' an dies Herz blumenweich,
Tötet mich, denn er sieht jenes Gotts Pfeilen gleich,
Ha, an wen wend' ich mich? auch der Herzfreundin Wort
ist Betrug.

Hier am Fluß seh' ich Schilfrohre stehn ohne Zahl,
Doch es denkt Mâdhava mein nicht ein einzigmal.
Ha, an wen wend' ich mich? auch der Herzfreundin Wort
ist Betrug.

Was ist es? geht er Schönen nach? hält ihn umringt der Reigen
Von frohen Tanzgenossen? ging er irr im dunklen Haine?
Vermag der Liebe, Lässige nicht einen Schritt zu schreiten,
Daß den bestimmten Ort der Rankenhütt' er nicht besucht hat?

Da sie nun ohne Mâdhava die Freundin
Sah wiederkommen schweigend und verlegen,
Argwohnte sie, den Weltersehnten habe
Verlockt ein Weib, und sprach, als ob sie's sähe:

Rüstig geschürzet zu Madana's Kriegen,
Blumenverstreuender Haare, die fliegen,
Liebend mit Hari vereint,
Scherzt eine, die mir selig scheint.

Trunken von Hari's Umarmung durchzittert,
Während der Schmuck auf dem Busen ihr schüttert,
Liebend mit Hari vereint,
Scherzt eine, die mir selig scheint.

Mond des Gesichtes von Locken umflogen,
Saugend an Lippen und müde gesogen,
Liebend mit Hari vereint,
Scherzt eine, die mir selig scheint.

Ohrengehäng' um die Wangen bewegend,
Rasch mit der klingelnden Hüfte sich regend,
Liebend mit Hari vereint,
Scherzt eine, die mir selig scheint.

Lächelnd am Blicke des Liebsten errötend,
Liebesentzückungen wonniglich flötend,

Liebend mit Hari vereint,
Scherzt eine, die mir selig scheint.

Schauerdurchrieselt, empfindungdurchzittert,
Stöhnend und blinzend, von Kâma umwittert,
Liebend mit Hari vereint,
Scherzt eine, die mir selig scheint.

Der wie Hari's sehnsuchtsbleiches Antlitz
Lächelt, um den Kummer zu zerstreun,
Ach, der Mond, er breitet übers Herz voll
Herzenliebe mir nur Liebespein.

Aufs liebesentzündete, kußlichgemündete Antlitz der Liebsten malt
Er mit Schauderbeschleichen aus Muskus ein Zeichen, als Reh, das im Monde strahlt.
O wie spielt an Yamunâ's waldigem Strand
Madhusûdana jetzo, der Held!

In das Wolkengeflocke der glänzenden Locke, die weht um der Wangen Zier,
Flicht er Kurava-Spitzen, die flattern gleich Blitzen, in Madana's Jagdrevier.
O wie spielt an Yamunâ's waldigem Strand
Madhusûdana jetzo, der Held!

Des Busens gelüftete muskusdurchdüftete wölbende Himmelsflur,
Er besternt sie mit reinen Gehängen von Steinen, ihr Mond ist die Nagelspur.
O wie spielt an Yamunâ's waldigem Strand
Madhusûdana jetzo, der Held!

Den Arm ohne Mängel, den Lilienstengel, den Lilienhand bezweigt,
Umspangt er mit Bienen, mit feur'gen Rubinen, den Arm, der dem Schnee'e gleicht.
O wie spielt an Yamunâ's waldigem Strand
Madhusûdana jetzo, der Held!

Um's Wonnegelände der schwellenden Lende, den Madana-Thron von Gold,
Ist der festliche Bogen des Sieges gezogen, der Gürtel juwelenhold.
O wie spielt an Yamunâ's waldigem Strand
Madhusûdana jetzo, der Held!

Die Kamala-Schüsse, die weichlichen Füße, mit Nageljuwel geschmückt,
Belegt er zum Schutze mit Yâvaka-Putze, indem er ans Herz sie drückt.
O wie spielt an Yamunâ's waldigem Strand
Madhusûdana jetzo, der Held!

Da also der Sieger, der Bruder vom Pflüger, ein reizendes Weib umkos't,
Was weil ich, zum Raube dem Gram, in der Laube, Freundin, hier ohne Trost?

O wie spielt an Yamunâ's waldigem Strand
Madhusûdana jetzo, der Held!

Was, Freundin, wenn der Grausame nicht kam, o Botin, grämst du dich?
Ergötzt der Vielgeliebte sieh nach Lust, was ist es deine Schuld?
Sieh, zur Vereinung mit dem Freund, gezogen von des Liebsten Zier,
In Sehnsuchtswehn ergossen, soll nun diese Seele selber gehn.

Unter dem lächelnden Blick des Genossen
Schmachtet sie nicht auf dem Lager von Sprossen,
Sie, o Freundin, mit der Vanamâlin spielt.

Unter dem Hauche vom blühenden Munde
Fühlet sie nicht von Ananga die Wunde,
Sie, o Freundin, mit der Vanamâlin spielt.

Unter'm ambrosischen Kosen gelinde
Trinket sie Glut nicht im Malaya-Winde,
Sie, o Freundin, mit der Vanamâlin spielt.

Unter den glänzenden Lilienhänden
Dürfen sie Strahlen des Mondes nicht blenden,
Sie, o Freundin, mit der Vanamâlin spielt.

Unter der tauenden Wolke der Wonnen
Ist sie dem Jammer der Trennung entronnen,
Sie, o Freundin, mit der Vanamâlin spielt.

Unter dem Glanze des Schmucks des Getreuen
Braucht sie kein Mägdegelächter zu scheuen,
Sie, o Freundin, mit der Vanamâlin spielt.

Unter dem Schirme des Schönsten von allen
Trifft sie kein Weh, denn sie hat ihm gefallen.
Sie, o Freundin, mit der Vanamâlin spielt.

Kâma's Wonn' erregender, o Sandelwind,
Schenk' mir Huld und wehe recht! o sei nicht links!
Schöpfungsodem! bring mir einen Augenblick
Hari her, und nimm den Odem mir dafür!

Malaya-Duft, gib mir den Tod! Fünfpfeiliger
Nimm meinen Hauch hin! nicht nach Hause geh' ich mehr.
Was, Yama's Schwester schonest du? In deine Flut
Tauch meine Glieder, lösche dieses Leibes Brand!

VIII

Doch nach endlich hingebrachter Nacht,
Morgens, noch von Smara's Pfeile wund,
Sprach zu dem, vor ihr zwar auf den Knien
Gnade Fleh'nden, sie doch voll Verdruß:

Dein von beschwerlicher nächtlicher Wache gerötetes Auge, das träge
Blinzende, trägt es nicht gleichsam zur Schau des erwünschten Genusses Gepräge?
Harihari! geh nur, Mâdhava! geh nur Keshava! rede nicht trügliche Worte!
Lotosgeaugter! suche nur die, die dir dienet im Kummer zum Horte!

Die von geküssetem dunkelgeschminketem Auge geliehenen Schwärzen
Färben die rötlichen Lippen, o Krishna, dir ganz überein mit dem Herzen.
Harihari! geh nur, Mâdhava! geh nur, Keshava! rede nicht trügliche Worte!
Lotosgeaugter! suche nur die, die dir dienet im Kummer zum Horte!

Zeiget dein Leib doch die Spuren geschärfeter Nägel kandarpischen Krieges
Wie die smaragdene Tafel in goldenen Zügen das Denkmal des Sieges.
Harihari! geh nur, Mâdhava! geh nur, Keshava! rede nicht trügliche Worte!
Lotosgeaugter! suche nur die, die dir dienet im Kummer zum Horte!

Glänzt nicht dein edler Busen vom Lacke, dem Lotos des Fußes entflossen,
Wie um von außen zu weisen vom Baume der Liebe die neuesten Sprossen?
Harihari! geh nur, Mâdhava! geh nur, Keshava! rede nicht trügliche Worte!
Lotosgeaugter! suche nur die, die dir dienet im Kummer zum Horte!

Spuren verwundeter Zähn' auf den Lippen erregen mir Gram im Gemüte
Fragen mich, ob unversehrt ich bei mir nun den Leib des Geliebten wohl hüte?
Harihari! geh nur Mâdhava! geh nur, Keshava! rede nicht trügliche Worte!
Lotosgeaugter! suche nur die, die dir dienet im Kummer zum Horte!

Deine befleckte Gesinnung, o Krishna, ist gleichsam von außen zu sehen;
Sprich, was betörst ein ergebenes Weib du, das ringet in Madana's Wehen?
Harihari! geh nur, Mâdhava! geh nur, Keshava! rede nicht trügliche Worte!
Lotosgeaugter! suche nur die, die dir dienet im Kummer zum Horte!

Edler, du schweifest, um Weiber zu fahen, in Wäldern, was ist da zu staunen?
Pûtanikâ schon bezeugt dir die kindischen frauenverderblichen Launen.
Harihari! geh nur, Mâdhava! geh nur, Keshava! rede nicht trügliche Worte!
Lotosgeaugter! suche nur die, die dir dienet im Kummer zum Horte!

IX

Aber zu der Liebesgekränkten,
Kummerversenkten, Verlangenvollen,

Über Hari's Vergehen Grollenden,
Mit ihm Schmollenden, sprach die Magd:

Hari auf Flügeln der Lenzluft besucht dich;
Locket auf Erden wohl süßere Frucht dich?
Gegen Mâdhava tu
Nicht spröd', o Spröde du!

Deine die Dattel beschämende Brust hier,
Sprich, was entziehest du selber die Lust ihr?
Gegen Mâdhava tu
Nicht spröd', o Spröde du!

Sagt' ich's so oft dir in jeglicher Art nicht?
Gegen den herrlichen Hari sei hart nicht!
Gegen Mâdhava tu
Nicht spröd', o Spröde du!

Warum o zagest du, klagest du, weinst du?
Alle Gefährtinnen lachen, was meinst du?
Gegen Mâdhava tu
Nicht spröd', o Spröde du!

Sieh, auf dem Lager von Blüt' und von Blatt da
Lagert er, mache die Augen dir satt da!
Gegen Mâdhava tu
Nicht spröd', o Spröde du!

Treibe vom Herzen des Kummers Berennung!
Höre mein Wort, das nicht rät zu der Trennung:
Gegen Mâdhava tu
Nicht spröd', o Spröde du!

Hari soll kommen und kosen genußreich;
Freundin, was machst du das Herz dir verdrußreich?
Gegen Mâdhava tu
Nicht spröd', o Spröde du!

Wenn du hart dem Weichen, wenn du starr bist dem sich Schmiegenden,
Abgeneigt dem Zugeneigten, feindlich einem solchen Freund;
Billig wird dann, o Verkehrte, Sandelsalbe dir zu Gift,
Mondstrahl Sonnenbrand, Schnee Feuer, Minnelustspiel Todeskampf.

X

Als inzwischen lind ihr Zorn geworden war,
Und des langen Seufzens müd' ihr schöner Mund,

Trat zu ihr, die schamvoll auf die Mägde sah,
Abends Hari, sprach mit holdem Stammeln so:

Wenn du nur ein Wörtchen sprichst, wird des Zahnes Lilienglanz dieses Bangens Nacht mir entfloren;
Deines Angesichtes Mond mit dem Lippennektarstrom labt der Augen durst'ge Cakoren.
Freundin! anmutreiche! laß den Stolz, den grundlosen, sinken!
Von Kandarpa's Feuer ging meine Seel' in Flammen auf; gib des Mundes Met mir zu trinken!

Schöngezahnte, wenn du bist wirklich gegen mich erzürnt, gib vom Pfeil des Nagels die Wunde!
In Armfesseln schlage mich, scharfen Bisses nage mich, oder was dir lieb ist zur Stunde!
Freundin! anmutreiche! lasse den Stolz, den grundlosen sinken!
Von Kandarpa's Feuer ging meine Seel' in Flammen auf; gib des Mundes Met mir zu trinken!

Du allein bist meine Zier, du allein mein Leben hier, mein Juwel in irdischen Schachten;
Herrin, daß du gegen mich immer freundlich seiest, das ist des Herzens eifrigstes Trachten.
Freundin! anmutreiche! laß den Stolz, den grundlosen, sinken!
Von Kandarpa's Feuer ging meine Seel' in Flammen auf; gib des Mundes Met mir zu trinken!

Dein sonst lotosblaues Aug', Holde, trägt erzürnt den Schein rötlicher Nymphä' im Gewässer;
Wenn du durch des Liebepfeils Regung es wie meinen Leib dunkeln ließest, ständ' es ihm besser.
Freundin! anmutreiche! laß den Stolz, den grundlosen, sinken!
Von Kandarpa's Feuer ging meine Seel' in Flammen auf; gib des Mundes Met mir zu trinken!

Laß dein Edelsteingerank auf der Brüste Schalen sprühn, daß er färbe des Herzens Bleichen!
Laß des Gürtels Glockenspiel tönen um der Lende Wall, daß zur Lust es gebe das Zeichen!
Freundin! anmutreiche! laß den Stolz, den grundlosen, sinken!
Von Kandarpa's Feuer ging meine Seel' in Flammen auf; gib des Mundes Met mir zu trinken!

Dein nymphäentötendes, meinen Busen rötendes, siegreich auf dem Lustkampfplatze
Schimmernd steh'ndes Sohlenpaar, sprich, soll ich's belegen zart mit des Lacks saftglänzendem Schatze?

Freundin! anmutreiche! laß den Stolz, den grundlosen, sinken!
Von Kandarpa's Feuer ging meine Seel' in Flammen auf; gib des Mundes Met mir zu trinken!

Gib, die Kâmas Gift versöhnt, gib, die meinen Scheitel krönt, mir des Fußzweigs blühende Spitze!
Furchtbar ist in meinem Blut Madana's Verzehrungsglut; laß den Fußtritt dämpfen die Hitze!
Freundin! anmutreiche! laß den Stolz, den grundlosen, sinken!
Von Kandarpa's Feuer ging meine Seel' in Flammen auf; gib des Mundes Met mir zu trinken!

Laß, Zweifelnde, den Wahn, den Haß! In deinem Schoß und Busen
Ruht, Reizende, mein Wunsch und tut für andres nie sich auf.
Eingeht ins Herz allein die Pein mir des leiblosen Gottes;
Gib, Holde, gib sein Recht dem Trieb, umarmend gib dich hin.

Gib, Mädchen, mir des schonungslosen Zahnes Biß,
Der Arme Ketten, enge Busenklemmung!
Entbrannte! deine Lust laß aus! aus Wundenklaff
Des Mördergotts entfliehn die Lebensgeister.

Mondangesicht, die Krümmung deiner Brauen
Ist junger Herzen schwarze Todesschlange;
Die von ihr drohende Gefahr zu wenden,
Ist dein Mundnektar die Beschwörungsformel.

Nutzlos peinigt mich dein Schmollen, Schmächt'ge, kose Köstliches!
Blühende, mit holdanredenden Blicken scheuche den Verdruß!
Wohlgewandte, wend' einmal nicht mehr dein Antlitz ab! o tu
Dir nicht selbst weh, Milde, Holde, dein Geliebter, ich bin da!

Bandhûka's Glanz hat deine Lipp', und deine Wange zart Madhûka's Schimmer,
O Huldin, blauen Lotosduft zu hauchen scheinen deine dunkeln Augen;
Die Nase strebt ein Tila-Sproß empor, o Kind mit Zähnen von Jasminen!
In deines Angesichtes Dienst besiegt die Welt der Gott mit Blumenwaffen.

In deinem Blick die Trunkenheit, den Mondschein auf der Stirne,
Die Anmut selbst in deinem Gang, die Füll' im Schenkelpaare,
In deinem Arm die Liebeslust, die Zierd' in krauser Locke,
Wie manche Jugendgottheit bringst du mit dir her zur Erde!

XI

Nachdem er lang geliebkost der Rehaugigen,
Ging vollgeschmückt zum laub'gen Lager Keshava;

Da sprach, als augenlabend an der Abend glomm,
Zur fröhlich aufgeputzten Râdhâ so die Magd:

Der da mit schönen versöhnenden Tönen die Füße dir flehend umfangen,
Nun in der luftigen Laube zum lockenden Lager der Lust ist gegangen,
Mädchen! dem Madhu-Bemeistrer,
Dem genaheten, nahe dich, Râdhikâ!

Walle mit wallendem Busen, mit wogender Lendenbewegung die Bahnen,
Schüchtern im Klange des schütternden Schmuckes, und zeige den Gang der Fasanen,
Mädchen! dem Madhu-Bemeistrer,
Dem genaheten, nahe dich, Râdhikâ!

Hörst du des Madhu-Befehders die frauenbezaubernde Stimme, die süße?
Unter dem Kokila-Chore, dem Liebe besingenden, suche Genüsse,
Mädchen! dem Madhu-Bemeistrer,
Dem genaheten, nahe dich, Râdhikâ!

Winkend im Winde, mit blättergefingerten Händen, die Winden der Bäume
Mahnen dich lange zur Eile des Gangs, Saumselige, länger nicht säume,
Mädchen! dem Madhu-Bemeistrer,
Dem genaheten, nahe dich, Râdhikâ!

Diese vom Drang des Ananga Bewegte, nach Haris Umarmungen Lust nur
Zeigende, frage du diese von hellen Juwelen betauete Brust nur,
Mädchen! dem Madhu-Bemeistrer,
Dem genaheten, nahe dich, Râdhikâ!

Von der Gefährtinnen Reihen umrungen, zum ringenden Kampfe gerüstet,
Rasende! rühre die Trommel, und fahre die Nachtfahrt, scheulos gebrüstet!
Mädchen! dem Madhu-Bemeistrer,
Dem genaheten, nahe dich, Râdhikâ!

Stütze die Hand mit dem Manmatha-Pfeile, dem Nagel, auf deine Vertraute,
Wecke den lauschenden Freund mit der Spangen im Anschritt dröhnendem Laute,
Mädchen! dem Madhu-Bemeistrer,
Dem genaheten, nahe dich, Râdhikâ!

»Schauen wird sie mich, wird kommen, bringen süßen Liebesgruß,
Mit Umfang sich letzen, lustvereinigt!« so gedankenvoll
Blickt er, Freundin, dort nach dir aus, zittert, schaudert, jauchzt, zerfließt,
Springt empor und sinkt zurück, im dunkeln Laubgewölb, dein Freund.

Schwarze Schmink' aufs Auge tuend, hinters Ohr Tâpiccha-Laub,
Auf die Locke dunklen Lotos, auf die Brust ein Muskusmal,

Lauscht, gehüllt in dichte Schleier, jetzt das Nachtgraun im Gebüsch,
Und umfängt, o Freundin, eil'ger Nachtbesucherinnen Leib.

Von kashmirweißgeleibter Wandlerinnen
Juwelenglänzen überall bestreifet,
Dient dies tamâlenblätterschwarze Dunkel
Der Nacht zum Probstein ihres Liebesgoldes.

Am Eingang des vom Glanz des Halsgeschmeides,
Des goldnen Gürtels und der Kettenspangen
Durchstrahlten Laubdachs stand beschämt und schaute
Den Hari Râdhâ, da begann die Freundin:

Hier in des Laubrankengeflechts Freudengemache,
Râdhâ! tritt ein in Mâdhava's Nähe,
Spiele du hier, Wonnebegierblickende, lache!

Wo sich ein frisch grünes Gebüsch wölbet zum Bette,
Râdhâ! tritt ein in Mâdhava's Nähe,
Spiele du hier, laß auf der Brust klingen die Kette!

Wo den Palast blühender Ast baut, der betaute,
Râdhâ! tritt ein in Mâdhava's Nähe,
Spiele du hier, Zierliche, Zartblumengebaute!

Wo von der Duftmalayaluft kühl sind die Hallen,
Râdhâ! tritt ein in Mâdhava's Nähe,
Spiele du hier, laß den Gesang lockend erschallen!

Unter des Laubdaches gewindwebendem Hange,
Râdhâ! tritt ein in Mâdhava's Nähe,
Spiele du hier, ruhe vom anstrengenden Gange!

Wo ihr Gesumm übet die Imm' honigbetrunken,
Râdhâ! tritt ein in Mâdhava's Nähe,
Spiele du hier, süß in Begier wonnig versunken!

Wo dich der Lenzkokila laut ladet zum Sitze,
Râdhâ! tritt ein in Mâdhava's Nähe,
Spiele du hier, zeige des Zahns glänzende Spitze!

Mit verlangendem Lustbangen, auf Govinda gewandt den Blick,
Hold mit hellem Geschmeid läutend, ging sie ein in das Haingemach.

Ihn, der, von Râdhâs Antlitz bestrahlet, entfaltete vielfache Regung,
Wie bei des Monds Aufgange des wallenden Weltmeers Wellenbewegung,

Hari, den einzigholden, der lang' ersehnt die Vereinung,
Sah sie nun, ihn mit den lustaussprechenden Mienen, Ananga's Erscheinung.

Dem ein gesterntes Geschmeide sich schmiegt, um den Busen in weiter Umfließung,
Gleich der mit glänzenden Schäumen sich kränzenden Yamunâ-Flutenergießung,
Hari, den einzigholden, der lang' ersehnt die Vereinung,
Sah sie nun, ihn mit den lustaussprechenden Mienen, Ananga's Erscheinung.

Dem um den bräunlichen lieblichen Leib sich gebreitet die gelbliche Hülle,
Wie um die blaue Nymphäe des stäubenden Duftes vergoldende Fülle,
Hari, den einzigholden, der lang' ersehnt die Vereinung,
Sah sie nun, ihn mit den lustaussprechenden Mienen, Ananga's Erscheinung.

Dem auf dem liebesgeröteten Antlitz die flatternden Wimpern sich wiegen,
Wie Bachstelzen im herbstlichen Weiher um blühende Lotosse fliegen,
Hari, den einzigholden, der lang' ersehnt die Vereinung,
Sah sie nun, ihn mit den lustaussprechenden Mienen, Ananga's Erscheinung.

Welchem die Wangennymphäe zu küssen, die Ohrringsonnen sich drehen,
Welchem mit lächelndem Glanz aufblühen die Lippen, um Liebe zu flehen,
Hari, den einzigholden, der lang' ersehnt die Vereinung,
Sah sie nun, ihn mit den lustaussprechenden Mienen, Ananga's Erscheinung.

Dessen beblumete Locken der Wolke, der mondlich beschimmerten, gleichen,
Dem wie ein Mond aus der Nacht sich erhebt an der Stirne von Sandel das Zeichen,
Hari, den einzigholden, der lang' ersehnt die Vereinung,
Sah sie nun, ihn mit den lustaussprechenden Mienen, Ananga's Erscheinung.

Mächtig vom Schauer der Wonne geschüttert, vom Pulse der Liebe durchzittert,
Rings von dem Strahlengewebe juwelenen Schmuckes die Glieder umflittert,
Hari, den einzigholden, der lang' ersehnt die Vereinung,
Sah sie nun, ihn mit den lustaussprechenden Mienen, Ananga's Erscheinung.

Aus dem Auge, das den Winkel überschreitend, nach des Ohrs
Grenzgebiet hinstrebend, niedersinken ließ den schwanken Stern,
Stürzte jetzt der Râdhâ, da ihr des Geliebten Anblick ward,
Plötzlich wie ein Schweißerguß hervor ein Freudentränenstrom.

Sie stand am Rand des Lagers,
Als, unterm Schein, die Wange sich zu jücken,
Das Lachen sich verhaltend,
Der aufmerksamen Mägde Schar hinausging;
Und als sie sah das Antlitz

Des Liebsten, das von Smara's Pfeil entglommne,
Die Schämige, da ging nun
Hinweg die Scham auch von der Rehgeaugten.

XII

Nach der Dienerinnen Weggang, als, von minder Scheu bedrängt,
Von Gefühlsiegs Ausdruck schwellend, lächeltaubenetzten Munds,
Râdhâ, die Verlangenvolle, dastand, und am laub'gen Bett
Ihre Augen niederschlug, sprach zur Geliebten Hari so:

Liebende! setz' auf das Lager von Laube den Fuß, der den Lotos besieget,
Mach' es zum glänzenden Zeugen, wie leicht ihm sein blühender Gegner erlieget!
Im Augenblick dem Nârâyana, dem genaheten, nah' o Râdhikâ!

Soll in die Hand ich nicht fassen den Fuß dir? so weit her bist du gegangen;
Laß auf dem Bett wie mich selber nur ruhen die mutig begleitenden Spangen!
Im Augenblick dem Nârâyana, dem genaheten, nah' o Râdhikâ!

Träufle vom Nektarbehälter des Mundes ambrosische Worte zur Feier!
Sieh, wie die Trennung entheb' ich dem Busen den brüstebedrängenden Schleier.
Im Augenblick dem Nârâyana, dem genaheten, nah' o Râdhikâ!

Den nach des Freundes Umfangen verlangenden, bangenden, einzig erkornen
Busen laß wallen am Busen mir, stille die Glut des Gemütegebornen!
Im Augenblick dem Nârâyana, dem genaheten, nah' o Râdhikâ!

Reizende! reiche den Nektar der Lippe, belebe den Sklaven, den toten,
Den in dir lebenden, welchem die Gluten der Trennung zu atmen verboten.
Im Augenblick dem Nârâyana, dem genaheten, nah' o Râdhikâ!

Klingle mit Gürteljuwelen ins Klingen der Kehle, du Mond von Gesichte!
Meine zu lange von Kokila's Gellen ermüdeten Ohren beschwichte!
Im Augenblick dem Nârâyana, dem genaheten, nah' o Râdhikâ!

Jetzo den Freund, den von deinem so nutzlosen Grolle Gequälten, zu sehen,
Blinzet dein Auge vor Scham; o laß es, und löse der Liebe die Wehen!
Im Augenblick dem Nârâyana, dem genaheten, nah' o Râdhikâ!

Wo dem engeren Umfahn von Schauern,
Und dem Minneblickspiel von des Augs
Blinzelung, dem Lippennektartrinken
Von dem scherzenden Liebkosungswort,
Selbst dem Liebeskampfe vom Entzücken
Immer eine Schranke ward gesetzt:
Unter solchen Hemmungen ergehend,
Ward ihr Lustaustausch genußreich erst.

Von Nageldruck blaßrote Brust, von Schlummerlosigkeit getrübte Augen,
Der Lippen Purpur weggehaucht, des Hauptes Wald wirr mit zerstörten Kränzen,
Der Gürtel klaffend, schlapp das Kleid: ein solches Morgenbild war sie den Augen;
O Wunder, wie des Gatten Herz von diesen Kâma-Pfeilen ward durchbohret!

Zum Liebebegnügten nach Wonnegenuß,
Sie mit gelösten Gliedern,
Râdhâ mit ehrerbietiger Scheu
Sprach also zu Govinda:

Yadu-Beglücker! mit sandelerkühlender Hand an die strahlende Busenschal',
An die mit Madana's Opfergefäße sich messende, male das Muskusmal!
Sie gebot dem Yadu-Geborenen,
Dem spielenden Herzenserkorenen.

Laß hier, o Liebster, am Liebesgeschosse versendenden blendenden Augenpaar
Nun die vom Kusse der Lippen zerstobenen blinkenden Schminken enttauchen klar!
Sie gebot dem Yadu-Geborenen,
Dem spielenden Herzenserkorenen.

Holder Gesell! an die Augengazellenbewegung – umhegenden Ohren bring'
Hier den geschickt sich wie Madana's Fangstrick dehnenden sehnenden Ohrenring;
Sie gebot dem Yadu-Geborenen,
Dem spielenden Herzenserkorenen.

Fang ins Geflechte die flatternden, lange wie Bienen in schwärmenden Flocken mein
Lilienlicht des Gesichtes umhangenden, fange die lockeren Locken ein!
Sie gebot dem Yadu-Geborenen,
Dem spielenden Herzenserkorenen.

Male mir, Munterer, am Monde der Stirne das Zeichen aus Muskus gemischt mit Fleiß,
Daß an dem Monde die Flecken nicht fehlen, nachdem du ihm ab hast gewischt den Schweiß.
Sie gebot dem Yadu-Geborenen,
Dem spielenden Herzenserkorenen.

Flicht nur und sträube dich nicht, hier ins wallende Panner Ananga's die Blumenschleif',
Hier in das wirre Geflirre des Schopfes, der spielt wie ein spiegelnder Pfauenschweif.
Sie gebot dem Yadu-Geborenen,
Dem spielenden Herzenserkorenen.

Den Schmuck der Brüste rüste zu, laß Farb' auf Wangen prangen!
Lind um die Lende leg den Gurt, den Kranz am Haarnetz kräusle!
Schling um die Hand die Spangenschlang', am Fuße fest die Fessel! –
So angewiesen, jedes tat gewandt der Gelbgewand'ge.

ROSTEM UND SUHRAB

ERSTES BUCH.

1.

Laß aus dem Königsbuch der Perser dir berichten
Von Rostem und Suhrab die schönste der Geschichten,
Von Heldenruhm, wie leicht er Frauenlieb erwarb,
Und wie der eigne Sohn, erlegt vom Vater, starb!
Held Rostem sprach, als er am Morgen war erwacht:
Auch heute hab ich nicht zu reiten in die Schlacht.
Afrasiab, der Fürst von Turan, läßet ruhn
Die Waffen, friedlich blüht das Reich von Iran nun;
Doch in der Friedensruh was soll ich selber thun?
Da rüstet' er sich schnell zur Jagd, er band in Eile
Den Gürtel fest, und hieng den Köcher um voll Pfeile.
Den Bogen prüft' er, ob er nicht die Kraft verlor;
Dann zog er aus dem Stall den edlen Hengst hervor.
Dem war die Weile dort wie seinem Herren lang;
Er wieherte vor Lust, als er ihn setzt' in Gang.
Er schwang sich auf den Rachs, und sagte nicht ein Wort
Den Seinigen im Haus, in Eile ritt er fort.
Der Mark von Turan zu wandt er sein lockig Haupt,
Alswie ein Löwe, der nach seiner Beute schnaubt.
Wie zu der Turanmark er hingekommen war,
Die Haide nam er da voll wilder Elke war.
Wie eine Rose war erblüht des Helden Wange
Vor Lust, er tummelte den Rachs mit raschem Gange.
Mit Pfeil und Bogen bald, mit Keul und Fangeschnur,
Ein Dutzend Stücke warf er nieder auf die Flur.
Aus Dornen und Gesträuch und manchem Baumesast
Entzündet' er darauf ein Feur von starkem Glast.
Und als zu Kolenglut war eingebrant die Flamm,
Erkor der Recke sich zum Bratspieß einen Stamm.
Der Elke feistesten steckt' er an diesen Baum,
Der wog in seiner Hand nicht eines Vogels Flaum.
Er drehte wohl den Spieß, daß fein der Braten briete
Auf allen Seiten gleich, und nirgend ihm misriete.
Und als er gaar nun war, nam er ihn vor, und saß
Am grünen Boden hin mit guter Lust und aß,
Wobei er auch das Mark im Knochen nicht vergaß.
Gesättigt, schritt er nun hin wo ein Waßer lief,
Zur Gnüge trank er auch, dann legt' er sich und schlief.
Am Rand des Baches lag der Held, den heißen Tag
Ausschlafend, und sein Ross gieng weidend frei im Hag.

2.

Als Rostem lag und schlief, und an sein Ross nicht dachte,
Da kamen Türken her, ein sieben oder achte.
Die sahn ein edles Ross frei weiden in dem Bann
Von Turan, und zu sehn zum Rosse war kein Mann.
Worauf sie sich alsbald das Ross zu fangen schickten:
Sie hättens nicht gewagt, wo sie den Mann erblickten!
Da kamen sie dem Rachs mit ihrer Fangschnur nah;
Aufschnaubt' er wie ein Leu, da er die Fangschnur sah.
Nicht wollte sich der Rachs geduldig laßen fangen,
Es wäre schlimm zuvor erst einigen ergangen.
Den Kopf vom Rumpfe riß dem einen sein Gebiß;
Derweil ein Hufschlag zwei zu Boden hinten schmiß.
Der kühnen Türken so getödtet lagen drei,
Das kriegerische Ross war noch von Banden frei.
Doch unverdroßen stürmt herbei der andre Tross,
Und warfen übers Haupt mit Müh die Schnur dem Ross.
Gebändigt führen sies zur nahen Stadt in Eil,
Es wär um vieles Gold ihr Fang nicht ihnen feil.
Es sei von hoher Art, ersahn sie an den Zeichen;
Jedweder wollte Teil am edlen Hengst erreichen.
Sie fürchteten, der Raub werd ihnen bald entführt,
Nicht lange bliebe solch ein Schatz unaufgespürt.
Da brachten sie geschwind ihn zu der Stuterei,
Daß seines Samens doch teilhaftig jeder sei.
Ich hörte, daß er dort auf zwanzig Stuten sprang,
Die alle seiner Wucht erlagen beim Empfang.
Und nur von einer ward getragen Leibesfrucht;
Zu Großem war bestimmt das Folen edler Zucht.

3.

Doch Rostem, wie er dort von seinem Schlaf erwachte,
Das erste war sein Ross, an das er wieder dachte.
Er blickt' umher, und sah sein Ross nichtmer im Hag;
Verlaufen hatt es ihm sich nie vor diesem Tag.
Laut rief er ihm; sonst kams auf leisen Ruf herbei;
Nun kam es nicht; da sprang er auf mit lautem Schrei.
Er suchte rings im Hag, er spähte durch die Flur,
Von seinem Rosse fand er hier und dort die Spur,
Es selber fand er nicht, und rief: O weh! verloren
Hab ich, derweil ich schlief, mein Ross gleich einem Toren.
Was soll ich ohne Ross mit dieser Rüstung thun?
Des Rittes lang gewohnt, geh ich zu Fuße nun?
Was werden Türken, wenn sie mir begegnen, sagen,
Daß ich den Sattel muß, statt mich der Sattel, tragen?

Verlaufen hat sichs nicht, das ist nicht seine Art;
Nun desto schlimmer, wenn es mir gestolen ward!
Doch lang bleibt nicht der Rachs des Rostem unbekant;
Auffinden werd ich ihn, der mir den Rachs entwandt!
Kam wol, derweil ich schlief, ein ganzes Türkenheer?
Denn einem einzgen ist der Rachs zu fangen schwer.
Doch den Gedanken ist vergebens nachzuhangen;
Auf, rüste dich zum Gang, weil dir dein Ross entgangen!
So sprach er unmutsvoll, und schwieg, und schaute stumm
Noch eine Weile sich nach seinem Rösslein um;
Denn immer dacht er noch, es müßte wieder kommen:
Wer auf der Welt sollt ihm haben den Rachs genommen?
Als aber doch der Rachs nicht wiederkommen wollte,
Macht' er sich endlich an den sauren Gang, und grollte.
Mit Waffen und Geschirr belud er sich, und sprach
Noch viel mit sich, indem er gieng den Spuren nach.
Die Spuren leiteten zur Stadt Semengan ihn,
Die dort im Abendstral zu ihm herüber schien.

4.

Er sprach: Das ist die Stadt, in der ein König sitzt,
Der es mit Turan jetzt und hält mit Iran itzt,
Der wie die Wage schwank sich nach der Seite neigt,
Wo sich ein Perser hier und dort ein Türke zeigt.
Den Rostem kennen sie, wenn er zu Pferde steigt!
Doch fehlt mir ja der Rachs, daß ich zu Pferde steige!
Ob ich zu Fuße denn mich in Semengan zeige?
Ich geh in ihre Stadt zu Fuß mit meinen Waffen,
Und seh, ob meinen Rachs sie dort mir wieder schaffen!
Ich sag es ihnen gleich, daß sie ihn schaffen sollen,
Und denke nicht, daß sie ihn vorenthalten wollen!
Ich werb um Gastherberg in dieser Stadt der Grenzen,
Und sehe, was beim Schmaus dem Rostem sie kredenzen!
So sprach er unterm Gehn, doch aus den Augen ließ
Er nie dabei die Spur, die sich am Boden wies;
Bis die in Schilf und Rohr am Fluße sich verlor;
Da ließ er sie, und gieng grad auf Semengans Tor.
Nun in Semengan ward dem König angesagt:
Held Rostem kommt, er hat im Türkenforst gejagt.
Zu Fuße geht einher die lichte Kronenzier,
Weil ihm entlaufen ist der Rachs im Jagdrevier.
Der König, wie er dieß vernam, war er geschürzt,
Daßnicht ein solcher Gast an Ehren sei verkürzt.
Da zogen aufs Gebot des Königs alle Degen,
Die Edlen all des Hofs, dem Edelsten entgegen.
Entgegen zog ihm, wer aufs Haupt nur einen Helm

Zu setzen hatt, und wer zurückblieb, war ein Schelm.
Sie reihten feierlich sich um den Heldenglanz,
Wie um der Sonne Haupt der Abendwolke Kranz.
So führten sie zur Stadt das Licht der Ehren ein,
Als eben über ihr erlosch des Tages Schein.

5.

Der König trat zu Fuß hervor aus dem Palast,
Der Hofstaat um ihn her, entgegen seinem Gast.
Er grüßt' und neigte sich: Woher durch Wald und Feld,
Und kein Begleiter ist mit dir, o Kampfesheld?
Hast du den Tag vollbracht mit Jagd im Jagdrevier,
Und suchest nun zur Nacht bei Freunden Nachtquartier?
Wir alle sind hier nur auf deinen Wunsch bedacht,
Und zu Befehle steht Semengan deiner Macht.
Die Leben stehen dir und Güter zu Befehle;
Die Edeln, Edelster, sind dein mit Leib und Seele.
Was wünschest du? es soll geschehen, o Pehlewan!
Gebeut, was wir dir thun, und denk, es sei gethan!
Held Rostem hörte gern die Rede sanft und zahm,
Wol merkt' er, ihnen sei die Hand zum Bösen lahm.
Er sprach: Abhanden kam der Rachs mir auf der Flur,
Und hier bis an die Stadt geht seiner Tritte Spur.
Wenn du mir diese Nacht ihn wieder schaffen kannst,
So wiße, daß du Dank von mir und Preis gewannst.
Doch wenn ihr mir den Rachs nicht werdet wieder schaffen,
So sollen durch mein Schwert hier breite Wunden klaffen.
Der König sprach erschreckt: Held ohne Furcht und Zagen,
Wer dürfte wol den Rachs dir zu entwenden wagen?
Sei du mein Gast, laß dir den Ehrenbecher spenden
In Frieden, und nach Wunsch wird sich die Sache wenden.
Von Rostems Rosse bleibt die Fährte nicht verborgen;
Wir schaffen dir den Rachs; gedulde dich bis morgen!
Mit ungestümer Hast gelangt man nicht zum Fange;
Mit sanften Worten lockt man aus dem Loch die Schlange.
Drum sänfte deinen Zorn, kehr ein, und laß beim Wein
Mit Herzen sorgenfrei die Nacht uns fröhlich sein!
Wir bringen dir den Rachs, o tapfrer Kampfgesell,
Wir bringen ihn, bevor der Morgen tagt, zur Stell;
Uns sei die Hall indes vom Licht des Weines hell!

6.

Der Löwenmutige ward dieser Rede froh,
Davon aus seiner Brust so Groll als Unmut floh.
Es dünkt' ihm gut, daß er zum Königshause gienge,

Als wolgemuter Gast zu Fest und Schmause gienge.
Ihm gab den Ehrensitz der König im Palast,
Auf Füßen dienstbereit stand er vor seinem Gast.
Die Häupter aus der Stadt, die Häupter aus dem Heer,
Berief und pflanzt' er beim Gelag um Rostem her.
Den Köchen er befal, von allen guten Dingen
Gerichte zu der Wal des Helden herzubringen.
Da ward hereingebracht ein ausgesuchtes Mal,
Der Silberschüßeln Pracht und goldner Schaalen Zal;
Aus China war beim Fest chinesischer Pokal.
In diesem ward kredenzt Wein unter Lautentönen
Von rosenwangigen gasellenaugigen Schönen.
Sie mengten Saitenspiel und Wein mit Schmeichelei,
Damit nicht ungemut der Hochgemute sei.
Er hörte seine Lust, und schaute sein Vergnügen,
Und trank den frohen Mut dazu in langen Zügen.
Mit allen Sinnen so schöpft' er des Festes Wonne,
Ihm stralte sein Gesicht bei Nacht wie eine Sonne.
Und allen, welche da das helle Angesicht
Des Helden leuchten sahn, wards in der Seele licht.
Die Becher ließ er nicht die ungetrunknen säumen;
Und als er trunken war, dacht er den Sitz zu räumen.
Da war bereit für ihn, gewölbet kühl und luftig,
Ein Schlafgemach, von Musk und Rosenwaßer duftig.
Im kühlen Schlafgemach verschlief auf seidnen Decken
So Müdigkeit als Rausch Rostem, der Feinde Schrecken.

7.

Um Mitternacht, wenn sich des Poles Wagen drehn,
Ward leises Wort gesagt bei leiser Tritte Gehn.
Geräuschlos aufgetan ward Rostems Ruhgemach,
Mit Staunen ward der Held beim Glanz von Fackeln wach.
Tehmina stand vor ihm, bestralt von Stein und Gold,
Die Königstochter von Semengan wunderhold.
Ihr standen beiderseits mit Fackeln Dienerinnen;
Sie stralte hell vom Glanz der Fackeln und der Minnen.
Der Reiz der Jugend war in den der Scham getaucht,
Der Wangen Lilien von Rosen überhaucht.
Doch im Rubinenschloß des Mundes lag bewart
Geheimnis liebliches, für diese Nacht gespart.
Er richtete sich auf, und staunte lang und tief,
Indem er Preis ob ihr und ihrem Schöpfer rief.
Er fragte sie und sprach: Wie, Holde, nennst du dich?
Und was in finstrer Nacht zu suchen kommst du, sprich!
Zur Antwort gab sie ihm: Tehmina ist mein Name,
Gespalten ist mein Herz von einem tiefen Grame.

Ich bin des Schahes von Semengan einzig Kind,
Von Kindheit auf, im Lauf, der Neid von Hirsch und Hind;
Sie holen mich nicht ein, mich holt nicht ein der Wind.
Allein die Sehnsucht kam mich heimlich einzuholen,
Die führt mit diesem Gram mich her zu dir verstolen.
Wie eine Wundersag hab ich aus jedem Munde
Gehört zu jeder Stund, an jedem Ort die Kunde,
Wie du so tapfer bist, und trägest keine Scheu
Vor Tiger, Elefant und Krokodil und Leu.
Du schirmest ganz allein Iran mit deiner Kraft,
Und Turan zittert, wenn sich rührt dein Lanzenschaft.
Du reitest ganz allein bei Nacht in Turan ein,
Und streifest dort umher, und schläfest dort allein.
Dergleichen Kunde ward mir vom Gerücht vertraut;
Lang wünscht ich dich zu sehn, heut hab ich dich geschaut.
Wenn du zu Weibe mich begehrst, bin ich dein Weib;
Nie Mond- noch Sonnestral berührte diesen Leib.
Vom Schleier meiner Zucht erwuchs ich tief umfangen;
Den Zügel der Vernunft entzog mir dieß Verlangen:
Ich bitte Gott, von dir zu tragen einen Sproß,
Der einst, an Kraft dir gleich, beherrsche dieses Schloß.
Zur Mitgift will ich jetzt, o Held, dieß Schloß dir bringen,
Zur Morgengab alsdann, Rostem, dein Ross dir bringen!

8.

So endet' ihren Gruß das Mondglanzangesicht;
Der Löwenkühne hört' aufmerksam den Bericht.
Wie sie der Held so schön, so perlgleich sie sah,
An Sinn so hoch und an Verstand so reich sie sah,
Und daß sie noch dazu vom Rachs ihm gab die Kunde;
Von lauter Frölichkeit sah er erfüllt die Stunde.
Er rief die wandelnde Zipress' an sich heran;
Hold tauschte Blick und Wort mit ihr der Pehlewan.
Er rief ins Vorgemach, daß einen der Mobeden
Sie brächten ihm herbei, der wüßte wol zu reden.
Den sendet' er alsbald, den Weisen tugendvoll,
Daß er die Tochter ihm vom Vater fordern soll.
Der Wolverständige, dahin zum Schahe schritt er,
Und that die Werbung kund von Irans edlem Ritter.
Der Schah ward freudenvoll, da dieser Gruß erscholl;
Er fühlte, wie sein Herz von hohem Mute schwoll.
Er richtete sich stolz, der Zeder gleich, empor;
Das Band mit Rostem kam ihm wert und theuer vor.
Dem Ritter in der Nacht gab er der Tochter Hand;
Und wie die Kund erscholl, war Freud in Stadt und Land.
Von Freuden war erwacht ein Aufruhr in der Nacht,

Zu Rostem sei als Braut des Königs Kind gebracht.
Da war der Jubel laut die ganze Nacht ums Schloß,
Wo seine holde Braut der starke Held umschloß.
Still tauschte drin das Paar die Lust der Seelen aus,
Und draußen ließ die Schaar die Kraft der Kehlen aus:
»Daß dieser neue Mond lang dein Behagen sei!
Daß deiner Feinde Haupt ewig geschlagen sei!
Aus diesem Bunde müß ein Heldensproß entspringen,
Der mög an Tapferkeit mit seinem Vater ringen!«
Sie meinten ihr Gebet zum Segen und zum Heil,
Der Himmel aber nam es an zum Gegenteil.

9.

Nach kurzer Freudennacht als an der Morgen brach,
Wand aus Tehminas Arm sich Rostem los, und sprach,
Indem vom Arm er nam ein goldenes Gespang,
Von dem erschollen war der Ruhm die Welt entlang;
Sie glaubten, daß daran sei Rostems Heil gebunden,
Und unverletzlich sei, wen dieses Band umwunden:
Das gab er ihr und sprach: Liebtraute! dieß bewar!
Wenn eine Tochter dir nun bringen wird das Jahr,
So nimm dieß Goldgespang, und schling es ihr ins Haar!
Als welterleuchtenden Glückstern soll sie es tragen,
Der ihr soll und der Welt von ihrem Vater sagen.
Wenn aber einen Sohn dir die Gestirne reichen,
So bind ihm um den Arm, wie ich es trug, das Zeichen.
Des Vaters Zeichen sei an seinem Arm bewart,
Und wachsen wird er selbst nach seines Vaters Art.
Gleich seiner Ahnen Stamm wird der aus Heldensamen
Erzeugte sein, es bleibt nicht ungenant sein Namen.
Ist er erwachsen, send ihn mir nach Iran zu!
Nun aber naht der Tag, ich geh, wol lebe du!
Zum Abschied faßt' er sie an seine starke Brust,
Auf Aug und Haupt gab er ihr manchen Kuss voll Lust.
Mit Weinen wandte sich von ihm die zarte Braut;
Sie ward nach kurzer Lust mit langem Weh vertraut.
Zu Rostem aber kam der König hochgemut,
Den Eidam fragt' er da, wie er die Nacht geruht?
Ihm gab er Kunde dann vom Rachs, er sei gefunden;
Und aller Sorgen war das Heldenherz entbunden,
Er gieng, und streichelt' ihn und sattelt' ihn sogleich,
Dann von Semengan ritt er froh und freudenreich.
Gen Sistan auf dem Rachs als wie ein Wind er flog,
Indem er die Geschicht in seinem Sinn erwog.
Von Sistan ritt er heim nach Sabulistan gar,
Und keinem sagt' er dort, was ihm begegnet war.

ZWEITES BUCH.

10.

Neun Monde waren schon Tehminen hingegangen,
Als sie gebar den Sohn wie eines Mondes Prangen.
Die Mutter sah ihn an mit Lust und schmerzenreich,
Er war in jedem Zug wol seinem Vater gleich.
Sie nannte Suhrab ihn, und nam ihn an die Brust;
Das Kind war auf der Welt nun ihre einzge Lust.
So zärtlich pflegte sein die Mutter, die ihn nährte,
Daß keines Dinges er zu keiner Stund entbehrte.
Der Knabe weinte nie; er hatte neugeboren
Gelächelt schon, als sei er nicht zum Weh geboren.
Er wuchs so wunderbar: als er ein Monat war,
Da war er anzusehn, alsob er wär ein Jahr.
Drei Jahr alt, ließ er schon zur Rennbahn sich gelüsten,
Im fünften sah man ihn zum Löwenkampf sich rüsten.
Wie er zehn Jahr alt war, da war im ganzen Land
Nun kein gestandner Mann, der ihm zum Kampfe stand.
Von Leib ein Elefant, von Wangen Milch und Blut,
Rasch wie ein Hirsch gewandt, im Auge dunkle Glut,
Von Wuchse schlank, die Brust gewölbt von hohem Mut.
Zwei Arme schwang er um sich her den Keulen gleich,
Und unten standen fest zwei Füße Seulen gleich.
Wo er im Ringspiel rang, wo er den Schlägel schlug,
War keiner der davon den Ball des Sieges trug.
Er gieng zur Löwenjagd, da ward der Löw ein Fuchs;
Die Zeder rüttelt' er, sie bog sich wie ein Buchs.
Windfüßigem Renner rannt er sturmgeflügelt nach,
Beim Schweif ergriff er ihn, der Renner stand gemach.
Es war alsob zum Kampf die Welt er fordern wollte,
Alsob er selbst bestehn den eignen Vater sollte.

11.

Zu seiner Mutter kam der Knabe, sie zu fragen:
Verwegen sprach er da: Mutter, du sollst mir sagen!
Denn unter meinen Spielgenoßen rag ich hoch
Hervor, mein Haupt empor zum Himmel trag ich hoch.
Wes Samens, welches Stamms ich bin, will ich erkennen;
Wenn nach dem Vater man mich fragt, wen soll ich nennen?
Wirst du mir Antwort nicht auf diese Frage geben,
Am Leben bleib ich nicht, und du bleibst nicht am Leben!
Die Mutter, da sie dieß vom jungen Pehlewan
Vernommen, sah zugleich mit Stolz und Furcht ihn an:

Er war entwachsen ihr, und nicht mehr untertan.
Sie faßte sich und sprach begütigend: Vernimm
Ein Wort, des freue dich, und laße deinen Grimm!
Du bist des Rostem Kind, des Perserpehlewanen,
Und seine Ahnen sind in Iran deine Ahnen.
Drum übern Himmel trägst du hoch dein Haupt hinaus,
Weil du entsproßen bist aus solchem Heldenhaus.
Denn was an Heldentum nun in der Welt erscheint,
Das ist in Rostems Stamm, in Rostem selbst vereint.
Sieh dieses Goldgespang, nimm hin und halt es fein!
Zum Abschied gab mir das für dich dein Väterlein.
Erfährt er, daß sein Sohn erwuchs zum tugendreichen,
Nach Iran ruft er dich, und kennt dich an dem Zeichen;
Dann bricht mein Herz vor Leid, wann ich dich seh entweichen!
O Sohn! Afrasiab, der Schah von Turan, soll
Nicht wißen dein Geschlecht; das brächt uns seinen Groll.
Denn Niemand auf der Welt ist ihm wie Rostem feind,
Rostem, um welchen Blut in Turan wird geweint.
Witwen in Turan macht sein Schwert in jeder Schlacht;
Und ohne Schwertstreich hat er mich dazu gemacht.
Drum vor Afrasiab beware dieß im Stillen!
Den Sohn verderben möcht er um des Vaters willen.
Den Vater hab ich schon verloren, liebes Kind,
Verlör ich auch den Sohn, so wär ich sänfter blind.
Sei stolz, doch sag es nicht, wer deine Ahnen sind!

12.

Doch Suhrab sprach: Wer birgt die Sonn im Weltenring?
Unmöglich wird geheim gehalten solches Ding.
Von einer Heldenabkunft, Mutter, dieser gleich,
Zu schweigen, wäre dir und mir nicht ehrenreich.
Was, Mutter, hast du selbst gehalten lange Zeit
Geheim die Abkunft mir von solcher Herrlichkeit?
Denn alle Kämpen jetzt, die jungen und die alten,
Nur Rostem ists von dem sie Kampfgespräche halten.
Von allen Namen ward zuerst mir seiner kund,
Ich hörte seinen Ruhm aus seiner Feinde Mund.
Wer jenen Riesen schlug? dieß Zauberschloß zerstörte?
Nur Rostem, was ich frug, Rostem war, was ich hörte,
Stets mit Bewunderung, und oft mit Neide gar,
Mit Aerger! wußt ich denn, daß er mein Vater war?
Nun aus Semengan hier, und dort aus Turans Marken,
Versamml' ich all ein Heer der Mutigen und Starken.
Nach Iran will ich ziehn und von dem dunkeln Staube
Der Schlacht dem lichten Mond aufsetzen eine Haube.
Aufrütteln von dem Thron will ich den Keikawus,

Und schlagen aus dem Feld den alten Feldherrn Tus.
Wenn Rostem will, geb ich ihm Thron und Kron und Schatz,
Und laß ihn sitzen auf Keikawus' Fürstenplatz.
Von Iran zieh ich dann nach Turan kampfbereit,
Und fordere den Schah Afrasiab zum Streit.
Vom Throne stürz ich ihn alswie ein Blitz herab;
Die Sonne lang' ich mit der Lanzenspitz herab.
O Mutter, aber dich, du höre meinen Schwur an,
Mach ich zur Königin von Iran und von Turan.
Denn da, wo Rostem ist der Vater, ich der Sohn,
O Mutter, bleibt kein Fürst der Welt auf seinem Thron.
Wo Mond und Sonne selbst im Glanzvereine stralen,
Was wollen Sterne da mit ihrem Schimmer pralen!
So rief er, und erstaunt ließ er die Mutter dort;
Mit höherm Haupt, als er gekommen, gieng er fort.
Von seinem Vater sagt' er keinem doch ein Wort,
Im Herzen macht' er ganz den Vater sich zu eigen,
Doch wenn den Mund er aufthun wollte, mußt er schweigen.
Ihm wars alsob er erst zu Rosse steigen sollte,
Wenn er als Rostems Sohn der Welt sich zeigen wollte.

13.

Zu seiner Mutter sprach Suhrab, der junge Held:
Den Vater nun zu schaun, Mutter, zieh ich ins Feld.
Dazu brauch ich ein Ross, mit meinem Mut schritthaltend,
Ein Ross mit einem Huf von Eisen kieselspaltend:
Von Stärk ein Elefant, und vogelgleich an Schwung,
Im Waßer wie ein Fisch, und wie ein Reh im Sprung,
Ein Ross, das meine Wucht und meine Waffen trage,
Und nicht von meiner Faust erlieg an einem Schlage.
Denn nicht zu Fuße ziemt zum Kampfe mir zu gehn;
Vom hohen Ross will ich dem Feind ins Antlitz sehn.
Da so die Mutter hört' ihr junges Heldenblut,
Zum Himmel hob sie stolz ihr Haupt in hohem Mut.
Sogleich befolen ward von ihr dem Hirtenvolke,
Zu bringen aus der Trift von Pferden eine Wolke,
Damit dem Suhrab käm ein Rösslein fein zur Hand,
Auf dem er säße, wann er ritt in Feindesland.
Und alles was sich fand von Pferden alzumal,
Was aufzutreiben war da zwischen Berg und Thal,
Das trieben sie zur Stadt, und Suhrab nam, der Leu,
Die Fangschnur nun, und trat zum nächsten ohne Scheu.
Welch Ross vor allen stark er sah von Bug und Backen,
Des Riemens Schlinge warf er gleich ihm übern Nacken.
Er zog es her und legt' ihm auf den Rücken auch
Die Hand, da lags gestreckt am Boden auf dem Bauch.

Es konte nicht den Druck der flachen Hand ertragen,
Er braucht' es mit der Faust zu Boden nicht zu schlagen.
Schon war durch seine Hand manch schmuckes Ross geknickt,
Und keines kam ihm noch zur Hand, für ihn geschickt.
Es schien, es war kein Ross für seine Kraft gerecht,
Und traurig ward der Sproß vom Pehlewangeschlecht.

14.

Da stellte sich zuletzt ein alter Recke dar,
Und sprach: Ich hab ein Ross, wie keines ist, noch war.
Im Gange wie ein Pfeil, im Laufe wie ein Wind;
Es ist von Rostems Hengst, vom Rachs, ein einzig Kind.
Kein Ross von gleicher Kraft ist auf der Welt zu sehn;
Ein Blitz im Rennen ists, und ein Gebirg im Stehn.
Die Hitze noch der Frost macht ihm nicht kalt noch heiß,
Mit Nüstern voller Dampf, und Poren ohne Schweiß.
Ein Wolkenschatten schwebt es über Thal und Hügel,
Und segelt durch die Luft, ein Vogel ohne Flügel.
Der Pfau zieht ein vor Scham des Rads gespannten Reif,
Wenn es die Mähnen hebt, und hoch trägt seinen Schweif.
Am Berge klimmend, ist es einem Löwen gleich;
Im Waßer schwimmend, ist es einer Möwen gleich.
Sein Reiter, wenn im Ritt er schnellt den Pfeil vom Bogen,
Kommt schneller als der Pfeil dem Feinde nachgeflogen.
So flüchtig ists zur Flucht: auch der von seinen Solen
Erregte Staub versucht umsonst es einzuholen.
Bei allen Tugenden, die diesem Rösslein eigen,
Hats einen Fehler nur: es läßt sich schwer besteigen.
Doch wers bestiegen hat, den wirds zum Siege tragen,
Der mag darauf den Kampf mit Rostem selber wagen.
Froh wurde Rostems Sohn von dieses Wortes Klange,
Er lacht' und rosengleich erblühte seine Wange.
Laut rief er: Ei so bringt mir gleich das schmucke Ross!
Sie brachtens ungesäumt zum jungen Heldensproß.
Er machte gleich an ihm mit seiner Hand die Probe,
Das Thier war stark genug, und es bestand die Probe.
Da schmeichel-streichelt' ers, und sattelt' es geschwind,
Aufs starke Ross schwang sich das starke Heldenkind.
Im Sattel saß er fest alswie ein Bild von Erz,
Und hielt mit leichter Hand die Zügel wie zum Scherz.
Er tummelte das Ross, daß es begann zu schäumen,
Zu schnauben mit Gebraus, doch durft es ihm nicht bäumen.
Da sprach vom Ross Suhrab, indem ers anhielt leise:
So hab ich nun ein Ross gewonnen zu der Reise.
Nun acht ich mein die Welt, da ich das Ross gewann,
Auf dem ich Rostem selbst mit Ruhm bestehen kann.

15.

Er sprachs, und stieg vom Ross, und gieng ins Haus zurück:
Da rüstet' er zum Krieg mit Iran Stück um Stück.
Wies kund im Lande ward, daß er kriegslustig sei,
Strömten von da und dort Kriegslustige herbei
Wie eine Sonne war er ihrem Wunsch erschienen;
Sie alle wollten Ruhm und wollten Gold verdienen.
Die Waffen hatten lang in diesem Land geruht,
Und aus der Asche brach nun die verhaltne Glut.
Suhrab, gerüstet, trat zu seiner Mutter Vater,
Um Urlaub und Geleit und Reisebeistand bat er.
Großvater! sprach er: jetzt sollst du mir Spielzeug schaffen;
Die Leute hab ich schon, gib mir dazu die Waffen!
Denn ohne Waffen ist ein Heerzug mangelhaft;
Ein Rösslein hat mir schon die Mutter angeschafft.
Doch alles, was mir folgt, soll auch auf Rossen reiten;
Kamele sollen dann mit Zehrung uns begleiten.
Denn schmausen wollen wir, so oft als wir nicht streiten.
Tu deinen Marstall auf, das Vorratshaus mit Kost,
Das Zeughaus auch, worin die Waffen frißt der Rost!
Dem alten König klang anmutig diese Post,
Mit Lachen sah er an den jungen Augentrost;
Durchwärmet war sein Frost von diesem feurigen Most.
Er sprach bei sich: was ists mit dieser Waffenfart?
Ist dieß den Vater aufzusuchen eine Art?
Doch sei es wie es sei! es ist das Heldenfeuer
Rostems in seinem Blut, und fordert Abenteuer.
Da stellt' er, was er hatt', ihm alles zu Befele,
Vorrät in Land und Stadt, die Ross' und die Kamele,
Futter für Ross und Mann, die Gerste samt dem Weizen;
Mit Silber auch und Gold wollt er dazu nicht geizen.
Und als er tat darauf das alte Zeughaus auf,
Da stand ein Waffenhauf wolfeil der Lust zu Kauf:
Schwerter und Wehrgehäng, Leibröcke, Helm und Panzer,
Für Schützen Bogen auch, und Spieß und Sper für Lanzer.
Suhrab, wie ers empfieng, so teilt' er Wehr und Sold,
Es stob ihm von der Hand das Eisen und das Gold.
Er sprach: da nemet hin! soviel vermag ich heute;
Und wenn ihr mehr begehrt, so helft daß ichs erbeute!
Eroberten wir erst des Persers Königreich,
So mach ich jeden Mann wie einen König reich.

16.

Dem Schah Afrasiab in Turan ward gesagt,
Daß seinen Flug vom Nest ein junger Adler wagt,

Der altershalben zwar nichts weniger als flück,
Doch seinem guten Mut vertraut und gutem Glück.
Ihn hat die Friedensruh, die Turan schläft, verdroßen,
Er rüstet sich zu Kampf, und sammelt Schwertgenoßen.
Von allen Orten strömt ein Heer zu ihm herbei,
Darob hebt er sein Haupt wie eine Zeder frei.
Es sproßt der erste Flaum auf seiner Wange kaum,
Und schon ist seinem Traum zu eng der Welten Raum;
In alle Himmel hoch wächst seiner Hoffnung Baum.
Aus seinem Odem weht ein süßer Milchgeruch,
Doch eitel Schwert und Dolch ist seiner Lippen Spruch.
Mit seinem Dolch will er die Brust der Erde ritzen,
Und an die Abendwolk ihr rotes Herzblut spritzen;
Keikawus soll vom Thron, dort will er selber sitzen!
Den Beutelustigen, die ihm mit leeren Händen
Und vollem Mute nahn, hat er viel Gut zu spenden,
Und mehr Verheißungen, die denkt er zu vollenden!
Sie drängen sich um ihn wie Stralen um die Achse
Der Sonn, alsob ein Heer ihm aus dem Boden wachse;
Als sei er Rostems Kind, und reit ein Kind vom Rachse!
In Wahrheit, wer ihn sieht, der glaubt wol dem Gerüchte,
Weil von den Stamme weit nicht fallen dessen Früchte;
Er scheint, mit solcher Zucht, von Rostem ein Gezüchte.
Wenigstens mutterhalb ist Suhrab edel schon,
Des alten Königs von Semengan Tochtersohn!
So ward dem Türkenschah geredet und geraunt
Von Suhrab, und er war darüber nicht erstaunt.
Er lachte still, es war vom Anbeginn ihm kund
Tehminas und Rostems geheimer Liebesbund.

17.

Afrasiab, der Schah, nachdem er den Bericht
Erwogen, lachte noch, und er misfiel ihm nicht.
Der Häupter seines Heers, des nun lang ausgeruhten,
Berief er einen gleich, Barman, den hochgemuten.
Zwölftausend Recken, frisch von Kraft und scharf von Schneide,
Las er dazu, und gab sie ihm mit dem Bescheide:
Bewährter Baruman, auf! nach Semengan lenke
Den Schritt mit diesem Heer, mit Brief und mit Geschenke.
Ermutige mir dort des Mutes jungen Keim!
Doch die Geschichte bleibt still zwischen uns geheim.
Sag ihm, Afrasiab send ihm Hilfsmannschaft zu,
Damit nach Iran er kampflustig zieh im Nu.
Dort aber darf den Sohn der Vater nicht erkennen,
Und Niemand soll dem Sohn des Vaters Namen nennen.
Was weiß ich, ob ein Sohn des Rostem Suhrab sei?

Ich frage nicht darnach; mir feind sind alle zwei.
Wenn so den einen Feind wir auf den andern hetzen,
Können sie doch gegen uns sich nicht zur Wehre setzen.
Und wenn die beiden dort einander setzen zu,
So sehen wir dem Spiel hier mit Ergetzen zu.
Villeicht gelingt es uns: der grimme Kampfleu alt
Erliegt im Kampfe vor des jungen Leun Gewalt.
Wenn Rostem gegen uns nicht ferner Iran hält,
Im Spiele jagen wir den Kawus aus der Welt.
Dann aber wollen wir den Suhrab auch beschicken,
Mit Schlummer eines Nachts sein Auge so bestricken,
Daß ihm die Lust vergeht, nach Kronen aufzublicken!
Denn mir ist wolbekannt, daß dieser tolle Knab
Erst an Keikawus will, dann an Afrasiab.
Doch wenn dem greisen Wolf erliegt das zarte Lamm --
Wenn Suhrab wirklich ist ein Reis von Rostems Stamm --
So wird der zähe Stamm von diesem Gram sich biegen,
Und in des Kummers Schlamm der stolze Brunn versiegen.
Doch ließe mich mein Glück auch soviel nicht erwerben
Daß ich sie alle zwei säh aneinander sterben;
So hoff ich, daß uns Gott von einem mindstens helfe,
Es sei vom alten Wolf, es sei vom jungen Welfe.

18.

Da schrieb Afrasiab an Suhrab einen Brief,
Darin er Gottes Heil ob ihm zum Eingang rief:
Das Glück geleite dich, beherzter Heldenknabe,
Zum kühnen Werk, das ich mit Lust vernommen habe.
Dir send ich fürstliche Geschenke meiner Gnaden,
Ross' und Kamele mit Kleinodien beladen;
Türkis' aus Turkistan, aus Badachschan Rubinen,
Smaragdne Sträuße drei mit Perlentau auf ihnen.
Ich habe dir erwählt zwei Kronen edelsteinern,
Und ihnen beigezählt zwei Thronen elfenbeinern.
Froh mögest du zu Thron auf Elfenbeine sitzen,
Und über dir die Kron aus Edelsteine blitzen!
Wirst du erst Irans Kron im Streit gewonnen haben,
Dann wird Ruh auf dem Thron die Zeit gewonnen haben.
Denn ewig ist entzweit, wie Tag und Nacht im Streit,
Iran und Turan; du sollst stiften Einigkeit.
Von dieser Mark ist weit zu jener nicht der Weg;
Semengan, Turan und Iran ist Ein Geheg.
Deswegen ist gestellt Semengan auf der Scheide
Von Iran und Turan, um zu beherrschen beide.
Nun send ich Truppen dir, soviel ich nötig glaube;
Kühn setze dich aufs Ross, und auf dein Haupt die Haube!

Von meinen Feldherrn send ich dir den Baruman,
So tapfer als getreu; der sei dir untertan!
Er sei dir untertan mit allen, die er führt;
Von ihnen sei die Welt dem Feinde zugeschnürt!
Zeuch aus zu Kampf und Sieg! dich soll im Laufe stören
Kein Graben und kein Wall, und keine List betören!
Bald laße das Gerücht uns deine Taten hören!
Von meinen Söhnen all soll keiner meinem Thron
So nah stehn als Suhrab, den ich begrüß als Sohn.
Er schriebs und siegelte, und gabs dem Baruman;
Der trat nicht leichten Muts die schwere Sendung an.
In diesem Kriege war kein Ruhm ihm zu erwerben,
Als einen Helden durch den andern zu verderben.

19.

Da hörte vom Gerücht Suhrab, daß Baruman
Vom Schah Afrasiab mit Truppen zieh heran,
Mit Ross und mit Kamel und großem Heergedränge,
Ehrengeschenk und Brief und festlichem Gepränge.
Der junge Mann, wie er die Kund erfur, schnell tat er
Den Gürtel um, und zog mit seiner Mutter Vater.
Entgegen zum Empfang zog er schnell wie ein Wind;
Wie soviel Volks er sah, froh staunete das Kind.
Mehr staunte Baruman, als er die stolzen Glieder,
Die edle Bildung sah, das Staunen schlug ihn nieder.
Im Staunen war gemischt Furcht und Bewunderung,
Und Mitleid, wie er sah den Helden schön und jung.
Der greise Feldherr sprach bei sich: Auf Ruhmespfaden
Gehn sollte solch ein Schmuck der Jugend ohne Schaden.
Verdienen möcht er wol, ihm wäre, statt Verrat,
Zum ungestümen Mut beschieden weiser Rat.
Wenn ihn der Doppelrausch der Jugend und des Ruhms
Zu Falle bringt, o weh dem Stolz des Rittertums!
Zu Suhrab sprach er drauf: O edler junger Leue,
Den Brief schickt dir der Schah, daß er dein Herz erfreue.
Lies mit Bedacht den Brief des Schahs von Turanland,
Und was du dann befilst, das steht in deiner Hand.
Die Ehrengaben nimm, die dir gesendet sind;
Ich selbst steh und dieß Heer dir zu Gebot, o Kind!
Suhrab, der junge Mann, nachdem er las den Brief,
Das erste war, daß er sein Heer zum Aufbruch rief;
Das Heer der Seinigen; dem Barman, seinem Gast
Und dessen Leuten gab er auf drei Tage Rast.
»Der Mutter Vater soll bewirten euch mit Schmause,
Die Mutter selbst dazu; ich geh nicht mehr nach Hause.
Es leidet länger nicht mich in der Mutter Haus;

Lebt wol, und kommt uns nach! wir reiten euch voraus.«
Die Pauke ward gerührt, zusammen strömten Krieger,
Und sprangen mit Geklirr, auf Rosse rasch wie Tieger.
Die Rosse wieherten, es schmetterten Trommeten,
Die Fahnen flatterten, die Fart ward angetreten.
Aus Turan brach der Sturm hervor auf Irans Flur;
Zerstörung, Flucht und Raub bezeichnete die Spur,
Und wüste ward gelegt das Land, soweit er fur.

DRITTES BUCH.

20.

Da war ein Schloß, das hieß das Weiße Schloß im Land,
Darauf die Zuversicht des Reiches Iran stand,
Daß es verteidigen den Pass der Grenze sollte,
Wenn da hervor ein Feind aus Turan brechen wollte.
Drum waren auf dieß Schloß gesetzt, zu Schirm und Halter,
Statt eines Wärtels zwei, ein junger und ein alter;
Der alte, daß er es behütete mit Rat,
Der junge, daß er es verteidigte mit Tat.
Hedschir, der junge Vogt, ließ, weil die Waffen schwiegen,
Vom Kinde Gesdehems, des alten, sich besiegen.
Die hieß Gurdaferid, das heißt »ein Held geschaffen«,
Weil sie, die zarte Maid, war wie ein Held in Waffen.
Hedschir mit Rennen und mit Schießen nach dem Ziele
Versuchte daß er ihr durch Männlichkeit gefiele;
Vergebens! weil ihm selbst in diesen Künsten sie
Zuvor es tat, kam er mit ihr zum Ziele nie.
Er wünschte, daß einmal ein Feind vorm Schloß erschiene,
Daß ihren Beifall er im ernstern Kampf verdiene.
Und als er eines Tags ein Heer von Türken sah
Anrücken, glaubt' er sich zwiefachem Siege nah,
Dem einen, den er wollt erringen im Gefild,
Dem andern in der Burg am schönen Frauenbild.
Da wappnete sich schnell der mutige Hedschir,
Und stieg aufs Ross, gespornt von Lieb und Kampfbegier.
Des Tores Hüter ließ er weit auftun das Tor
Der alten Burg, und ritt zum Einzelkampf hervor.
Er ritt den Berg hinab, dem Feind entgegen jach,
Und von der Mauer sah Gurdaferid ihm nach.

21.

Mit scharfem Ritte kam der kühne Reck herbei,
Und tat ans Türkenheer von weitem einen Schrei:
Von wannen sind geschaart die Ritter und die Knechte?
Wer unter ihnen ist der Tapferst im Gefechte?
Ich habe lange schon auf eure Gegenwart,
Alswie ein Bräutigam auf seine Braut, geharrt.
Wer wagt es, gegen mich mit eingelegter Lanzen
Zu rennen, daß wir hier den Hochzeitreigen tanzen?
Desselben Haupt will ich dort auf die Zinne pflanzen!
Er hatte seinen Ruf gerufen laut genug,
Doch keiner war im Heer, der Lust zur Antwort trug.

Zu heben wagte sich nicht eines Türken Hand,
Die erste Waffentat zu thun im Perserland.
Doch Suhrab, als er all die Tapfern schweigen sah,
Ergrimmt' er, und das Schwert zog er für alle da.
Alswie ein Tieger bricht am Strom aus Schilf und Rohr,
So drang er aus dem Chor der Seinigen hervor.
Laut rief er zu dem kampfgerüsteten Hedschir:
Was treibt allein dich her mit solcher Kampfbegier?
Du meinst wol, daß wir uns vor starken Worten scheuen?
Du kamest nicht zur Jagd des Fuchses, sondern Leuen.
Aus Turan brach ich auf, ganz Iran will ich zwingen,
Und auf dein Haupt soll mir der erste Streich gelingen.
Suhrab, den Namen gab mir meine Mutter bei,
Und Rostem sagte sie, daß er mein Vater sei.
Den Vater eben aufzusuchen zog ich aus;
Und wessen Sohn ich sei, zeig ich in Kampf und Strauß.
Doch sag auch deinem Stamm, den Namen, und die Deinen!
Denn heut muß über dich Braut oder Mutter weinen.

22.

Zur Antwort gab Hedschir: Verwegner, schweige still!
Kein Türk ists den ich zum Vertrauten haben will.
Der Heldenfänger ich, der Ritter ohne Scheu,
Ich bin der Schütze, dem zum Fuchse wird der Leu.
Hedschir im Kampfrevier der Helden Zier geheißen
Bin ich, gleich will ich dir dein Haupt vom Rumpfe reißen.
Zwei Geier kreischen dort sich in den Lüften heischer,
Es wittern ihren Raub die ungestümen Kreischer;
Den beiden wirst du nun zum Gastmahl aufgetischt,
Daß ihre Heischerkeit dein junges Blut erfrischt.
Dann fliegen sie nach Nord und Süd, und für das Futter
Dankt deinem Vater der, und jener deiner Mutter.
Die Mutter weint gewis ums Kindlein, ihr entrißen,
Der Vater aber wird villeicht von dir nicht wißen.
Doch jauchzen über mich, nicht weinen soll die Braut,
Die schöne, die auf uns dort von der Mauer schaut!
So rief er aus, und sah zur Jungfrau an der Zinne;
Zu lächeln schien sie ihm, so täuschten ihn die Sinne:
Ihn blendete der Glanz der Sonn und Kraft der Minne.
Auf einen Augenblick hatt' er des Kampfs vergeßen,
Und nach der Zinne sah sein Gegner auch indessen.
Da sah er einen Stral, wie er noch nie geschaut,
Und doppelt zürnt' er nun dem, der sie nannte Braut.
Er sprach: die Perser sind vor mir wie Spreu im Wind,
Doch lieblich anzusehn ist solch ein Perserkind.
Wol ists der Mühe werth, zu stürmen solche Zinnen,

Wenn solche Schätze sind darinnen zu gewinnen.
Doch wenn ich dächte, daß sie diesem zugelacht,
Ich hätte zweimal ihn, nicht einmal, umgebracht!
So in Gedanken war Suhrab mit ihr beschäftigt,
Hedschir durch einen Blick auf sie war neu gekräftigt.

23.

Doch von der Zinn hinweg und von der Jungfrau warf
Den Blick nun der und der auf seinen Gegner scharf.
Im Sattel jeder sich gleich einem Feuer schwang,
Und setzte seinen Hengst wie einen Berg in Gang.
So schnell da Schaft mit Schaft sich durcheinander flocht,
Daß man den einen nicht vom andern kennen mocht.
Nach Suhrabs Mitte stieß Hedschir den blanken Schaft;
Am festen Gurte fand die Spitze keinen Haft.
Doch Suhrab bog zurück den eignen Sper behende,
Und an den Gegenmann legt' er das untre Ende.
Recht zwischen Mann und Gaul schob er den Hebebaum,
Und aus dem Sattel flog Hedschir und merkt' es kaum.
Zur Erde warf er ihn alswie ein Felsenstück;
Da lag er, und es blieb kein Sinn an ihm zurück.
Vergangen war die Welt vor seinem Augenlid,
Der Himmel und das Feld, die Burg und Gurdafrid.
Vom Pferde Suhrab sprang und saß ihm auf die Brust;
Er hatte nun den Kopf ihm abzuschneiden Lust.
Da drehte sich Hedschir, und stützt' auf einen Arm
Sich schwach, den andern streckt' er vor, und rief: Erbarm!
Laß gnug sein an der Schmach, daß so mein Stolz zerbrach,
Und mich im Angesicht der Burg dein Sper abstach!
Wie wird die Stolze sich an meinem Sturze weiden!
Das tötet mich; du brauchst dieß Haupt nicht abzuschneiden.
Nun ist sie frei von mir; du nim mich hier gefangen!
Du kanst im fremden Land Kundschaft durch mich erlangen.
Wer, da ich dir erlag, wird dir noch widerstehn?
Laß mich gefangen mit zu deinen Siegen gehn!

24.

Er schwieg, und harrte stumm auf Tod nun oder Leben;
Und sich entschloß der Held ihm nicht den Tod zu geben.
Er dachte: Wenn ich ihn gefangen mit mir führe,
Lock ich manch andren Fang villeicht in meine Schnüre.
Er kann einmal im Feld mir meinen Vater zeigen,
Auch hier die Stelle wol, die Mauer zu ersteigen.
Wenn er die Burg mir will, und was darin ist, geben,
Als schlechten Preis dafür laß ich ihm gern das Leben.

So sprach er und begann zu binden ihn mit Stricken,
Und den gefeßelten dem Lager zuzuschicken.
Im Lager kam er an zugleich mit Baruman,
Der in Semengan kurz die Rast hatt' abgethan.
Er war in Eile dem ihm von Afrasiab
Zur Hut empfolnen nachgeeilt mit Heerestrab;
Und war nur eben recht gekommen um zu sehn
Die Frucht des ersten Kampfs, der durch Suhrab geschehn.
Wie er gefeßelt sah die stolzen Heldenglieder,
Die jener schlug in Band, schlug er die Augen nieder.
Er staunt' und freute sich, und fühlte Scham und Reu,
Daß er nicht gegen ihn sein durft aufrichtig treu.
Im Lager aber war von Türken alt und jung
In jedem Munde laut Suhrabs Bewunderung.
Es priesen seinen Sieg, die den Besiegten sahn,
Und jetzo sahn sie selbst den Sieger schweigend nahn.
Ins Lager langsam ritt er auf dem Roß zurück,
Und hörte kaum, wie sie ihm riefen Heil und Glück.
Er dacht an viel, was ihm der Himmel nicht beschied,
An seinen Vater bald, bald an Gurdaferid.

25.

Von Siegesfreude war das Türkenlager voll,
Derweil im weißen Schloß ein Wehgeschrei erscholl.
Ein Wehgeschrei erscholl darin von Mann und Weib
Um den mit Schmach im Kampf verlornen Heldenleib.
Ein Wehgeschrei erscholl im ganzen Schloße drinnen,
Allein Gurdaferid stand schweigend an den Zinnen.
Sie schaute schweigend nach der Stelle noch, wo brach
Den Perserstolz ein Türk, der ihn vom Sattel stach;
Und rief: O Scham, o Schmach! Weh um Hedschir, den Degen!
Du rühmtest dich ein Mann, und bist dem Kind erlegen.
Wie hast du ungeschickt um meine Gunst gebuhlt!
Dein Sper war stumpf gespitzt, dein Gaul war schlecht geschult.
Verlachen könnt ich dich; daß aber dich verlache
Der Feind, das kränket mich, und fordert Freundesrache.
Wie? rühmen sollte sich ein blonder Türkenknabe,
Daß er so leicht erlegt den ersten Perser habe?
Wenn er die Männer hier für Weiber halten kann,
Soll er an einem Weib nun finden seinen Mann!
Vom Kampfplatz ritt er weg gleich einem lichten Sterne,
Sah sich noch einmal um, dann schwand er in der Ferne.
So zierlich tummelt' er sein Roß, man sahs nur gern;
Laß sehn, ob er von nah so schön ist als von fern!
Halbscherzend rief sies aus, und schritt vom Wall nach Haus;
Dort las sie sich zum Schmuck die schönsten Waffen aus.

In einem Drathelm barg sie ihrer Locken Zier,
Und nam vors Angesicht ein indisches Visier.
In voller Rüstung sprang sie auf ein Ross im Lauf,
Und flog der Pforte zu, die that der Pförtner auf.
Ihr Vater Gesdehem sah ihren Ausritt nicht,
Sonst hätt er sie gehemmt in ihrer Zuversicht.

26.

Sie kam alswie ein Mann den Berg herab vom Schloß,
Ein Gurt um ihre Mitt und unter ihr ein Ross.
Sie flog den Berg vom Schloß herab gleich einem Falken,
Und schwang in ihrer Hand erztrümmernd einen Balken.
Ans Türkenlager kam sie wie ein Sturm herbei,
Da that sie einen durchs Visier verstärkten Schrei:
»Wer sind die Recken hier? und wer ist der sie führt?
Wer ist es, dem der Tod von meiner Hand gebührt?
Ein guter Freund ward mir vom Rosse hier gestochen;
Wer fällte den Hedschir? dem sei hier zugesprochen!
Und wenn derselbe selbst hervorzutreten zagt,
So komm ein andrer, der mit mir die Probe wagt.
Ihr sollt nicht glauben, weils an einem euch gelang,
Daß Turans Trotz den Stolz von Iran schon bezwang!
Was einer schlecht gemacht, das macht ein andrer gut;
Die blaße Schmach Hedschirs röt ich mit wessen Blut?
Wer hat sein Leben feil? wer hat zum Kampfe Mut?«
Vom stolzen Lager war gehört die Forderung,
Und ihr zu folgen stand schon mancher auf dem Sprung.
Doch allen kam zuvor Suhrab mit einem Sprunge
Aufs Ross, indem er rief: Ihr wartet, alt' und junge!
Den Handel, den ich angefangen, muß ich enden;
Wegnemen soll mir keins die Arbeit untern Händen.
Das ist zum einen Stück das andre, wie ich merk,
Und beide Stücke sind zusammen erst ein Werk.
Sagt dem Hedschir: Zum Trost schaff ich in seiner Not
Einen Genoßen ihm, lebendig oder tot!
So rief der junge Held, und ritt von dannen jach;
Das Türkenlager rief ihm lauten Beifall nach.

27.

Auf einen Bogenschuß ritt er zu ihr hinan;
Er lachte leis' und kniff die Lippe mit dem Zahn.
So sprach er froh bei sich: ein andres edles Thier
Ist hergekommen in des Jagdherrn Jagdrevier.
Wie in dem Dickicht, wo ein Leu sein Lager hat,
Wo ihm verfallen ist zu Raube, was da naht;

Die stärkste Hirschkuh hat er eben dort bezwungen,
Da kommt das zarte Kalb der Mutter nachgesprungen.
Lautblöckend suchet es die Mutter in der Not,
Und fand an Mutter Statt den Löwen und den Tod.
Des Löwen Mittagstisch war mit der Kuh beraten,
Und nun zur Abendkost dient ihm des Kälbchens Braten.
Wer sendet Beut auf Beut hernieder zum Gewinne
Mir von der alten Burg, daß keine mir entrinne?
Das thut die Zauberin dort oben an der Zinne!
Die nam durch Zauber hin nur erst des Einen Sinn,
Und schon durch Minne reißt sie auch den andern hin.
So möge sie, wo sie den ersten fallen sah,
Den zweiten liegen sehn, wann ich ihm komme nah!
Er sprachs, und wendete vom Platz des Kampfes fort
Den Blick zur Burg hinauf, und suchte jene dort:
Es wundert' ihn, daß sie nicht stand am vorgen Ort.
Er dachte, daß sie dort noch immer an der Zinne
So müßte stehn alswie sie stand vor seinem Sinne.
Er wußte nicht, daß sie, anstatt ihm zuzusenden
Frohnkämpfer, selbst zum Kampf sich liefre seinen Händen.

28.

Doch Gurdafrid besann sich auch, als sie den Mann
Zu Rosse halten sah, dem nicht Hedschir entrann.
Zu schwenken sie begann ihr mutges Rösslein leise,
Daß sie erst ihren Feind im weitern Kreiß umkreiße.
Reizend die Kampfbegier Suhrabs, und spottend ihr,
War sie nicht hier noch dort, war sie bald dort bald hier.
So wie ein Krähenschwarm den Adler, wo er schwebt,
Umschwärmt, und ein Geschrei von jeder Seit erhebt;
Sie sind ihm, wo er fliegt, nah überall vom weiten,
Und ihrer Zungen Pfeil trifft ihn von allen Seiten:
So kam dort von der Hand Gurdaferids, vom Bogen,
Den sie hielt unverwandt, Pfeil über Pfeil geflogen.
Ihr Köcher war ein Meer, und schöpfte nie sich leer,
Er war ein Lagerwall, der ausspie Heer auf Heer;
Und Suhrabs Rüstung ward von leichten Spitzen schwer.
Sie hafteten an ihm, und konten nicht ihn ritzen,
Sie dienten nur das Blut des Helden zu erhitzen.
Erst achtet' er ein Spiel der Tropfen Sprüheregen,
Den er abschüttelte, dann wards ihm ungelegen,
Und mit erhobnem Schild im Zorne rief der Degen:
Wielange treiben willst du dieses Knabenspiel?
Du triffst mit jedem Pfeil, und jeder fehlt das Ziel.
Wir Türken ließen euch solang in Ruhe sitzen,
Ihr Perser, um den Pfeil mit Zierlichkeit zu schnitzen;

Am groben Erze nun stumpft ihr die feinen Spitzen.
In deinem Bienenkorb, wieviel hast du noch Bienen?
Hier eingetragen wird kein Honig dir von ihnen.
Du magst im Frühlingshain ein kleines Vöglein schießen,
Den großen Vogel Greif wirst du damit nicht spießen.
Nun aber laß einmal den eitlen Zeitvertreib,
Und, bist du nicht ein Weib, geh mir als Mann zu Leib!

29.

Er riefs, und übern Arm warf sie des Bogens Sennen,
Und gegen Suhrab nun ließ sie den Schlachtgaul rennen.
Anlegte sie den Schaft der Lanze so mit Kraft,
Es wäre nicht der Stoß zu nennen mädchenhaft,
Hätt er getroffen nur; doch Suhrab bog geschwind
Zur Seite Leib und Ross, der Stoß gieng in den Wind.
Nun schwang er hinter sich den eignen Sper behende,
Und an den Gegenmann legt' er das untre Ende;
Daran ein Haken war, der nicht so leicht sich bog,
Wenn einen Gegner er damit vom Sattel zog.
Vom Sattel lüpft' er sie wie einen Federball;
Es fehlte noch ein Ruck, so kam ihr Stolz zu Fall.
Doch Gurdafrid nam war, wie sie gefährlich schwankte,
Und zog ein kurzes Schwert, dem sie die Rettung dankte.
Sie hieb den Schaft entzwei, der sie vom Sitze schob,
Und wieder saß sie fest, daß Staub vom Sattel stob.
Zwar die Besinnung nicht, und nicht das Gleichgewicht,
Verloren hatte sie jedoch die Zuversicht.
Sie sah, daß sie nicht war für diesen Kampf der Mann;
Die Zügel zuckte sie dem Rösslein, und entrann.
Auch Suhrab gab den Zaum dem schöngemähnten Drachen,
Und wollte nun den Tag dem Feinde finster machen.
Er kam auf seinem Hengst ihr zornig nachgeschnaubt;
Da wandte sie sich schnell, und nahm den Helm vom Haupt.
Sie glaubte beßer als durch männliches Gefecht
Sich zu verteidigen durch Schönheit und Geschlecht.

30.

Von ihrem Haupte quoll die Fülle dunkler Locken,
Und Suhrab sah ein Weib statt eines Manns erschrocken.
Er rief: Wenn solchen Kampf beginnen Perserinnen,
Ei welchen werden dann die Perser erst beginnen!
Aus Wolken Staub, und Blut aus Felsen werden haun
Im Krieg die Männer, wenn so kriegrisch sind die Fraun!
Führt, Holde, dich zu mir hernieder die Begier
Des Kampfes, oder ein Verlangen nach Hedschir?

Nun weiß ich wol, warum du droben an der Zinne
Nicht stehst, weil Kampflust dich herabführt oder Minne!
Als ich dich droben sah, dacht ich: wie schön sie ist!
Nun aber seh ich, daß du noch viel schöner bist.
Ein schöner Reh als du fiel nie in Jägerstricke;
Nie hoffe frei von mir zu machen dein Genicke!
Er riefs, und nam vom Gurt die Fangschnur weitgeringelt,
Warf sie, und Gurdafrid war um die Mitt umzingelt.
Gefangen sah sie sich, und wäre gern entgangen;
Sie sann auf schnellen Rat, den Fänger selbst zu fangen.
Die Nacht der Locken hob sie weg vom Angesicht,
Die halb es barg, und gab dem Monde volles Licht,
Indem sie lächelte, und sprach: Held ohne Scheu,
In Männermitte wie im Thierechor der Leu!
Mich zog so sehr zu dir nicht her die Kampfbegier,
Noch auch Sorg um Hedschir; wer ist Hedschir vor dir!
Nur weil von droben fern ich dich so mannhaft sah,
So edel von Gestalt, wollt ich dich sehn auch nah.
Nun hab ich dich gesehn; ich hätte nie gedacht,
Daß solchen Heldenschmuck Turan hervorgebracht!
Ei! mögen ihren Krieg mit dir die Perser füren!
Du wirst die Männer all, nicht nur die Fraun, umschnüren.
Doch wünschest du, wie ich, daß ein Verständnis sei
Des Friedens zwischen uns, so gib zuerst mich frei!

31.

So sprach die Schmeichlerin, als sei sie seine Schwester;
Doch Suhrab zog die Schnur um seine Beute fester,
Und sprach: Wenn ich nun gleich die Stricke näme fort,
Woran dann hielt ich dich? Sie sprach: An meinem Wort.
Ich gebe dir mein Wort, daß, wenn es dir geliebt,
Sich dir zugleich ein Schloß und eine Braut ergibt.
Ich gebe dir das Schloß, und, ist es dir genem,
Mich selber, wenn nur will mein Vater Gesdehem.
Mein Vater ist gewis bereit daß er mich löse;
Erfärt er, wo ich bin, so wird er auf mich böse.
Ihm hinterm Rücken ritt ich aus dem Schloße fort,
Und meiner harrend steht er wol im Tore dort.
Komm! eh von oben hier mich sehn die Meinigen,
Und dich vom Lager dort herauf die Deinigen,
Und beide sich im Spott ob uns vereinigen!
Denn spotten werden sie und sagen, daß ein Mann
Wie du nie solchen Kampf mit einem Weib begann.
Was haben sie solang einander zu berichten?
So fragen sie; drum laß den Handel schnell uns schlichten.
Du reit hinan mit mir den Berg! ich gebe dir

Die Schlüßel zu dem Schloß, doch erst gib Freiheit mir!
Sie sprachs, und sah dazu ihn an mit einem Blicke,
Mit dem sie übertrug von sich auf ihn die Stricke;
Betöret nam er ihr die Fangschnur vom Genicke.
Wie fühlte sie mit Lust den schönen Nacken frei,
Und wie mit Stolz! sie sah nun erst, wie stark sie sei,
Da solche Haft sie brach mit einer Schmeichelei.
Froh spornte sie ihr Ross, und ritt im Abendschein
Voraus den Schloßberg an, Suhrab ritt hinterdrein.

VIERTES BUCH.

32.

Im Schloßwall hinterm Tor, mit Sorgen und mit Trauer,
Nach seinem Kinde stand der Vater auf der Lauer,
Den Ungehorsam bald, bald ihren Uebermut
Laut schalt er, doch geheim lobt' er sein Heldenblut.
»Wenn sie nur unversehrt vom Abenteuer kehrt,
So sei nichts auf der Welt dem Töchterchen verwehrt;
Nur solch ein zweiter Ritt sei nicht von ihr begehrt!
Doch weniger mit ihr zürn ich, als auf Hedschir;
Sein Unfall riß mein Kind so hin mit Kampfbegier.
Wer aber rettet mir mein Täublein aus den Krallen
Des Habichts, dem zum Raub der Kampfhahn selbst gefallen?
Thu ich die Pfort hier auf, daß ich zur Hilf ihr eile,
Damit der alte Vogt des jungen Torheit teile?
Wart ich geduldig, bis der Himmel und ihr Glück,
Ihr Mut und kluger Rat mir bringt mein Kind zurück?«
Er sprachs, und lauscht' hinaus, und hört' ihr Rösslein traben;
Schnell tat er auf, um schnell sein Kind herein zu haben.
Gurdaferid ersah der Rettung offnes Tor,
Doch ihr Begleiter klomm hart hinter ihr empor;
Da kam sie ihm geschwind mit einem Sprung zuvor.
Sie huscht' hinein alsob sie flög auf Taubenschwinge,
Und rief: Nun warte, Freund, bis ich die Schlüßel bringe!
Der Schloßvogt schloß geschwind das Tor nach seinem Kinde
Gehäbe, daß kein Wind den Weg durchs Spältchen finde.
Sie war hinein, Suhrab war draußen auf dem Ross,
Des Schlüßels wartet' er zu dem verschloßnen Schloß.

33.

Da neigte Gurdafrid sich von der Zinne droben,
Und rief: Kehr um, o Held, umsonst sind deine Proben.
Kehr heim, der Abend naht, von deiner Waffentat
Zum Türkenlager, dort halt in der Nacht Kriegsrat!
Da dir der Handstreich heut aufs weiße Schloß mislang,
So rüst auf morgen dich zu einem neuen Gang!
Er blickt' empor und sprach: o schöne Persermaid,
Daß du treuloser noch als schön bist, thut mir laid.
Daß mir solch eine Braut, solch eine Burg entflogen,
Das reut mich nicht sosehr, als daß ich ward betrogen.
Nun, diese Burg ist doch nicht wie der Himmel hoch;
Und wär sie höher noch, herunter mußt du doch.
Herunter bringen werd ich dich, im Sturm erringen

Das Schloß, du brauchest mir die Schlüßel nicht zu bringen.
Sie sprach: Ereifre nicht, o schöner Türkenknabe,
So sehr dich, daß ich nicht gebracht die Schlüßel habe.
Der Vater hat sie selbst heut in Verschluß genommen;
Ich könnte, wollt ich auch, nicht zu den Schlüßeln kommen.
Auch deine Werbung hab ich heimlich ihm vertraut;
Er sprach: Ein Türke find in Iran keine Braut.
Ich rate dir, kehr um, und nim, die dein begehrt,
Die schönst in Turan nim! du bist der schönsten wert.
Kehr um, ich rate dir, laß guten Rat dir frommen,
Eh Kawus es erfärt, und seine Helden kommen.
Wenn Rostem kommt heran, der Perser-Pehlewan,
O Schmuck aus Turkistan, dann ists um dich getan.
Kehr um in deiner Kraft! du stehst hier an der Grenze;
Schad um die Blume, wenn sie bricht ein Sturm im Lenze.
Ich weinte selbst um dich, wenn ich dich sähe fallen;
Denn beßer hat als du mir noch kein Mann gefallen.

34.

Sie sprachs, und schwieg, und stieg hinab vom Mauerkranz;
Noch lang sah Rostems Sohn empor im Abendglanz,
Als säh er noch ihr Bild, als hört er noch ihr Wort;
Zum Lager langsam dann ritt er im Unmut fort.
Dem Schloß zur Seite lag am Berggehäng herab
Ein reicher Anbau, der dem Schloße Nahrung gab.
Da waren Gärten, Bäum und manches Saatenfeld;
Daran ließ seinen Zorn nun aus der junge Held.
Ins Lager rief er laut: Ihr Türken, kommt heraus!
Verbreitet um euch her schnell der Zerstörung Graus!
Uns bietet Trotz die Burg, die dort im Spätrot lodert;
Vergebens hab ich heut die Schlüßel abgefodert.
Sie sei zu Fall gebracht, sobald der Tag erwacht;
Und vor der Nacht sei jetzt ein Anfang schon gemacht.
Zerschmettert dieß Gebälk, zertrümmert diese Planken,
Brecht dieß Gezäun entzwei, werft nieder diese Schranken!
Haut diese Fruchtbäum um, entwurzelt diese Reben,
Und mähet diese Saat! sie soll nicht Körner geben.
Dieß ist der Boden, wo sie ihren Vorrat pflanzen,
Womit sie droben dann sich halten in den Schanzen.
Nun steige Staub und Rauch und Dampf und Qualm empor,
Und kündig ihnen an, was ihnen steht bevor!
Des Burgvogts Tochter liebt vom hohen Wall zu schauen;
Nun schaue sie, wie hier wir ihr den Garten bauen!
Wühlt diese Beeten um, wo ihre Rosen blühn,
Und stopft die Quelle, die ihr macht den Rasen grün!
So rief er, und sein Heer fiel wie ein Hagelschlag

Aufs angebaute Land, bis alles wüste lag.
Stillschweigend sah er zu, und als der letzte Keim
Zerstört war, ritt er abgekühltes Zornes heim.

35.

Zum heimgekehrten trat Baruman in der Nacht,
Und sprach: Du hast nicht gut das Werk des Tags vollbracht.
Den Feinden ist es recht die Nahrung abzuschneiden,
Doch so nicht daß wir selbst darunter Mangel leiden.
Nun ihren Vorrat zwar hast du der Burg entzogen,
Allein dein eignes Heer hast du darum betrogen.
Viel Holzwerk und Gebälk ist unnütz mitverbrant,
Das nutzbar konte sein zum Leiterbau verwandt.
Denn ohne Leitern wirst du nicht das Schloß erringen;
Die Mauern dort wird nicht dein Rösslein überspringen!
Und dann, was spornte dich zu dieser Rache scharf?
Weil dir ein Kind die Tür zu vor der Nase warf!
Viel beßer war dir das, als ließe sie dich ein;
Drin unter Hunderten was wolltest du allein?
Du bist der Mann wol es mit jedem aufzunemen,
Doch viele Hunde sinds, die einen Löwen lähmen.
Bist du des Heeres Arm, und bist des Heeres Haupt,
Nicht sei durch Torheit ihm so Haupt als Arm geraubt!
Was sollt ich schreiben nun dem Schah Afrasiab,
Der deiner Jugend bei zum Rat mein Alter gab?
Dein stürmscher Ritter hat das Grenzschloß eingenommen,
Er ist mit Glück hinein, doch nicht heraus gekommen!
Nun aber wollen wir mit beßerem Vertraun
Es nemen, und dazu vor allem Leitern baun.
Du hast das Holz verbrant, wir wollen andres haun.
Er sprachs, und lächelnd hin nam jener den Verweis;
Er sprach verschämt und keck: Ein Jüngling ist kein Greis;
Doch hab ich nie gehört, daß Rostem auch, der alte,
Beim Mauerbrechen sich mit Leiterbau aufhalte.
Bau Leitern! eines nur beding ich mir dabei,
Daß, wenn sie fertig sind, ich drauf der erste sei.
Nur seis in dieser Nacht! denn morgen, seids gewärtig,
Da werd ich mit der Burg auch ohne Leitern fertig.

36.

Weil dieß der weißen Burg im Lager ward gedroht,
Saß droben Gesdehem, und dachte nach der Not.
Er setzte sich und schrieb an Kawus einen Brief,
Darin er Gottes Heil dem Schah zum Eingang rief,
Und von der Herrlichkeit des Throns nach Würden sprach,

Dann von den mislichen Zeitläuften trug er nach:
Die Grenzburg Irans ist gekommen ins Gedränge
Von einem Türkenheer in ungezälter Menge.
Doch all den andern geht ein junger Fant voran,
Der über zweimal sieben Jahr nicht alt sein kann.
Von seiner Schlankheit ist die Zeder überragt,
Von seinem Glanz die Sonn im Aufgang übertagt.
Wenn er zu Rosse sitzt mit Lanze, Keul und Schwerde,
So achtet er gering Himmel und Meer und Erde.
In Turan weder ist noch Iran ein Verwegner
Von gleicher Art, für ihn ist auf der Welt kein Gegner,
Als Rostem nur allein; ihm gleicht er an Gestalt,
An unverzagtem Mut und furchtbarer Gewalt.
Suhrab, so ist genant die junge Kriegesflamme,
Entsproßen, wie man sagt, Semengans Königsstamme.
Sobald er kam, hat sich der mutige Hedschir
Gegürtet, und gesetzt auf ein schnellfüßig Thier.
Ihn trugs den Berg hinab, doch nicht zum Schloß zurück;
Dem Stürmer sperrt ich selbst die Vestung noch zum Glück.
Doch wenig fehlte nur, so wäre mutentbrant
Der junge Elefant allein ins Tor gerant.
Darauf hat er verbrant den Anbau rings ums Schloß,
Und länger widersteht die Burg nicht seinem Stoß.
Am Leben ist Hedschir, doch in Gefangenschaft;
Verloren ist an ihm des Schloßes Halt und Kraft.
Ich hab umsonst bei mir nach beßerm Rath gesucht:
Mit meinem Häuflein nem ich diese Nacht die Flucht.
Schnell sende nun der Schah ein großes Heer herbei,
Damit ein Damm gesetzt der Ueberschwemmung sei.
Doch Rostem sei dabei! Nur Rostem ist der Mann,
Der diesem Türkenknaben ins Gesicht sehn kann.

37.

Er schriebs und siegelte, und gab geschwind den Brief
Dem Boten, der damit die Nacht durch eilig lief.
Aufstand der alte Vogt sodann vom Schreibeplatz,
Und raffte sein Gesind zusammen und den Schatz,
Gurdaferid voran, um diese war ihm bange,
Mit allen wandt er sich zum unterirdschen Gange,
Der, ihm allein bekant, zur Burg hinaus weit fürte,
Und Niemand ward gewar, wie er den Bündel schnürte.
Er zog mit seiner Schaar bei Nacht ein gutes Stück,
Und nur wehrloses Volk ließ er im Schloß zurück.
Als nun der Tag brach aus der Nacht zerrißnem Flor,
Stürmte mit seinem Heer Suhrab den Berg empor.
Sie drangen bis ans Tor der Burg ohn Aufenthalt,

Niemand trat in den Weg der stürmenden Gewalt.
Da hielten sie vorm Tor, kein Atem war darinnen,
Und sahn zur Zinn empor, kein Leben auf den Zinnen!
Suhrab in Ungeduld faßt' einen Felsenstein,
Schleudert' ihn gegens Tor, und brach den Eingang drein.
Zu Ross sprengt' er hinein, alswie der lichte Tag,
Ins Torgewölb, in dem noch Nacht und Schweigen lag;
Das Schweigen ward geweckt von seinem Rosshufschlag.
Der Widerhall nur ward vom Waffengruße wach,
Kein andrer Widerpart schuf ihnen Ungemach.
Sie wunderten sich selbst, wie leicht sie eingenommen
Die Burg, und fragten sich, wohin der Feind gekommen?
Doch Suhrab hatte statt des Feindes an dem Ort
Die Freundin auch gesucht, und fand: sie war nicht dort.

38.

Wie sich ein Knabe müht, daß er den Baum ersteige,
Wo er ein Vogelnest weiß auf dem höchsten Zweige;
Am Abende zuvor hat er sich vorgenommen:
Bei frühstem Morgen wird der hohe Baum erklommen.
Heut ist es nun zu spät, bis morgen seis verschoben;
Die Vögel sind im Nest bei Nacht wol aufgehoben.
Er hat die ganze Nacht von seinem Fang geträumt,
Und, mit der Sonn erwacht, das Bette schnell geräumt;
Dann ist er ungesäumt auf seinen Baum geklommen,
Und droben findet er das Nest nun ausgenommen.
Er weiß nicht, ob zuvor ein andrer Dieb ihm kam,
Oder die flücke Brut den Flug vom Neste nam.
Eischalen findet er und ein zerstreut Gefieder,
Und traurig klettert er vom hohen Stamme wieder:
So traurig kletterte dort Suhrab auf und nieder
Durchs öde Mauerwerk der ausgestorbnen Veste,
Und fand den Vogel, den er suchte, nicht im Neste.
Er fand nicht Gurdafrid, wo er sie sucht' im Schloß,
Er fand den wehrlos nur zurückgelaßnen Troß.
So traurig sank er nun herab vom hohen Baume
Der Hoffnung, den er kühn erflogen hatt im Traume;
Er suchte, die er liebt', im weiten leeren Raume.
Er rief: Könnt ihr mir nicht, ihr stummen Wände, sagen,
Wohin ein Sturm sie hat, ein Flügel sie getragen?
Ist sie verschwunden, wie ein Traumbild ohne Spur?
Erscheinung glänzende, die mir vorüber fur!
Wo bist du? wer bist du? wie, sprich, nenn ich dich nur?
Das macht den Unmut mir im Herzen doppelt heiß,
Daß ich auch nicht einmal von ihr den Namen weiß.
Mich däuchte, kühlen würd es schon der Sehnsucht Brennen,

Wenn ich dem Winde nur dürft ihren Namen nennen! --
Er dachte nicht daran, den Troß der Burg zu fragen;
Was, dacht er, können die von meiner Liebe sagen?

39.

Da rief er seiner Schaar: Geschwind, und holet mir
Herauf aus seiner Haft vom Lager den Hedschir!
Er ist ja gestern noch hier oben Herr gewesen;
Wen beßer könnten wir zur Auskunft uns erlesen?
Er soll des leeren Nests Gelegenheit uns deuten;
Verborgne Schätze sind gewis hier zu erbeuten.
Er riefs, und jene trieb nach Schätzen die Begier
Geschwind den Berg hinab, sie holten den Hedschir.
Er kam, und Feßeldruck beschwerte seine Glieder,
Doch schwerer noch drückt' ihn Gefühl der Scham danieder;
Denn frei hier war er einst, und kam gefangen wieder.
Doch auf die Seite nam ihn alsobald Suhrab,
Mit sanften Worten nam er ihm die Feßeln ab:
Du bist, so frei du hier gewesen, wieder jetzt,
Sogleich auf diese Burg von mir als Vogt gesetzt,
Wenn ohne Hinterhalt du mir den Namen nennest
Von einer, die du nur zu gut, ich weiß es, kennest,
Und sagst du mir, wo sie ist, wo ich sie finden mag?
Denn ohne sie will ich nicht bleiben einen Tag!
Er sprach es, und das Wort war für Hedschir ein Schlag.
Zur Antwort gab er ihm: Wenn dir sie Gott beschied,
Den Namen nenn ich wol, sie heißt Gurdaferid.
Ich staune, wie du selbst, sie nicht zu sehn hier oben;
Wer weiß, wo seinen Schatz der Vater aufgehoben!
Gern würd ich dir den Platz, wenn ich ihn wüßte, sagen.
Sie hat ein Geist entfürt, ein Sturmwind fortgetragen;
Du mußt die Zauberin dir aus dem Sinne schlagen.
Er schwieg, und wußte wohl, auf welchem Weg den Schatz
Der alte Drach entfürt, an welchen sichern Platz.
Doch sein Geheimnis war des Nebenbulers Heil;
Es war ihm um die Burg und um die Welt nicht feil.
Für Persien diese Burg zu halten wäre schön,
Dacht er, und frei als Herr zu walten auf den Höhn;
Doch übel ist der Preis und schlimm die Gegengabe:
Nicht kommen soll durch mich auf ihre Spur der Knabe! --
Vom Vorteil seines Lands und seinem ungerürt,
Vom Wunsch der Freiheit selbst, blieb er von Lieb umschnürt,
Und ward in Feßeln, wie er kam, hinweg gefürt.

40.

Doch Suhrab gieng nunmehr im weiten Schloß umher,
Und fand den Raum von dem, wornach er suchte, leer.
Da sprachen, die es sahn: Nach Schätzen suchet er.
Und suchen gieng im Schloß nach Schätzen auch das Heer.
Er aber suchte fort und fort sie hier und dort;
Am einen fand er nichts, und sucht' am andern Ort.
Er dachte, daß sie doch sich müße wo verstecken,
Und immer hoffte noch sein Herz, sie zu entdecken.
Wie ein verlegt Gerät man sucht an jedem Flecke,
Wo man es schon gesucht, und suchts in jeder Ecke,
Wo mans nicht fand, und denkt, daß es doch wo noch stecke.
Er gieng zur Zinn hinaus, wo er von unten hoch
Sie gestern stehen sah; stehn wird sie da heute noch!
Er freute sich, zu stehn, wo sie zuvor gestanden,
Und ließ den Blick hinaus umschweifen in den Landen.
Er sah darauf die Berg' und jede Thalschlucht an,
Ob sie hindurch villeicht genommen ihre Bahn.
Er fragt' um sie, von der er wußte nun den Namen,
Die Wolken und die Lüft, ob sie von ihr nicht kamen.
Mit Wind und Sonnenschein sprach er, mit Pflanz und Stein
Sprach er von ihr, nur mit den Leuten nicht allein.
Die Leute plünderten, zerhieben und zerstachen,
Zerschmißen, rißen ein, zerwülten und zerbrachen.
Sie suchten einen Schatz, und weil sie keinen Schatz
Am Platze fanden, ward zerstört dafür der Platz.
Doch Suhrab, dessen Herz ein andres kümmerte,
Sah unbekümmert drein, wie alles trümmerte.
Er sah, und sah es nicht, wie man die Burg zerstörte,
Alsob sie noch dem Feind, nicht schon ihm selbst gehörte.

41.

Zu dem in Liebeslust gefangnen jungen Mann
Mit Mahnung und Verweis trat Barman und begann:
Wie? um ein dunkles Haar und helles Angesicht
Vergißest du die Welt, dich selbst und deine Pflicht!
Die Helden, so die Welt noch jetzt am höchsten hält,
Sie hielten höher als sich selbst nichts auf der Welt.
Sie gaben aus der Hand nicht achtlos und bedachtlos
Das Herz und den Verstand, vom Rausch der Liebe machtlos.
Wol manches Moschusreh fiengen sie ein im Scherz,
Doch binden ließen sie im Ernste nicht ihr Herz.
Denn, wer dem Adler gleich will um die Sonne werben,
Darf wie die Nachtigall nicht um die Rose sterben.
Nicht mit Eroberung von einer Welt vereint

Sich dieses, daß in Gram um einen Mond man weint.
Sohn hat zum Ruhme dich genant Afrasiab,
Und über Land und Meer schwingst du der Herrschaft Stab.
Aus Turan kamen wir hieher zu einem Werke,
Begonnen wards mit Kraft, und sei vollfürt mit Stärke!
Dir fiel ohn einen Streich des Schwertes in die Hand
Solch eine Burg, und frei steht dir nun Irans Land.
Doch ob wir so im Spiel erreichten dieses Ziel
Des Wunsches, doch bevor steht uns noch Arbeit viel.
Der König Kawus wird mit seinen Helden nahn;
Willst du entgegengehn? willst du sie hier empfahn?
Willst du entgegengehn? kleb hier nicht an den Hallen!
Willst du sie hier empfahn? laß nicht die Burg zerfallen!
Was überlieferst du in Blindheit und Betörung
Das erste Pfand des Glücks den Händen der Zerstörung?
Mach, es ist dir zu schwül, dein Herz im Busen kühl
Von Liebe, willst du stehn ein Mann im Schlachtgewühl!
Und willst du sein ein Kind, so ruh auf weichem Pfühl!
So mahnte Baruman; Suhrab hatt ihm verraten
Sein Herzgeheimnis nicht: er hatt es selbst erraten.

42.

So mahnte Baruman, und als darauf kein Wort
Suhrab erwiderte, fur er zu mahnen fort:
Du hast aus eignem Mut, o Jüngling, unternommen
Ein großes Werk, und wirst mit Glück zum Ziele kommen,
Wenn eins mit dir du bist! Mit dir eins, wirst du siegen;
Uneins mit dir, wirst du dir selber unterliegen:
Der Kopf besinnungslos wird unters Herz sich biegen.
Nur wer mit Festigkeit und mit Verstand ausfürt
Das Unternommne, weiß daß ihm der Ruhm gebürt.
Den Leun zu fangen, bist du auf die Jagd gegangen;
Laß dich nicht unterwegs vom bunten Panther fangen!
Bist du ein Held, ein Mann, die Welt zum Raube nim!
Die Hand streck aus! dem Schah vom Haupt die Haube nim!
Wenn diese Länder all erst deiner Herrschaft fröhnen,
Werden dir allerwerts auch huldigen die Schönen.
Die Schönheit ist die Blum, o Sohn, auf dem Gefild
Des Lebens, und die Lieb ein Thau auf Blumen mild.
Nie fehlen möge dir, o Jüngling, auf der Au
Der Jugend und des Glücks die Blume noch der Thau!
Befestige dieß Schloß zu Ehren der darinn
Erblühten, ihr zum Ruhm befestge deinen Sinn!
Wenn dir von hier der Sieg ganz Persien beschied,
In Persien ist mit inbegriffen Gurdafrid.
Wenn du den Rostem wirst vom Ross zu Boden ringen,

Laß ihn als Lösepreis Gurdaferid dir bringen!
So Baruman, und wie ein Stral durch Nebel brach
Die Red in Suhrabs Seel, er ward vom Traume wach.
Ja, rief er, von dem Ross will ich den Rostem bringen,
Und will als Lösepreis Gurdaferid bedingen!
Dem Heer gebot er: Reißt nicht, was wir haben, ein!
Und baut es wieder, daß es mög unnembar sein!
Dann setzt' er sich und schrieb Brief' an Afrasiab,
Worin er ihm Bericht vom ersten Siege gab.

FÜNFTES BUCH.

43.

Doch zu Keikawus kam nach Istachar der Brief
Des Gesdehem, womit in Eil der Bote lief.
Der König, als er nun den Brief las, und vernam
Die üble Zeitung, ward sein Herz voll dunklem Gram.
Darauf er seines Heers Gewaltige berief,
Und viel verhandelt' er mit ihnen ob dem Brief.
Sie saßen um den Schah von Iran alle her,
Und allen ward das Herz wie ihm von Sorgen schwer.
Die Großen seines Reichs und Starken saßen alle
Ratschlagend mit dem Schah in der Chosroenhalle:
Ferabors, Guders, Tus, Keschwad, Schedosch, Roham,
Gurase, Gurgin, Gew, Milad, Ferhad, Behram.
Denselben allen gab der Schah den Brief zu lesen,
Und sprach mit ihnen dann von Suhrabs Art und Wesen:
So ist aus Turans Schooß ein neuer Kriegessturm
Gebrochen! seinem Stoß wankt Irans Friedensturm.
Schon ist in seiner Hand die weiße Veste jetzt,
Auf welche wir umsonst der Hüter zwei gesetzt.
Der alte gieng davon, der junge ließ sich fangen.
Guders! mit deinem Sohn Hedschir darfst du nicht prangen!
Du hast der Söhne viel; warum gerade gaben
Die Burg wir dem, der sie nicht hielt vor einem Knaben?
Doch, wie der Alte schreibt, so ist kein Mann der Welt,
Der diesem Ungetüm von Kind die Stange hält,
Als Rostem, Sabuls Held. Ihr, denen ist empfolen
Die Wolfart Irans, sprecht: soll man den Rostem holen?
Da sprachen Groß und Klein, und riefen insgemein:
Rostem ist Irans Held, geholt soll Rostem sein.
Im Kampf mit Turan war stets Rostem Irans Hort;
Aus Sabulistan sei er eingeholt sofort!
Der Schah schreib einen Brief, worin ihm werd empfolen
Zu eilen; aber Gew, sein Eidam, geh ihn holen.

44.

Da saß der Schah und schrieb an Rostem einen Brief,
Worin er Gottes Preis ob ihm zum Eingang rief:
Hort der Iranier, Fürst von Sabulistan!
Stets sei vom Ruhm genant des Reiches Pehlewan!
Von Turan ist ein Sturm und Friedensbruch gekommen,
Die weiße Burg hat er den Hütern abgenommen.
Suhrab, so ist genant die junge Kriegesflamme,

Entsproßen, wie man sagt, Semengans Königsstamme;
Ein Wetterstral, ein Brand, ein Recke sonder Scheu,
Von Leib ein Elefant, von Herz und Mut ein Leu.
Wie Gesdehem uns schreibt, so ist kein Mann der Welt,
Der diesem Wagehals von Kind die Wage hält,
Als du nur, Irans Held! All meine Ritter saßen
Zu Rate, wo mit mir sie diese Fahr ermaßen,
Und einig sind sie, daß mit ihm den Kampf kann üben
Kein anderer, nur du magst ihm das Waßer trüben.
Denn du bist unser Hort und Schmuck und Putz allein,
Du Irans Rettungsport und Turans Trutz allein,
Die Stütze fort und fort des Throns und Schutz allein.
Nun gilt es, der Gefahr mit Kraft Entgegenstemmung,
Die Brust von Iran frei zu machen von Beklemmung;
Hemmung und Dämmung gilts von Turans Ueberschwemmung!
Sobald du diesen Brief erbrochen hast, brich auf!
Im Augenblick brich auf, und halte dich nicht auf!
Stehst du, wo dieser Brief ankommt, nicht sitze nieder
Zu lesen! sitzest du, erheb im Sprung die Glieder!
Wenn in der Hand den Strauß du hältst, zu riechen, reuch nicht
Daran! wirf hin den Strauß, zeuch aus, zeuch! und verzeuch nicht!
Bist du vor deiner Tür, so geh nicht erst ins Schloß!
Laß holen Schwert und Helm, und hol im Stall dein Ross!
Sitz auf dein Ross! den Rachs laß rennen! flieg herbei
Aus Sabul wie ein Sturm! erheb ein Feldgeschrei!

45.

Er schrieb und siegelte den Brief mit buntem Wachse,
Gab ihn dem Gew, und sprach: Nun renne gleich dem Rachse;
Nach Sabul renn und flieg, alsob du hättest Flügel!
Nun gilts am Rösslein abzunutzen Zaum und Zügel.
Wenn du nach Sabul kommst zu Rostem, heiß ihn eilen!
Verweilen laß ihn nicht, und laß dich nicht verweilen!
Kommst du an spät des Nachts, so kehr um früh des Tags!
Sags ihm, daß nah der Kampf herandrängt, sags ihm, sags!
Da nam den Brief zur Hand und eilte hin der Bote;
An Waßer dacht er nicht, und fragte nicht nach Brote;
Er fragt' auf seinem Weg nach Staub nicht oder Kot,
Und auch am Himmel nicht nach Früh- und Abendrot.
Er flog auf seinem Ross in ungestümer Hast,
Und gönnte weder ihm noch sich Schlaf oder Rast.
Der Reuter und sein Ross, sie fühlten ihre Kräfte
Verdoppelt vom Beruf der wichtigen Geschäfte;
Als dienete zu Sporn des Reiches scharfe Not,
Zu Geißelhieb des Schachs eindringliches Gebot.
Als er zur Mark hinan ritt von Sabulistan,

Ward vom Wachpostenruf dem Rostem kund getan;
Aus Iran fliegt ein Bot alswie ein Sturm heran.
Doch Rostem zu Sewar, zu seinem Bruder, sprach:
Reit ihm entgegen, sieh, warum ihm ist so jach!
Dem Königsboten ritt Sewar auf hohem Ross
Entgegen, Rostem blieb in Ruh auf seinem Schloß.
Doch als der Bruder nun kam mit dem Boten näher,
Wie er den Eidam sah, da freute sich der Schwäher.
Er grüßt' ihn schön und sprach: Was bringst du, Tochtermann?
Ein Schreiben von dem Schah! gibs, ob ichs lesen kann!
Er nam den Brief, den er mit Augen überlief,
Dann schwieg er lange Zeit, und dachte nach dem Brief.

46.

Ich denk an alte Zeit, vergeßen manches Jahr,
Und jetzt erinnr' ich mich, alsob es gestern war.
Wie lange kann es sein? unmöglich ist der Knabe
Mein Sohn, wenn einen Sohn ich in Semengan habe.
Unmöglich, wenn mir dort ein Herz- und Seelerfreuer
Erwächst, ist er bereits ein Mann und Heerzerstreuer.
Jetzt trinket er noch mit milchduftiger Lippe Wein;
Doch ohne Zweifel bald wird er ein Kämpe sein.
Wann seine Zeit kommt, wird sein Arm die Keule schwingen,
An Tapferkeit wird er mit seinem Vater ringen.
Aufblühen neu in ihm wird Rostems Heldenfeuer,
Der Jüngling wird dem Greis der Jugendkraft Erneuer;
Jetzt ist er noch kein Mann der Schlacht und Heerzerstreuer.
Wann er erwachsen ist, wird ihn die Mutter schicken,
Und um den Arm das ihm bestimmte Zeichen stricken.
Erkennen werd ich ihn, und er wird mich erkennen,
Denn meine Zeichen wird ihm auch die Mutter nennen;
Nicht feindlich werden wir uns dann im Kampf anrennen.
Zusprechen wird er mir mit sittigem Zuspruch,
Nicht kommen mit gewalttätigem Gastbesuch,
Nicht mit der Tür ins Haus, ins Land mit Waffen fallen,
Anklopfen wird er erst an seines Vaters Hallen,
Und diese sind ihm aufgetan mit Wolgefallen!
Ich habe keinen Sohn in Persien, um ihn
Als Erben meines Ruhms und Namens zu erziehn,
Als Erben meines Guts und Reichs Sabulistan.
»Ein Türkenknabe taugt nicht zum Reichspehlewan«
Wird Kawus sagen; doch nach Kawus frag ich nicht.
Doch gerne möcht ich sehn dem Jungen ins Gesicht,
Der Suhrab ist genannt, die junge Kriegesflamme,
Entsproßen, wie man sagt, Semengans Königsstamme!
Ich könnt ihn nach dem Kind und seiner Mutter fragen,

Und einen Gruß an sie nach Turan ihm auftragen,
Den trüg er hin, wenn ich ihn hier nicht hätt erschlagen!

47.

So sprach der alte Held in tiefbewegtem Sinn,
Und all sein Denken schuf ihm lauter Ungewinn.
Dann blickt' er auf, und sprach zum Boten, den er fast
Vergeßen hatte: Komm! für heut bist du mein Gast.
Es ist nicht Eilens Not mit Krieg und Kriegsgebot:
Ich seh nicht, was dem Reich von Iran Großes droht!
Nun machte wol mich scheu ein reckenhafter Knabe,
Da ich nicht Furcht vor Leu und Elefanten habe?
Es sollt ein blinder Schreck mich gleich in Harnisch bringen,
Und stehndes Fußes sollt ich auf den Rachs mich schwingen?
Weil gegen ihn ein Tropf die weiße Burg verlor,
Ist drum der Brausekopf schon vor der Hauptstadt Tor?
Ein knabenhafter Mann, wieviel er Kraft gewann,
Wenn sich zu rühren erst für ihn mein Schaft begann,
Sehn werdet ihr, wielang er seiner Haft entrann!
Ich wurde fertig sonst mit Riesen und Dämonen,
Ich fürchte mich vor nichts, was hinterm Berg mag wohnen.
Er wird sich hüten uns ins Garn herein zu springen;
Wir werden zeitig ihm den Tod entgegen bringen.
Soll in Bewegung erst sich setzen Meeres Braus?
Das Glimmen geht von selbst des Aschenhäufchens aus.
Wir werden bald genug auch diesen Weltbrand dämpfen;
Heut hab ich keine Lust für Keikawus zu kämpfen.
Kommt! eh auf seinen Wink wir morgen Türken hetzen,
Will ich mich heute noch mit lieben Freunden letzen.
Wir schlagen aus dem Sinn die Schlacht uns beim Gelag,
Bei hellem Becherklang und frohem Lautenschlag,
Und machen vor der Nacht uns einen guten Tag.
Du, Eidam, sollst mir was von meiner Tochter sagen,
Vom jungen Recken auch, den ich euch todt soll schlagen!
Die Herrlichkeit der Welt wird all am Ende Staub;
Begießen wir mit Wein des Lebens grünes Laub!
Seware! geh ins Haus, bestell uns einen Schmaus!
Wir leeren vor der Nacht noch manchen Becher aus.

48.

So rief der alte Held aus aufgeregter Seele;
Sein Bruder tat, wie er gewohnt war, die Befele.
Und auch der Eidam wagte nicht zu widersprechen;
Er wußte, daß mit ihm nicht gut sei Lanzen brechen.
Der alte Recke ließ sich durch den Sinn nicht faren;

Starr war sein Kopf und hart, besetzt mit struppigen Haaren.
Dem Schwäher folgte Gew vergnügt ins Haus zum Schmaus,
Und dachte: Mach er mit dem Schah es selber aus!
Wir wollen heut mit Wein die staubgen Lippen netzen,
Und morgen können wirs durch schärfern Ritt ersetzen.
Sie saßen beim Gelag, und hatten guten Tag,
Das Fest geschmückt war wie ein Frühlingsrosenhag.
Alswie ein Rosenhag, geschmückt mit Duft und Glanze,
Mit Nachtigallenschlag und blühndem Rosenkranze;
So blühte das Gelag von Sang und Klang und Tanze;
So mühte sich die Kunst geübter Tänzerinnen,
Vom Wirte Gold, und Gunst vom Gaste zu gewinnen.
Sie dachten an den Feind und an den König nicht,
Und sahn nur Rosenwang und Mondenangesicht.
Vom Schenken ließen sie den roten Wein sich schenken,
Und durften nicht dabei an Blutvergießen denken.
Sie schöpften Wonn auf Wonn aus unerschöpfter Tonne;
Froh war hinunter schon getrunken Tag und Sonne.
Zum Trunke leuchteten noch ihnen Sternefunken,
Bis alle vom Gelag zum Lager giengen trunken.

49.

Am andern Morgen trat der Eidam reisefertig
Zu Rostem ein, und war des Aufbruchs nun gewärtig.
Doch Rostem sprach vergnügt: Du schliefest zeitig aus;
Gut, daß zu kurz der Tag uns werde nicht zum Schmaus!
Nun heute wollen wir erst recht behaglich schmausen;
Wer weiß, wie bald herein des Unheils Wogen brausen!
Wir wollen aus dem Sinn uns schlagen Graun und Grausen;
Gut Obdach haben wir, der Sturm mag draußen sausen!
Villeicht wird nie so froh uns mehr dieß Haus behausen.
Mir ist, als sollt ich mich zum letztenmal der meinen,
Der guten Freunde freun, die sich um mich vereinen!
Ihr beiden, kommt, und setzt zur Rechten und zur Linken
Euch um den Rostem her, und helft dem Rostem trinken!
Sewar, mein Bruder, hier! hier Gew, mein Tochtermann!
Mir träumte Nachts daß ich auch einen Sohn gewann.
Das kam mir in den Sinn durch jenen Türkenknaben,
Mit welchem sie vom Hof den Kopf betäubt mir haben.
Nachbringen sollst du heut beim Weine, Gew, mir dessen
Beschreibung, weil beim Wein sie gestern ward vergeßen.
Kommt, setzet euch, und laßt uns hören vom Suhrab,
Was Gew zu sagen weiß, ob dieser Wunderknab
Ist wirklich einzig auf der Welt der weiße Rab!
So sprach er, und zuerst hinpflanzt' er seine Glieder;
Der Bruder durfte nichts, der Eidam nichts dawider

Ihm sagen; wie er saß, setzten sich beide nieder.
Sewar, der Bruder, rechts, der Eidam Gew zur Linken,
Bei Rostem saßen sie, und er begann zu trinken.
Sie saßen beim Gelag, und hatten guten Tag;
Das Fest geschmückt war wie ein Himmelsrosenhag,
Mit Glanz und Tanz und Sang und Klang und Lautenschlag.
Beim Trinken sprachen sie, bis sie den Tag hinab
Getrunken und herbei den Schlummer, von Suhrab.

50.

Des andern Morgens trat der Bote reisefertig
Zum Pehlewan, und war des Aufbruchs nun gewärtig.
Er wartete, und sah daß nicht von selbst aufbrach
Rostem, da faßte Gew sich nun ein Herz und sprach.
Bedachtsam sprach er: Held! vernimm ein Wort in Huld!
Nun reize länger nicht des Schahes Ungeduld!
Kawus, das weißt du ja, ist jäh in jedem Ding;
Und diese Sache wiegt ihm keineswegs gering.
Drum sandt er Botschaft dir durch keinen andern Boten
Als deinen Tochtermann, und Eil hat er geboten.
Denn dieser junge Türk ist ihm ein großer Kummer,
Der Eß- und Trinkens-Lust und Ruh ihm raubt und Schlummer.
Und wenn wir länger noch in Sabulistan säumen,
Wird ihm das weite Reich zu eng in allen Räumen.
Sprich, lieber Schwäher, soll ich dir den Rachs nicht zäumen?
Im ungefügen Zorn möcht er sich uns erbosen;
Zorn des Gebietenden bringt Boten keine Rosen.
Zu ihm sprach Rostem: Laß dir das nicht Sorge werden!
Niemand darf zürnen mir und meinem Tun auf Erden.
Keikawus weiß das wol, daß er zu dieser Frist
Durch Rostems Macht allein in Iran König ist.
Er weiß auch, daß mein Schwert ihn nie im Stiche ließ,
Wo oft in Ungemach sein toller Mut ihn stieß.
Doch heute dünkt es selbst mir Zeit nun aufzubrechen;
Nun wollen wir es erst beim Morgentrunk besprechen.
So sprach er, und alsbald mit Prachtgepräng und Prunk
Ließ er bestellen dort im Saal den Morgentrunk.
Die Flasche neigt' er tief, und hob den Becher hoch,
Mit seinem Eidam sprach er dieß und jenes noch.
Den Sattel nun gebot er auf den Rachs zu heben,
Und ließ dem ehrnen Mund der Zinken Atem geben.
Die Krieger Sabuls, wie sie hörten Rostems Zinke,
Rings strömten sie herbei, willfärig seinem Winke.
Er übersah mit einem Blick die starke Schar,
Und merkte, daß kein Ding der Welt zu schwer ihm war.
Die Rosse wieherten, es schmetterten Trommeten,

Die Fahnen flatterten, die Fart ward angetreten.
Rostem ritt im Gespräch mit Gew voraus, es war
Hauptmann bei Sabuls Heer an seiner Statt Sewar.

51.

Die Kunde kam zur Stadt, Rostem sei auf den Wegen;
Die Fürsten zogen ihm eine Tagreis' entgegen:
Ferabors, Guders, Tus, Keschwad, Schedosch, Roham,
Gurase, Gurgin, Milad, Fehrhad und Behram.
Ferabors, Sohn des Schachs, und der Kronfeldherr Tus,
Samt allen übrigen, mit ehrerbietigem Gruß,
Entgegen traten sie dem reitenden zu Fuß.
Zu Fuß hernieder trat auch Rostem von dem Ross,
Grüßend, und im Geleit hinwandelt' er zum Schloß.
Hinwandelten zum Schloß vergnügt und unbeklommen
Alle, sie waren froh, daß Rostem nur gekommen.
So traten sie im Chor dort in die offne Halle
Des Throns, mit offnem Blick und offnem Herzen alle.
Doch wie sie grüßend sich dem goldnen Thron geneigt,
Saß droben Keikawus finster und ungeneigt.
Dem Ruf der Huldigung gab er die Antwort nicht,
Und schweigend wendet' er von ihnen sein Gesicht;
Worauf er gegen Gew erst einen Schrei ausstieß,
Und gegen Rostem dann den Unmut frei ausließ:
Wer ist Rostem, daß er ein Wort aus meinem Munde
Mit Füßen tritt, und sich entziehet meinem Bunde?
Hätt ich ein Schwert zur Hand, ich wollte laßen tanzen
Vom stolzen Rumpf sein Haupt gleich einer Pomeranzen.
Tus, greife mir das Paar, und führe sie davon,
Bring an den Galgen mir Schwäher und Schwiegersohn!
Er riefs, und sprang vor Zorn auf seinem Thron empor,
Auflodernd ungestüm alswie ein Feur im Rohr.
Der ganze Kreiß umher der Fürsten war betroffen,
Daß seinen Zorn der Schah so durft auslaßen offen.
Tus zauderte und wagt' an Rostem nicht die Hand
Zu legen, da geriet Keikawus erst in Brand.
Er brüllte durch den Saal alswie ein Leu im Forste,
Und schrie vom Throne wie ein Adler kreischt vom Horste:
Verräter, wer die Hand nicht legt an den Verräter!
Ein Uebertreter, wer nicht greift den Uebertreter!
Fort mit ihm auf der Stell, aus meinen Augen fort!
Und sagt dagegen mir kein unverständig Wort!

52.

So schnaubt' er, und vor Leid dem Tus das Herz zerbrach,
Daß er an Rostem sollt anlegen Hand mit Schmach.
Er faßt' ihn, nur damit er ihn aus dem Gesichte
Dem Kawus brächte, bis man dessen Zorn beschwichte.
Die Fürsten staunten, wie er faßte Rostems Hand,
Und Rostem wars allein, der nichts davon empfand.
Denn Rostems Seele schwoll von Groll und Unmut voll,
Daß vor den Fürsten ihm der Schah das bieten soll!
Er richtet' um ein Haupt noch höher sich empor,
Und um die Schultern schien er breiter als zuvor.
Dann tat er seinen Mund zu kühnen Reden auf,
Frei gegen Kawus ließ er seinem Zorn den Lauf:
Wer bist du, und wer ich, daß du so gegen mich
Darfst schnauben? auf der Welt bist du ein Schah durch mich.
Droh mit dem Galgen doch dem Suhrab, der dich schreckt,
Dem Ritter nicht, der dir den Feind zu Boden streckt!
Bin ich dein Untertan? Ich bin der Pehlewan
Des Reiches Iran und Fürst in Sabulistan.
Ich bin Tehemten, der, wenn er den Fuß im Grimm
Stampft auf den Grund, der Grund erzittert unter ihm.
Von meines Rosses Huf erhallt des Himmels Dom,
Und staunend still, wo es vorbeirennt, steht der Strom.
Ich bin der Rostem, sieggekrönt und ruhmgeschmückt,
Der wol um einen Schah wie du den Kopf nicht bückt!
Der Sattel ist mein Thron, der Helm ist meine Krone;
Ich spotte deiner Kron, und trotze deinem Throne.
Wer ist Kawus, daß er an mir den Zorn auslaße!
Und wer ist Tus, daß er mich bei der Hand erfaße!
Er riefs, und auf die Hand gab er solch einen Schlag
Dem Tus, daß er davon betäubt am Boden lag.
Hin über ihn und durch die andern schritt er stracks
Zu Hall und Hof hinaus, und schwang sich auf den Rachs.

53.

Die Fürsten drängten aus dem Saal ihm hinterdrein,
Den Kawus ließen sie mit seinem Zorn allein.
Sie eilten in den Hof, da saß der Rostem hoch
Auf seinem Sattel schon, und sprach vom Sattel noch:
Heim reit ich nun sogleich nach Sabul, in mein Reich;
Dort bin ich König selbst, dem König Kawus gleich.
Mag ohne Widerstand ganz Iran in die Hand
Von Turan fallen! ich behaupte wol mein Land.
Mag euch wie den Hedschir Suhrab vom Rosse stechen,
Und wie das weiße Schloß die Königsburg hier brechen!

Ich wehr ihm nicht, und wer wird ohne mich ihm wehren?
Euch allen rat ich, daß ihr mögt nach Hause kehren!
Kein edler Ritter dient solch einem Herrn mit Ehren.
Ein Hitzkopf sollte doch die Herrschaft nie erwerben!
Er stürzt das Land und stürzt sich selber ins Verderben.
O möcht ein Fürstensproß doch aus der Art nie schlagen,
Kein toller Sohn den Reif nach weisem Vater tragen!
Hab ich den Keikobad vom Berg Albors gebracht
Dazu, ihn auf den Thron gesetzt durch meine Macht,
Daß Keikawus, sein Sohn, sich nun mir unnütz macht?
Die Fürsten wißen, daß sie selbst zum König mich
Begerten! damals setzt ich ein als König dich!
Und hätt ich dort gewollt annemen Kron und Reif,
So trügest du nicht jetzt den Nacken hoch und steif.
Darum mishandle nur mit schnöden Worten mich!
Ich habs um dich verdient! warum erhöht ich dich?
Doch dächten so wie ich die Fürsten, auf dem Thron
Ließen sie dich allein, und giengen auch davon.
Lebt wol! in euerm Land seht ihr mich nimmer wieder;
Eur Land und euch kauf ich nicht um ein Krähengefieder!
So rief er, und im Zorn gab er dem Rachs die Sporen,
Spornstreichs ritt er hinaus zum Hof und zu den Toren.
Wol eine Meile Wegs ritt er auf Sabul zu,
Dann sucht' er gegen Nacht in einer Herberg Ruh.
Sein Zorn kühlt' in der Nacht; er harrte, bis Sewar,
Sein Bruder, käme nach mit Sabulistans Schar.

SECHSTES BUCH.

54.

Die Fürsten sahn ihm nach, verstöreter Geberde;
Denn Rostem war der Hirt, sie alle seine Herde.
Zu Guders sprachen sie: Guders! dieß ist dein Teil;
Durch deine Hand nur kann der Bruch uns werden heil.
Der König hört von dir am ersten noch ein Wort,
Und deiner Söhne Heer sind ihm ein werter Hort.
Geh hin zum Schah, und auf die Flamme seines Zornes
Spreng einen kühlen Thau aus Füllen deines Bornes!
Sprich Worte lind und stark, ihm zur Beschwichtigung,
Zu dieser mislichen Ergangs Berichtigung!
Gew, aber du sitz auf, und reit dem Schwäher nach,
Hol ihn uns ein, eh er nach Sabul heimfärt jach!
Der Gew saß auf und ritt, zusammen saß der Rat
Der Fürsten, weil den Gang Guders zum Schloß antrat.
Sie sprachen unter sich voll Kummer und Verdruß,
Daß heute nicht der Schah that, wie ein König muß;
Daß er mit raschem Wort solch einen Mann gekränkt,
Den zu beleidigen ein Kluger sich bedenkt.
Der Edlen Freundschaft müß ihm wol nicht nahe gehn,
Daß er so rücksichtlos beschimpft den Edelsten!
Der auf den Thron ihn hob, und der in jeder Far
Die Stütze seines Throns und Irans Zuflucht war!
Wenn an den Galgen er dafür will Rostem henken:
An was dann sollen wir, als schnelle Flucht nur, denken?
Denn ohne Rostem ist in Iran uns kein Halt,
Erliegen werden wir vor Turans Kampfgewalt;
Wenn nicht noch diese Nacht der Schah sich läßt erbitten,
Ihn zu besänftigen, eh er nach Haus geritten.
So ratlos hielten dort die Fürsten ihren Rat,
Indess Guders hinan zum zorngen König trat.

55.

Er sah ihn auf dem Thron in düsterm Unmut sitzen,
Gleich einer Wolke, die sich hat erschöpft mit Blitzen,
Geneigt, nachdem sie ausgewettert hat, zu regnen;
So wagte Guders ihm mit Worten zu begegnen:
O Fürst, ein König ist Haupt über Volk und Land;
Der Kopf soll haben für den ganzen Leib Verstand.
Wer guten Rat nicht hat, soll guten Rat annemen,
Und schlimmgemachtes gut zu machen sich nicht schämen.
Du hast ein harsches Wort zum Schaden und zur Schmach

Entsendet, send ihm auf dem Fuß ein sanftes nach!
Du hast mit raschem Wort solch einen Mann gekränkt,
Den zu beleidigen ein Kluger sich bedenkt.
Nicht gegen Rostem hast du deinen Zorn bezämt;
Die Edlen, weil sie ihn beschimpft sehn, sind beschämt:
Gestumpft ist Irans Schwert, des Mutes Arm gelämt.
Wenn jener Türke nun mit seiner Heermacht Wellen
Daherbraust, welchen Damm willst du entgegen stellen?
Der Gesdehem, der all die Deinen groß und klein
Von Hörensagen kennt, und kennt von Augenschein,
Sagt, daß dem Suhrab gleich in Iran kein Verwegner
Noch Turan sei, für ihn sei auf der Welt kein Gegner,
Als Rostem, den du nun durch ungestüme Hast
Des Herzens dir, dem Land und uns entwendet hast!
Warum? weil einen Tag zulang er ausgeblieben,
Hast du ihn lieber gar auf immer fortgetrieben!
Weil er drei Tage lang zu Haus uns hat gesäumt,
Sehn wir das Feld der Schlacht nun ganz von ihm geräumt!
Die Fürsten alle, die Heil wünschen deinem Thron,
Die Fürsten all, o Fürst! Ferabors auch, dein Sohn,
Einmütig haben sie zu deines Thrones Stufen
Mich hergesandt, zu flehn, Rostem zurück zu rufen!
Ferabors schützt dich nicht, dein Sohn, o Keikawus,
Wie stark er sei, dich schützt nicht dein Kronfeldherr Tus,
Noch all die andern sonst, die deinem Zepter fröhnen;
Ich schütze selbst dich nicht mit meinen achtzig Söhnen.
Sie werden alle nicht schnell wie Hedschir erliegen,
Doch ohne Rostem sind wir nicht im Stand zu siegen.

56.

So sprach der edle Greis und schwieg, doch Kawus nam
Zu Herzen, daß der Rat aus gutem Sinne kam.
Zu Guders sprach er: Wolgesprochen ist das Wort
Der Alten: Greisenmund voll Rates ist ein Hort.
Mich reuts, es reuete mich schon, was ich im Kochen
Des ungestümen Bluts Verletzendes gesprochen.
Geht schnell dem Rostem nach, den Ritter zu beschwichtigen,
Und bringt ihn her, damit wir das Versehn berichtigen!
Mit großer Freude nam Guders das gute Wort;
Heil, rief er, sei dem Schah! und gieng in Freude fort
Zur Ratsversammlung dort, die harrten ungeduldig
Ob huldig jetzt der Schah sei oder noch unhuldig.
Denn unstet immerhin ist eines Fürsten Sinn;
Da stiftet Schaden bald ein Wort und bald Gewinn.
Das Wort ist gleich dem Oel, doch eines Königs Mut
Ist bald wie Meeresflut, und bald wie Feuerglut.

Das Oel, gegoßen in die Flamm, erneut ihr Leben;
Gegoßen auf die Flut, macht es die Wogen eben.
Drum waren hocherfreut die Fürsten allzusammen,
Daß dort auf Wogen traf das Oel, und nicht auf Flammen.
Sie fühlten ihre Brust von einem Band entkettet,
Und von dem Dornenpfül auf Rosen sich gebettet,
Als Guders Kunde gab, wie sich die Flut geglättet,
Und riefen eines Munds: Nun ist Iran gerettet!
Zurückgewonnen ist dem Reich sein Pehlewan,
Der ihm des Sieges Bahn vorangeht auf Turan.
Nun laßt den Ritter uns nur unterwegs einholen,
Eh noch in Sabul er vom Fuße schnallt die Solen!

57.

Zu Rosse stiegen sie, und ritten bei der Nacht
Hinaus, wo Botschaft schon dem Rostem Gew gebracht.
Er hörte den Bericht vom Eidam an verdroßen,
Und blieb zur Heimkehr nach Sabulistan entschloßen,
Sobald nur mit der Schar ihm käme nach Sewar;
Statt dessen stellten sich ihm jetzt die Fürsten dar.
Zu bitten traten sie hinan zum Pehlewan,
Der, wie er nahn sie sah, aufstand sie zu empfahn;
Doch Guders trat voran, und hub zu bitten an:
Wir bitten dich vom Schah, ich komm in seinem Namen;
Sieh alle Fürsten hier, die dich zu bitten kamen!
Für Iran bitten wir, dess Pehlewan du bist,
Für Irans Volk, das dir zum Schutz empfolen ist;
Für seine Jünglinge, die kämpfen lernen sollen,
Für seine Männer, die im Kampf dir folgen wollen;
Für seine Greise, die sich selber nicht mehr nützen,
Für seine Kinder, die sich noch nicht können stützen,
Für seine Fraun, die du versprochen hast zu schützen!
Warum willst du zum Raub der Türken hin uns werfen,
Weil dich ein Königswort verletzt mit bittern Schärfen?
Du weißt ja, daß Kawus hat wenig Hirn im Haupt,
Und heftger Zorn ihn oft des Sinnes gar beraubt;
Dann ist sein Wort nicht fein, wenn er im Unmut schnaubt.
Er spricht geschwind ein Wort, das er geschwind bereut,
Worauf er schnell die Hand auch zur Versöhnung beut;
Er bietet sie durch uns, weis' uns zurück nicht heut!
Ist doch kein giftges Schwert das Wort, das dich gestochen!
Und zürnest du dem Schah um das, was er gesprochen;
Doch die Iranier, was haben sie verbrochen,
Daß du sie strafen willst für seinen Unverstand,
Dein Angesicht in Nacht abwenden ihrem Land?
Doch auch der Schah streckt dir entgegen seine Hand.

Er ist der Schah, und hat zu lohnen und zu spenden;
Vergelten wird er dir mit voller Gnade Händen
Den Zorn und den Verdruß; Verdruß und Zorn laß enden!
Und folg uns mit dem Rachs zu dem, der uns geschickt,
Dem Schah, der schon vom Thron nach dir erwartend blickt.

58.

Doch Rostem sprach: Er mag nach mir nur lange blicken!
Solch edle Boten hat er nun nicht mehr zu schicken.
Wenn diese nicht an mir verdienten Botenbrot,
Wer tuts ihm dann? Er ist mir ganz und gar nicht Not;
Ich will nicht sein Geschenk, und will nicht sein Gebot.
Nach Sabul kehr ich heim, wo ich ein König bin
Wie Kawus, walten kann ich dort nach meinem Sinn.
Hier sind ja Ritter gnug, die Marken zu verteidigen!
Er soll nur alle wie den einen nicht beleidigen!
Ich aber zieh nach Haus, die Waffen leg ich nieder
In Frieden, und erheb im Leben sie nicht wieder
Zu Kampf und Schlachten, Blutvergießen, Mord und Wut;
Dem allem sag ich ab und hege Friedensmut.
Ich hab in Ehren lang genug das Schwert gefürt,
Und habe nun vom Schah den Lohn, der mir gebürt.
Warum half aus der Not ich ihm sooft, und bot
Die Hand, wenn Unverstand den Fuß ihm bracht in Kot?
Dafür hat er mir mit dem Galgen nun gedroht;
Weil ich ihm aufgetan einst in Masenderan
Den Kerker, wohinein sein Unsinn ihn getan;
Als von den Zauberern, Schwarzkünstlern und Dämonen
Er sich hinlocken ließ, die dort im Lande wohnen.
Des Landes Frühlingsglanz und goldner Schätze Reiz
Verlockte seine Lust, verlockte seinen Geiz,
Bis er mit seinem Heer und euch, ihr Fürsten, allen
Dort war in die Gewalt der bösen Macht gefallen:
Wer mußt euch da befrein, als ich, aus Teufelskrallen?
Doch was ich sonst getan für ihn und sein Iran
Und euch, ihr wißt es noch: was gehts mich ferner an?
Ich eile nun im Nu zur langen Waffenruh,
Und meine wol, ich bin nicht mehr zu jung dazu.
Ein Adler, der sich schwang wol ein Jahrhundert lang
Zur Sonn, am Ende wird ermatten auch sein Drang.
Als ich aus Sabul ritt, da war mir schwer zu Mut,
Als wär mir dießmal in den Krieg zu ziehn nicht gut.
Auch stolperte mein Rachs, dem nie ein Tritt misglückt,
Und Helm und Schien hat mich zum erstenmal gedrückt.
Jetzt auf dem Heimweg ist mir leichter in der Nacht,

Und freudewiehernd hat den Rückritt Rachs gemacht.
Geht heim zum Schah, sagt, daß ihr mich nicht mitgebracht!

59.

Doch Guders sprach: Ist das, Rostem, dein letztes Wort?
Und also sendest du mich und die Fürsten fort?
Was wird der Schah von dir, was werden Edle denken?
Unedle gar, worauf wird sich ihr Denken lenken?
Vor jenem Türken ist der Held von Iran scheu;
Den alten Löwen schreckt vom Berg der junge Leu.
Held Rostem fürchtet sich! das ist an Rostem neu.
Wer, wenn er flieht, soll stehn? wer, wenn er wankt, soll dauern?
Wer, wenn er zagt, soll gehn zum Kampfplatz ohne Schauern?
Denn, wie ihn Gesdehem beschreibt, ist kein Verwegner
Dem Suhrab gleich, für ihn ist auf der Welt kein Gegner,
Als Rostem, Sabuls Held; und wenn nun Rostem flieht,
Wer soll verteidigen vor Suhrab das Gebiet?
So muß dem Adler, der sich ein Jahrhundert lang
Zur Sonne schwang, am End ermatten auch sein Drang!
Drum war ihm, als er ritt aus Sabul, schwer zu Mut,
Als wär ihm dießmal in den Krieg zu ziehn nicht gut!
Drum stolperte sein Rachs, dem nie ein Tritt misglückt,
Und Helm und Schien hat ihn zum erstenmal gedrückt!
Jetzt auf dem Heimweg ist ihm leichter in der Nacht,
Und freudewiehernd hat den Rückritt Rachs gemacht!
Am Hofe hör ich schon von Rostem dieß Gerede
Und in der Stadt; wo bleibt dein Ruhm in dieser Fehde?
Willst du nicht unsern Wunsch und deines Schahes stillen,
Tu's nur um deines Ruhms, um deines Namens willen!
Doch Rostem sprach: daß Furcht nie Rostems Herz empfand,
Und nie empfinden wird, das weiß wol dieses Land.
Wie aber kann ich hier mit gutem Willen bleiben,
Da mich von hinnen selbst des Schachs Scheltworte treiben?
Guders mit Nachdruck sprach: Wenn dich sein Wort vertrieb,
Sein Wort ruft dich zurück; so folg ihm, uns zu lieb!
Rostem mit Zögern sprach zu seinem Tochtermann:
Gew, sattle mir den Rachs, weil ichs nicht weigern kann.
Nach Hause kann ich nun allein nicht, weil Sewar,
Mein Bruder, wie es scheint, nicht nachkommt mit der Schar.
Gew sattelte geschwind, und alle saßen auf,
Den Rostem führten sie zur Stadt im Siegeslauf.

60.

Zu Hofe führten sie im Zug den Pehlewan,
Die Pforten fanden sie weit offen aufgetan.

Als er ihn kommen sah, der Schah eilt' aufzustehn,
Und mit Entschuldigung entgegen ihm zu gehn.
Er sprach: Die Heftigkeit ist mir zur Art gegeben;
Und wie uns Gott gepflanzt, so wachsen wir im Leben.
Von diesem neuen Feind, der uns so plötzlich kam,
Stieg Unmut mir ins Haupt, der mir den Sinn benam.
Du aber bist der Hort des Reichs, des Heeres Rücken;
Auf dich nur sind gelegt die Sorgen, die mich drücken.
Du bist der Edelstein, dem Glanz die Krone dankt;
Du bist der Fels, auf den gebaut der Thron nicht wankt.
Dein Wolsein ists, worauf ich früh den Becher leere,
Und dein Wolwollen, was ich in der Nacht begere.
Mit deiner starken Hand halt ich den Herrschaftstab;
Wir beide stammen ja gerad von Dschemschid ab.
Kein andrer steht so nah dem Herzen und dem Thron;
Mein Leben und mein Reich dank ich dir vielmal schon;
Und nur mein Dank allein ist deiner Taten Lohn.
Stehst du bei mir, so mag die Welt entgegenstehn;
Statt aller wünsch ich nur als Helfer dich zu sehn.
In dieser Kampfnot auch begert ich dein vor allen;
Und wie du zögertest, hat mich der Zorn befallen.
Doch als beleidiget du giengst, o Pehlewan,
Hat mir die Reu sogleich den Staub aufs Haupt getan.
So sprach der Schah und schwieg; doch Rostem sprach: die Welt
Ist dein, ich bin darin zu deinem Dienst bestellt.
Gehorchen meine Pflicht, Befelen ist dein Recht;
Ich beuge mich, du bist der Herr, ich bin der Knecht,
Bereit, wohin du rufst, auf deinen Ton zu gehn,
Der Diener niedrigster an deinem Thron zu stehn.
Verpflichtet deinem Hof bin ich zu Dienstentrichtung,
Dafern ich würdig bin so ehrender Verpflichtung.
Und wäre Leben mir noch tausend Jahr verliehn,
So werd ich nie vor dir des Dienstes Gurt ausziehn.

61.

Zu Rostem wieder sprach der Schah: O Pehlewan!
Die Seele bleibe dir hell ewig aufgetan!
Nie werde dir die Hand, das Schwert zu füren, schwächer,
Und nie miss' Irans Land den Ritter und den Rächer!
Die neuen Dienste, die du wirst im Kampfe tun,
Wie lohn ich sie? noch unbelohnt sind alte nun.
Was biet ich heute dir als Gast- und Ehrengabe?
Was hab ich, das ich nicht durch deinen Beistand habe?
Was hab ich, das, o Held, du nicht schon selber hast?
In Sabul ist dein Reich und fürstlicher Palast.
Du hast das beste Ross, das schönste Sturmgewand,

Du hast das stärkste Schwert, dazu die stärkste Hand.
Du bist mit allem ausgerüstet unvergleichlich,
Im Felde wie zu Haus versehn mit Schätzen reichlich.
Rostem, was schenk ich dir an diesem Freudentag?
Wähl ein Geschenk dir selbst, was ich dir bieten mag!
Rostem verneigte sich und sprach: Ich wills bedenken;
Inzwischen mag der Schah mir seine Gnade schenken!
Er sprachs, da freuten sich die Fürsten groß und klein,
Da sie gestiftet sahn so gütlichen Verein.
Zu Guders sprach der Schah: Dir dank ich es, daß du
Mir noch vor Schlafengehn ins Haus gebracht die Ruh.
Doch Rostem trat zu Tus, dem tat er nun genug
Dafür daß unsanft erst er auf die Hand ihm schlug.
Der Schah rief: bringet Wein und Saitenspiel herein!
Denn ohne Sang und Klang soll diese Nacht nicht sein.
Zum Kampf mit Suhrab ziehn wir morgen mit dem Tage,
Und feiern im Gelag heut seine Niederlage.
So rief er; und zum Fest ward Wein hereingebracht
Und Saitenspiel, und hell und klangvoll ward die Nacht.
Wie Frühlingsgartenpracht war aufgeschmückt das Maal,
Und Lust war wie ein Bach ergoßen durch den Saal.

62.

So saßen sie im Haus des Königs nun beim Schmaus;
Da gieng ein froh Gerücht vom Hof zur Stadt hinaus,
Das durch die Straßen lief, und durch die Häuser rief,
Grüßte, was wach noch war, und weckte, was schon schlief.
Jeder, zu dem es kam, und der den Gruß vernam,
Dem schwand davon alsbald der Kummer und der Gram,
Und wuchs die Freudigkeit. Nun aber war beim Wandern
Das fröhliche Gerücht begegnet einem andern,
Das war so traurig anzusehn als jenes froh;
Das frohe hielt es an, eh es ins Dunkel floh.
Da tat das fröhliche Gerüchte seinen Mund
Mit Lachen auf und sprach: wer bist du? tu mir kund!
Und jenes sprach: Ich bin das traurige Gerüchte,
Daß Rostem, von Kawus gekränkt, aus Iran flüchte.
Das ist die Botschaft, die durch Stadt und Land ich trage,
Und jeder wird betrübt, dem ich die Zeitung sage.
Da sprach das fröhliche: Nun streue keinen Frost
Der Furcht umher! sei still! denn falsch ist deine Post.
Die Wahrheit sag ich dir: Held Rostem sitzt beim Schmaus
Mit Kawus heut, und zieht zum Kampfe morgen aus.
Unglaubig schüttelte das traurige Gerücht
Sein Haupt, es glaubte nicht den fröhlichen Bericht.
Aber das fröhliche geriet in Zorn, und rang

So mit dem traurigen, bis es den Feind bezwang.
Das traurige Gerücht vom fröhlichen danieder
Geschlagen lag, und stand die Nacht durch auf nicht wieder.
Froh seines Sieges gieng das fröhliche vondann,
Und wo es gieng und stand, ward fröhlich Weib und Mann.
Abwechselnd sprach es ein in Häusern groß und klein,
Willkommen überall, beliebt wars allgemein.
Und jeder, dem es noch vor Schlafengehn gebracht
Ins Haus die Kunde, schlief dann beßer in der Nacht.

63.

Sie aber saßen noch beim frohen Maal und tranken,
Bis sie, vom Wein bekämpft, dem Schlaf zur Beute sanken.
Doch morgens, als die Sonn ihr goldenes Panier
Aus Purpurvorhang hob zur Decke von Safier;
Als auf der stillen Flur der Hirt in seinem Pferche
Mit seiner Herd erwacht' am Morgenlied der Lerche:
Da ward die Stadt erweckt von drönendem Metall,
Von rauhen Erzes Mund und von Heerpaukenschall.
Da drangen mit Geschrei Kriegsvölker rings herbei,
Siegsmutig, daß nunmehr bei ihnen Rostem sei.
Vom eignen Fürer ward gefürt jedwede Schar
Aus Iran, und es fürt' aus Sabul die Sewar.
Rostem, der Pehlewan, ritt auf dem Rachs allein;
Nicht einer Schar, dem Heer gehört' er allgemein.
Doch jeder Schar den Platz wies an der Feldherr Tus,
Und Sold aus seinem Schatz der König Keikawus.
Mit Lust sah Keikawus vorbeiziehn jede Schar,
Die vom Feldherren Tus ins Feld entboten war.
Er freute sich des unzählbaren Heergedränges,
Der kaiserlichen Macht, des fürstlichen Gepränges.
Da freut' er sich sosehr an keiner tapfern Schar,
Als daß der tapferste beim Heere, Rostem, war.
Die Rosse wieherten, es schmetterten Trommeten,
Die Fahnen flatterten, die Fart ward angetreten.
Gleich einem Meere kam die Menschenflut in Gang,
Dem festen Lande ward vor Ueberschwemmung bang.
Die Berge zitterten, gestampft von ihrem Hufe,
Und Wolken splitterten, gesprengt von ihrem Wufe.
Die Sonne sah ihr Bild verhunderttausendfacht
In jedem blanken Schild, in jeder Rüstung Pracht.
So stieg der Waffen Glanz und so ihr Schall empor,
Daß jedes Auge blind, und taub ward jedes Ohr.
So nickte Helm an Helm, und schwankte Busch und Feder,
Alswie, vom Sturm bewegt, auf Bergen Tann und Zeder.
So ragten, Reih an Reih, die dichtgedrängten Speere,

Alswie auf gutem Feld sich dränget Aehr an Aehre.
Geschmückt schien, wo das Heer im Schmuck der Waffen fur,
Mit einem wandelnden Glanzfrühlinge die Flur.
So blühte, wo es zog, die Au; doch wo vorbei
Es war gezogen, blieb dahinter Wüstenei;
Denn abgeweidet ward manch Saatenfeld, und leer
Getrunken mancher Bach vom Ross- und Menschenheer.
So zog das Heer zur Grenz in ungehemmtem Lauf,
Und nah der weißen Burg schlug man das Lager auf.

SIEBENTES BUCH.

64.

Dem Suhrab sagtens an Wachtposten, daß nun kam
Das Heer, und er vernam die Meldung ohne Gram,
Vielmehr mit Freude, weil es ihn verdroß, so lange
Hier oben auf den Gast zu warten zum Empfange.
Denn alles hatt er längst für solchen Gast bereit,
Die feste Burg, sein Heer, und seine Tapferkeit.
Er nam den Baruman, der an den Wällen baute,
Und fürt' ihn schnell hinauf, wo man ins Freie schaute.
Dort mit dem Finger zeigt' er deutend, Schar um Schar,
Dem Baruman das Heer, an dem kein Ende war.
Wie sich ein Habicht freut, den großen Flug der Tauben
Zu sehn, von dem er sich nach Lust will eine rauben;
Es schreckt ihn nicht zumal die Meng, ihn freut die Zal,
Daß von so vielen er soll haben freie Wal:
So freute Suhrab sich, das junge Heldenblut,
Der gegen ihn zum Kampf gezognen Menschenflut.
Doch Barman, wie er sah das große Heer, ward klein
Das Herz ihm, und vor Furcht zog er den Atem ein.
Zu dem erblaßten sprach der junge Held mit Scherz:
Bring Farb auf deine Wang, und an sein Fleck dein Herz!
Sieh, wie im Waffenglanz das Lager ist entglommen!
Soviele sind um Ruhm zu bringen mir gekommen!
Der Ruhm ist ewig mein, und würd ich auch erliegen
So großem Heer; doch hab ich Mut es zu besiegen.
Solch eine Menschenflut, wie eines Weltmeers Wogen,
Ist gegen einen Fels im Sturm heran gezogen!
Aus seiner Ruhe ward Keikawus aufgestört,
Als meinen Namen er in Istachar gehört.
In Schreck und Hast hat er um seinen Thron gerafft
Zusammen jeden Schaft und jedes Armes Kraft;
Und hergezogen kommt er nun mit allen Helden
Von Iran, deren Preis in Turan Lieder melden.
O sage, siehst du nicht dort im Gedränge dicht
Solch einen Mann, mit dem am liebsten Suhrab ficht!
Solch einen, der nie bricht die Lanz an einem Wicht,
Und der vom Sattel gern nur seines gleichen sticht!
Wovon der Ehre Licht hinfort mein Angesicht
Bestralt, wenn ich vor ihm bestanden mit Gewicht!
O siehst du, gib Bericht, solch einen Mann mir nicht?
So fragt' er ungestüm, doch nicht beim Namen wollte
Er nennen jenen, der sobald ihn fällen sollte.

65.

Darauf sprach Baruman: Ich sehe mehr als einen,
Der Ehre bringen kann; doch welchen magst du meinen?
Dir lodert hoch der Mut wie eine Feuerglut;
O falle nicht dein Brand in kalte Waßerflut!
Der Feuerbrand, wenn er ins Waßer fällt, so zischt
Er ungestüm und braust, qualmt unmutvoll und lischt.
Nie fühle Furcht ein Mann, jedoch Feind und Gefar
Acht er niemals gering; das Glück ist wandelbar.
Soweit es will, führt dichs ohn Anstoß; willst du weiter
Um einen Schritt, so stockt das Ross und stürzt der Reiter.
In Frieden schlief der Krieg, du hast ihn aufgeweckt;
Weißt du, nach welcher Beut er seine Krallen streckt?
Darum, wenn du mich siehst erzittern: nicht für mich,
Für alle, die das Loß kann treffen, zitter' ich;
Ich zitter' auch für dich, weil dich es treffen kann;
Denn wo das Unglück wält, wälts nicht den schlechtsten Mann.
Geh mannhaft in den Kampf, und dem Afrasiab
Trag ab dafür den Dank, der dir die Heermacht gab!
Halt, von der Burg gedeckt, und an die Burg gelehnt,
In Schirm das Heer; und wenn dein Herz nach Ruhm sich sehnt,
So ruf zum Einzelkampf solch einen Mann für alle,
Mit welchem, wenn er fällt, der Stolz von Iran falle!
Ruf einen nur, den du vor allen siehest ragen,
Und fäll ihn ohne viel zu sagen und zu fragen.
Sag ihm nicht, wer du bist; frag ihn nicht, wie er heißt;
Bis das Geheimnis ihm dein blutig Schwert entreißt. --
So sprach er wolbedacht, mit Wahrem Falsches mischend,
In Rates Honigseim Verrates Gift auftischend.
Den Rostem nannt er nicht, vor Rostem zittert' er,
Noch von Masenderan kannt er den Rostem her.
Den Rostem wollt er nun und Rostems Sohn verderben,
Zwei solche Helden! das zwang ihn sich zu verfärben.
Doch Suhrabs Seele war von reinem Mut erglüht,
Darum der Rose gleich war seine Wang erblüht.
Vom Walle stieg er froh hinab, vom Schenken nam
Er einen Becher Wein und leert' ihn ohne Gram.
Dann rüstet' er ein Maal mit Lauten und mit Leiern,
Um in der Freunde Kreiß des Feinds Ankunft zu feiern.

66.

In Irans Lager war inzwischen Zelt an Zelt
Gepflanzt, und drein gedrängt das Leben einer Welt.
Es war als müßte Raum den Rossen und Kamelen
Und Elefanten all, geschweige Futter, felen.

Doch wie der Lagerwald begann nach allen Seiten
Zu wachsen und im Kreiß den Umfang auszubreiten,
Schloß Reih an Reihe sich geschickt, und sie vergaßen
In ihrer Zeltstadt auch Marktplätze nicht und Straßen.
Da wogte bald Verkehr geschäftig hin und her,
Und die Verwirrung ward zur Ordnung immer mehr.
Die Sonne gieng hinab am abendlichen Himmel,
Und sah mit Staunen noch auf Erden das Gewimmel.
Da fanden Dach und Fach nun alle nach und nach,
Und über allen war des Himmels dunkles Dach.
Doch als an seinem Ort sich jeder eingetan,
Da trat zum Schah sofort des Reiches Pehlewan,
Und Rostem sprach: ich will nicht hier im Lager rasten,
Dort oben auf der Burg will ich bei Suhrab gasten.
Mein Herz hat keine Ruh, bis meine Augen haben
Gesehn von Angesicht zu Angesicht den Knaben.
Den Türkenknaben, den uns mit soviel Geschrei
Der Ruf genannt hat, will ich ansehn, wer er sei,
Ob wert der Mühe, daß ich auf den Rachs mich schwang,
Und eine Ehre mir, wann ich ihn niederrang.
Gewesen bin ich selbst vordem in Türkenland,
Anlegen will ich nun ein türkisches Gewand.
Darunter soll nicht, wer mich nicht beim Lichte näher
Besieht, so leicht erspähn, daß Rostem sei der Späher.
Kawus! dein Lager ist von deinem Volk verwart;
Gib, ich bin müßig hier, Urlaub zur Nachtausfart!
Mit Lachen sprach der Schah: Stets wird das Krongeschmeide
Von Iran Rostem sein, auch unterm Türkenkleide.
Am Tage nicht der Schlacht des Heeres Arm allein,
Du willst auch in der Nacht desselben Auge sein.
Geh unter Gottes Schutz! in welchem Waffenputz
Du gehn magst, unserm Reich und dir gereichs zu Nutz!

67.

Um seine Schultern nam ein Kleid nach Türkenart
Tehemten, und begab sich heimlich auf die Fart.
Den Panzer und den Helm und jedes Waffenstück
Ließ er im Zelt, sogar sein Schwert ließ er zurück.
Deswegen fühlte sich der Held zu Hieb und Streich
Nicht wehrlos; denn sein Arm war einer Keule gleich.
Er gieng bis er hinan zum weißen Schloße kam,
Und drinnen das Geschrei der Türken schon vernam.
Durchs Tor stracks in den Hof gieng Rostem ohne Scheu,
Wie in den offnen Stall der Rinder Nachts ein Leu,
Beim ländlichen Gehöft im Felde, wo die Hirten
An einem Feiertag sich in der Nacht bewirten,

Und denken nicht bei Saus und Braus und Schmaus daran,
Daß sie dem Feinde nicht die Stalltür zugetan.
Da geht er in den Stall, wo ihre Rinder sind,
Hinein, und trägt davon das schönste stärkste Rind.
Es brüllt, im Rachen schon des Löwen, voll Verzagen,
Und alle springen auf, den Raub ihm abzujagen;
Er aber hat den Raub in Sicherheit getragen.
Sie kehren leer zurück und traurig, für den Rest
Der Nacht ist nun gestört der Hirten Freudenfest.
So gieng durchs offne Tor, geöffnet durch Betören,
Rostem hinein, das Fest der Türken drin zu stören.
Er sah den weiten Hof erfüllt von Fackelglanz,
Von lärmendem Gelag, Gesang und Spiel und Tanz.
Denn Suhrab hatte dort das nächtge Fest bestellt,
Und all die Edelsten des Heeres sich gesellt.
Doch Rostem wich dem Glanz der Lichter aus, und sah
Vom dunklen Winkel fern im Hellen alles nah.

68.

Da saß beim frohen Fest, in Mitte Fackelscheins
Und Lautenklangs, Suhrab, und trank die Becher Weins.
Auf seinem Haupte trug er, statt den Helm, den Kranz;
Er war ein Glanz, und war bestralt vom hellen Glanz.
Er blühte wie ein Reis von Schönheit und von Lust,
Von Jugend und von Kraft geschwellt war seine Brust.
Hoch hob er stolz das Haupt, und seiner Augen Stral,
Umgehend in die Rund, erleuchtete das Mal;
Da überzält' er froh die unzälbare Zal
Der Kriegsgefärten, die um ihn im Kreiße saßen
Als Trinkgenoßen nun, und ihren Wein vergaßen
Vor Staunen, wie sie ihn sahn prangen solchermaßen.
Da riefen sie laut einmal übers andre Preis
Und Heil, Lobpreis und Heil dem blühnden Ehrenreis!
Die Sterne selber sahn vom hohen Himmel nieder
Mit Wolgefallen auf die hohen Heldenglieder;
Allein sie schienen ihn mitleidig anzusehn,
Weil er ein Stern war, der so früh sollt untergehn.
Da sprach ein Himmelsstern zum andern mitleidvoll:
Schad um die Blüte, die im Lenz hinwelken soll!
Soviel des Schönen schon auf Erden sahn wir prangen,
Und eh wir einen Blick verwendet, wars vergangen.
Doch keine Knospe sahn wir glänzender und heller
Aufgehn, um trauriger dahinzugehn und schneller.
Wenn seine Mutter doch, die ihn, ihr einzig Glück,
Entsendet hat, und nie daheim empfängt zurück,
Wenn seine Mutter ihn mit unsrer Augen Stral

Noch einmal könnte sehn bei diesem Freudenmal,
In seiner Lust und und Kraft, den Baum im frischen Saft,
Den morgen schon villeicht dahin sein Schicksal rafft!

69.

So sprachen von dem Stern des Festes dort die Sterne
Des Himmels; eine Gunst erzeigten sie ihm gerne.
Da namen sie von Duft und Glanze, was im Raum
Von Erd und Himmel war, und woben einen Traum.
Wie einen Teppich bunt, mit reichem Gold gestickt,
Der Braut ein Bräutigam aus fernem Lande schickt,
Auf welchem sie erblickt mit staunendem Gefallen
Die Bilder abgeprägt von jenen Dingen allen,
Die ihr Geliebter selbst nun sieht in fremden Räumen,
Die Vögel unbekant auf unbekanten Bäumen;
Und so wie sie den Schmuck betrachtet, ist es ihr,
Sie reise dort mit ihm, er ruhe bei ihr hier:
Ein solcher Abdruck war vor allem eingewoben
Dem Traumgewebe, das die Sterne dort erhoben.
Leis hoben sie empor das glänzende Gewebe,
Und gaben es der Luft zu tragen, daß es schwebe
Nach Turan, wo im Schlaf die Mutter Suhrabs lag,
Da sah sie einen Traum so hell als wär es Tag.
Beim nächtlichen Gelag sah sie den Sohn da sitzen,
Den Becher in der Hand von Edelsteinen blitzen,
Sah seine Wangen blühn, und seine Lippen glühn,
Und seine Augen sprühn; ganz war er stolz und kühn;
Wie freut' es sie zu sehn ihr Reis der Hoffnung grün!
Gewachsen schien er ihr selbst in der kurzen Zeit,
Daß sie ihn ausgesandt, an Kraft und Herrlichkeit.
Sie sah auf ihren Sohn umher im Kreiß der Lichter
Gekehrt bekante viel und unbekante Gesichter;
Die alle sah sie hell in heitrer Freude funkeln,
Doch seinen Vater sah sie nebenaus im Dunkeln.
Sie war betrübt, es nam sie Wunder, warum nicht
Rostem zu seinem Sohn vortreten wollt ans Licht.
Doch wie ein Wolkenschaur so flog ihr Gram vorbei;
Sie freute sich, daß nah dem Sohn der Vater sei:
Er würde, wenn er nur säh das Erkennungszeichen,
Dem Sohne freudig nahn und ihm die Hände reichen.

70.

Von Suhrabs Mutter ward inzwischen so geträumt,
Er aber saß beim Fest vergnügt und aufgeräumt.
Er trank, und hieß im Kreiß die Trinkgenoßen trinken;

Zwei aber saßen ihm zur Rechten und zur Linken.
Zur Linken Baruman, den ihm Afrasiab
Aus Turan nicht aus Lieb und nicht zum Heil mitgab;
Zur Rechten aber Send, den hatte mitgegeben
Dem Sohn die Mutter, die ihn liebte wie ihr Leben.
Der war vom Königshaus Semengans ihm ein Vetter,
Und werden sollt er ihm im fremden Land ein Retter.
An allen Gliedern stark war er und hoch von Wuchs,
An allen Sinnen scharf, von Augen wie ein Luchs.
Er sah bei Nacht alswie bei Tag; und zu dem End
Entsendete sie auch mit ihrem Sohn den Send,
Damit, wenn Suhrab nun gekommen in die Nähe
Von Rostem wäre, Send den Vater ihm erspähe.
Er hatte Rostem selbst gesehn an jenem Tag,
Wo in Semengans Schloß er saß beim Gastgelag,
An jenem Abende, wo in der Nacht ihm kam
Tehmina, die als Weib er in die Arme nam.
Den Suhrab zeugt' er ihr, und als der Morgen graute,
Ritt er von dannen, den nie mehr die Gattin schaute.
Nun sandte sie den Sohn, den Vater dort zu schaun,
Und alles sagte sie dem Vetter im Vertraun.
An Suhrabs Seite nun trank er den Wein mit Schweigen,
Und dachte, morgen woll er ihm den Vater zeigen!

71.

Send aber sendete den Blick umher des Luchses,
Und nam im Dunkeln war die Lauer eines Fuchses.
Er sah dort einen Mann, der ihm verdächtig schien,
Stand auf vom Sitz und gieng, um zu besehen ihn.
Da fand er einen Mann, von Ansehn ganz gewaltig
Und riesenmäßig, elefantenleibgestaltig.
Niemals erinnert' er sich einen solcher Art
Mit Augen je gesehn zu haben und gewart;
Es wäre denn allein Rostem, an jenem Tag,
Wo in Semengan er ihn sah beim Gastgelag.
Doch dieser trug am Leib ein türkisches Gewand;
Wiewol sein Blick an ihm nicht Türkensitte fand.
Send rief ihn an: He da! warum hier also schleichst du
Im Finstern, guter Freund, und aus der Hell entweichst du?
Kehr einmal dein Gesicht her gegen mich ans Licht!
Gib Antwort! -- Aber Antwort gab ihm Rostem nicht.
Da streckte kühn, um ihn zu greifen, Send die Hand,
Und fortziehn wollt er ihn am türkischen Gewand.
Tehemten aber zuckt' empor des Armes Keule,
Womit er schon im Kampf geschlagen manche Beule;
Damit gab er dem Send solch einen Schlag aufs Haupt,

Daß Send am Boden lag leblos des Sinns beraubt.
Suhrab indessen saß beim Mal, und Wunder nam
Es ihn, wo Send hingieng und noch nicht wieder kam.
Deswegen vom Gesind entsendete behend
Er einen, nachzusehn, wohin gekommen Send.
Der abgesendete lief eilig hin, und fand
Dort leblos sinnberaubt den Send gestreckt im Sand.
Der Diener lief bestürzt zum Herrn zurückgewendet,
Laut rief er aus: Der Send ist in den Tod gesendet;
Für Send ist aus der Schmaus, und das Gelag geendet.
Entsetzt vom Sitze sprang Suhrab, und eilte jach
Dahin, ihm eilten all des Festes Fackeln nach.
Bei aller Lichter Glanz sah da Suhrab erschlagen
Den lieben Freund; von wem? das kont ihm niemand sagen.

72.

Doch Suhrab rief: O weh! gebrochen ist ins Rund
Der Herde Nachts ein Wolf, weil Hirte schlief und Hund;
Der Widder stolzesten hat er zu seinem Raub
Erkoren, nieder ihn geworfen in den Staub!
Verschlafne Hirten, auf! und unwachsame Hunde!
Nun nach dem Räuber macht mir im Geheg die Runde!
Da spürten sie mit Macht umher rings in der Nacht;
Es hatte sich der Wolf längst aus dem Staub gemacht.
Doch Suhrab kam zurück zu seinem Platz beim Feste;
Da saß er traurig nun, und traurig alle Gäste.
Er sprach: Es freuet mich nun hier der Sitz nicht mehr;
Denn mir zur rechten Hand der Platz ist traurig leer,
Wo der geseßen, den zum Freund mir mitgegeben
Die Mutter selber, die mich lieb hat wie ihr Leben.
In Iran sollt er hier den Vater kund mir tun;
Er kont es ganz allein; wer tut nach ihm es nun?
Er sprachs, und aus der Hand ließ er den Becher sinken;
Da schämte jener sich, der saß zu seiner Linken.
Sich schämte Baruman, den dort Afrasiab
Dem Suhrab nicht aus Lieb und nicht zum Heil mitgab.
Er hätt ihm auch wie Send den Vater können zeigen;
Er kant ihn ja! doch mußt und wollt ers ihm verschweigen.
Doch Suhrab rief, und hob den vollen Becher hoch:
Ich trink in dieser Nacht den letzten Becher noch,
Mit blutigem Gelübd erfüllt, anstatt mit Wein,
Daß Sends Ermordung nicht soll ungerochen sein!
Den Mörder Sends will ich erforschen, wer er sei,
Ihn morden für den Mord, wohnt soviel Kraft mir bei!
Wonicht, so werde Gift der Wein mir in den Adern,
Und jeder Tropfe Blut soll mit dem andern hadern!

Doch nicht mit Einem sei die Schuld ihm abgetragen;
Zur Sühne Sends will ich ein ganzes Heer erschlagen.
Allein vor allen soll erfahren meinen Groll,
Wer Send erschlug, versehrt hat er mich schmerzensvoll.
Er riefs, und wußte nicht, auf wen er also grollte,
Und daß er nicht den Schwur an ihm erfüllen sollte.
Dann brach er auf vom Fest, um in den nächtigen Schatten
Bei Fackelglanz den Send mit Ehren zu bestatten.

73.

Doch Rostem kam, als er vom weißen Schloß entrann,
Ans Lager, wo die Wacht hielt Gew, sein Tochtermann.
Der wußte nicht, daß in der Nacht sein edler Schwäher
Im Türkenkleid hinaus gegangen war als Späher.
Als nun ein Mann herbei im Dunkeln kam, tat er
Vom Posten einen Schrei, und unter Wehr trat er.
Als Rostem merkt', es sei sein Eidam, froh naht' er.
Im Laufe tat er ihm entgegen einen Wuf,
Und Gew erkante gleich den Rostem an dem Ruf.
Erstaunt sprang er hinzu, und grüßt' ihn: Alter Held,
Wo bist umher gerannt zu dieser Stund im Feld?
Hast du mit Geistern deinen Bund gemacht bei Nacht,
Mit Zauberweihungen dich vorgestärkt zur Schlacht?
Denn mit Dämonen hast du kämpfend viel verkehrt;
Die haben wol ein Stück von Schwarzkunst dich gelehrt,
Daß, ohne Furcht und Leid, du ohne Heergeschmeid,
Dich aus dem Lager stilst in einem Türkenkleid!
Doch Rostem sprach: So ist die Sach! in dieses Tuch
Gewickelt, macht ich auf der Burg den Nachtbesuch.
Ich wollte mir daselbst den jungen Mann besehn,
Um dessen willen dieß Heeraufgebot geschehn.
Fern sah ich ihn, und gern wollt ich ihn sehen näher;
Doch mich den Späher hat erspäht ein andrer Späher.
Der wollte mit Gewalt ans Licht mich ziehn am Kragen;
Im Dunkeln hab ich ihn mit dieser Faust erschlagen.
Ich kam nicht sanfter los von ihm, es tat mir leid;
Doch nun verdrießt am Leib mich dieses Türkenkleid.
Schaff mir ein persisches, damit mich nicht die Hunde
Anbellen, wenn ein Türk im Lager macht die Runde!
So sprach er, und geschwind bracht ihm der Tochtermann
Ein persisches Gewand, das legt' er eilig an.
Er warf das Türkenkleid von sich mit Unbehagen;
Fast wollt er lieber, daß ers nicht bei Nacht getragen,
Als ahnet' er den Lohn, den diese Tat ihm trug:
Denn sich tat ers zu Leid, daß er den Send erschlug.
Zu Kawus gieng er nicht, um ihm, was er vollbracht,
Zu sagen; in sein Zelt gieng er, und schlief die Nacht.

ACHTES BUCH.

74.

Doch als vom Morgen ward der Himmel aufgetan,
Stieg Suhrab auf der Burg zur höchsten Wart hinan,
Zur vordersten, wo ganz sich Irans Lager zeigte,
Auf das er sich hinaus begierig spähend neigte.
Dann rief er: Bringet hier herauf mir den Hedschir!
Befragen will ich ihn ums Feindeslager hier.
Weil Send gestorben ist, der heut mir Rostems Zeichen
Kund sollte tun, villeicht tut mir Hedschir desgleichen.
Und als ihm ward Hedschir gefeßelt vorgefürt,
Sprach er, nachdem er ihn mit eigner Hand entschnürt:
Hedschir, ich neme dir die schweren Feßeln ab,
Um das dir zu vertraun, was mir das Herz eingab.
Statt ehrner Feßel wenn der Freiheit goldnen Tag
Du wünschest, sage mir, was ich dich fragen mag!
Die Freiheit nicht allein, auch reicher Lohn ist dein,
Wenn ich erfinde wahr dein Wort und Truges rein.
Doch wenn unlautern Wein du willst im Kruge mischen,
So wirst du nicht der Haft und nicht der Straf entwischen!
Zur Antwort gab Hedschir: Was du willst fragen, frage,
Und traue, daß ich dir die volle Wahrheit sage.
Nicht lügen werd ich jetzt; ich habe nie gelogen.
Warum in deiner Hand wär ich ein krummer Bogen?
Gerade sollst du mich erfinden wie den Pfeil;
Nicht um das Leben selbst ist mir die Wahrheit feil.
Zu ihm sprach Suhrab: Dort im Lager Zelt um Zelt
Werd ich dich fragen um den Helden, der es hält.
Sagst du mir das, so geb ich dir gehäuften Schatz;
Dir wird ein Ehrenkleid von mir und Ehrenplatz.
Und sagst du das mir nicht, so bleibt auf deinem Rumpf
Dein Haupt nicht, oder mir wird ehr die Klinge stumpf!
Zur Antwort gab Hedschir: Was säumst du lange? frage!
Wiß, daß ich weder lüge, noch vorm Tode zage.

75.

Da hob zu fragen an Suhrab: Dort in der Mitte
Wes ist das Prachtgezelt von lauter Gold? ich bitte!
Fest steht es hingepflanzt recht in des Heeres Herz;
Von ihm durchs Lager gehn die Straßen allerwerts.
Auf allen Straßen nahn wie grüßende mit Bitten,
Und gehn wie dankende davon mit leichten Schritten.
Ganz Goldglanz ist das Zelt vom Fuß zum Knauf hinan,

Und weit wie ein Palast allseitig aufgetan.
Vor jedem Eingang liegt, wie Hündlein zahm und treu,
Im goldnen Band geschmiegt, ein Tiger und ein Leu.
Doch oben sitzt ein Aar, aus dessen Krallen steigt
Die Fahn empor, in der der Sonne Bild sich zeigt.
In solcher Wohnung kann kein kleiner und gemeiner
Wirt wohnen, wie mir dünkt; was wohnt darin für einer?
Da hob Hedschir sein Haupt, voll Stolz auf Irans Macht,
Und sprach: Dort wohnt der Schah in seiner Größ und Pracht.
Sein Thron ist Tag und Nacht von seinen treuen Leuen
Umhütet und umwacht, und darf nicht Feinde scheuen.
Doch fort zu fragen fuhr Suhrab: Zur linken Hand
Vom Goldgezelt, wes ist des Zeltes Silberwand?
Mit offnem Eingang steht gewandt zum goldnen Zelt
Sein Tor, wo Leopard und Panther Wache hält.
Doch oben trägt ein Greif in Silberklaun empor
Die Fahn, in der ein Mond; wer ist, der das erkor?
Zur Antwort gab Hedschir: Das ist des Schahes Sohn,
Ferabors, ihm der nächst am Herzen und am Thron.
So recht! rief Suhrab aus: wo so zusammen hält
Ein Vater und ein Sohn, verteilen sie die Welt.

76.

Zu fragen fuhr er fort: Dort aber rechter Hand
Vom Goldzelt, wessen ist die schwarze Zeltflorwand?
Feldposten eilen her und hin auf Rossen brausend,
Schildwachen aber stehn umher zu Fuße tausend.
Am Haupteingange ragt ein Elefant, ihn schmücken
Prachtdecken, und er trägt die Heerpauk auf dem Rücken.
Doch oben steigt die Fahn aus eines Drachen Rachen,
Mit Sternen übersät, die sie zum Himmel machen.
Wer herrscht zur Seite so dem König Keikawus?
Hedschir antwortete: Sein Kronfeldhauptmann Tus.
Das ist sein Stammesrecht, daß er im Heergefecht
Den Schah vertrete, dem verwandt ist sein Geschlecht.
Auf seinen Wink bereit, vereint auf sein Gebot,
Ist jenes Heer, das dir den Tod von ferne droht.
Und jener Himmel dort, reich an Juwelenzier,
Die Gawejani-Fahn ist es, das Reichspanier;
Das einst Feridun schwang, als er den Sohak schlug,
Der an den Schultern angewachsne Drachen trug.
Geheftet ist der Sieg an dieses heilige Zeichen,
Das ohne Mut kein Freund, kein Feind sieht ohn Erbleichen.
Doch Suhrab lächelte, und gieng mit Fragen weiter:
Im roten Florpalast, wer, sprich, ist dort der Streiter?
Er sitzt im offnen Zelt, und scheint an seinem Haar

Ein Greis bereits, um ihn steht eine Männerschaar;
Sie alle halten ihm ihr Antlitz zugekehrt,
Und jeder ehrt ihn, wie man einen Vater ehrt.
So fragt' er, und Hedschir zog aus der Brust ein Ach
Wie einen Dolch hervor, weil er zu Suhrab sprach:
Das ist Guders, der Greis, von Worte weis' und lind,
Von Schwerte stark und scharf, wie wenig Männer sind;
Ein Vater, der entbehrt fürs Alter nicht der Stützen;
Mit seinem Haus allein kann er ein Reich beschützen.
Denn neunundsiebzig sind der Söhne, die er zält;
Der achtzigste bin ich, der heut im Lager fehlt.
Doch Suhrab sprach: Warum hast du dich laßen fangen?
Sprich Wahrheit! und noch heut kanst du hinab gelangen.

77.

Wes ist das grüne Zelt, aus Duft und Glanz gewebt,
Das wie ein Waldgebirg sich über Hügeln hebt?
Alswie ein Waldgebirg, das fest steht und nicht wankt,
Wenn, von des Sturmes Hauch bewegt, sein Baumwuchs schwankt.
In diesem Zelte wol ist Irans Hoffnung grün,
Und meine Hoffnung wird bei seinem Anblick kühn.
Vorm Zelt in Waffen sitzt ein Mann, und steht ein Ross,
Er einem Riesen gleich, und es wie ein Koloss.
Er sitzt, und hoch nicht scheint der Sitz, den er erkor;
Aus allen doch, die ihn umstehn, ragt er hervor:
Er blickt auf sie hinab, sie schaun zu ihm empor.
Allein zur Seite blickt er stets nach seinem Ross;
Es ist wol auf der Welt sein liebster Kampfgenoß.
Es steht das Ross mit ungeduldigem Gestampf,
Und ihn erhebt im Sitz die Ungeduld nach Kampf.
Entgegen streckt er ihm die Hand, es reckt sein Haupt
Erwartungsvoll und lauscht, es spitzt ein Ohr und schnaubt.
Die Mähne streicht er ihm, da fängt es an zu brausen;
Das freuet seinen Herrn, die andern macht es grausen.
An seiner Seite hängt ein Schwert, an seinem Knie
Lehnt eine Keule schwer, kein andrer höbe sie.
Er schwingt die Keule bald hoch übers Ross empor,
Bald aus der Scheide zieht er halb das Schwert hervor.
Die Keule sausen hörts und sieht die Schneide blitzen,
Und tost; was wird es erst, wenn er wird droben sitzen!
Ich habe nie gesehn solch einen Mann wie den,
So hab ich niemals auch ein Ross wie das gesehn;
Ein Ross, das solch ein Mann allein bezwingen kann,
Und solch ein Mann, den solch ein Ross nur tragen kann.
Gewis, von diesem Ross und diesem Manne sind
Die Namen kund im Land; verkünde sie geschwind!

So sprach er und hielt ein; es war alsob er wüßte,
Daß Ross und Ritter Rachs und Rostem heißen müßte;
Doch wollt er, daß der Mund Hedschirs es täte kund,
Still aber schwieg Hedschir, und sprach im Herzensgrund:

78.

Was fragt der Türke nach des Reiches Pehlewan?
Und tu ich recht, wenn ich ihm Rostem kund getan?
Und tu ich Unrecht, wenn ich ihm den Feind verschweige?
Was will der Knabe, daß ich ihm den Helden zeige?
Ist er sein Sohn, wie er im Zweikampf rühmte laut?
Den Vater schaff ich ihm so wenig, als die Braut!
Der Mann von Iran kann des Türkenkinds entraten;
Ich will den Perserhort dem Erbfeind nicht verraten.
Zwar Rostem braucht ihn nicht zu fürchten in der Tat,
Allein der Türke könnt ihn angehn mit Verrat.
Drum wirds am besten sein, den Namen nicht zu melden,
Und ihn zu streichen ganz heut aus der Zahl der Helden.
Als so zur Lüge sich bereitete Hedschir,
Rief Suhrab: Sprich zu mir! was redest du mit dir?
Warum machst dus solang, bis Aufschluß ich gewinne?
Er sprach: Weil ich umsonst mich auf den Mann besinne.
Von Zeichen unbekant ist er mir ganz und gar;
Er kam wol fremd ins Land, weil ich im Schloß hier war.
Ich hörte, daß heran vom fernen Hindostan
Dem Schah zu Hilfe zog ein starker Pehlewan.
Das wird der Recke sein, entsproßt aus fremdem Samen;
Denn fremde scheint er mir, und die, so mit ihm kamen.
Doch Suhrab sprach: Wie heißt der Recke? sage mir!
Den Namen weiß ich nicht; antwortete Hedschir.
Suhrab noch einmal sprach: wie heißt er? gib Bericht!
Hedschir antwortete: den Namen weiß ich nicht.
Voll Unmut ward Suhrab; des Vaters Namen wollte
Er hören da durchaus, den er nicht hören sollte.
Die ihm die Mutter gab vom Vater, alle Zeichen
Sah er, und konnte nur Gewisheit nicht erreichen.
Des Vaters Name fehlt' ihm zur Gewisheit nur,
Den er da von Hedschirs Verstockung nicht erfur.

79.

Doch ungeduldig fuhr Suhrab zu fragen fort:
Im violetten Zelt, wie heißt der Ritter dort?
Zur Antwort gab Hedschir: Den kann ich wol dir nennen;
Gurase heißt der Held, wie sollt ich ihn nicht kennen?
Ein mutger Ritter, wie zu Ross nicht viele rennen.

Doch ungeduldig gieng mit Fragen Suhrab weiter:
Im gelben Zelte dort, sag an, wie heißt der Streiter?
Zur Antwort wieder gab Hedschir: Ich kann auch ihn
Dir nennen, wenn du willst: der Kämpfer heißt Gurgin;
Ein Tapfrer, welchem gleich nicht viel zum Kampf ausziehn.
Noch einmal frug Suhrab mit ungeduldiger Hast:
Im blauen Zeltpalast, wie heißt darin der Gast?
Und wieder gab Hedschir zur Antwort: Nennen kann
Ich dir auch diesen wol: Gew, Rostems Tochtermann.
Da wendet' auf Hedschir Suhrab den Blick unhuldig,
Und sprach: Nun offenbar bist du der Lüge schuldig.
Du nennest alle mir, und nur den Rostem nicht,
Den Rostem, ohne den kein Heergefecht sich ficht!
Von all den Zelten wenn in keinem Rostem ist,
Wo wäre Rostem denn, wenn du kein Lügner bist?
Verläugnen willst du mir ihn nur aus Hinterlist.
Im grünen Zelte dort der Recke kühn und frei,
Gewis ist Rostem der, o sag mir, daß ers sei!
Denn alle, die von ihm mir kund sind, alle Zeichen
Seh ich, und kann allein Gewisheit nicht erreichen.
Von allen, die ich sah im Lager fern und nah,
Wünsch ich, daß keiner sei Rostem, als dieser da.
O sag mir, daß ers sei! und sei belohnt und frei!
Der vor dem grünen Zelt, sag, daß es Rostem sei!

80.

Hedschir sprach: Ei, was forscht so deine Ungeduld
Nach ihm! nicht gern wär ich an deinem Tode schuld.
Wo Rostem wär im Feld, nicht würdest du es halten;
Denn Rostem ist ein Held von furchtbaren Gewalten.
Wo Rostem auf dem Rachs sich hebt zum Werk der Rache,
Da kann nicht stehn vor ihm der Löwe noch der Drache.
Ein jeder Blick von ihm ist Tod, ein jeder Hauch
Von ihm ist Sturm, ihm sinkt entwurzelt Baum und Strauch.
Ich wünsche keinem, daß er mög ein Gegner sein
Von Rostem, wär er auch ein Berg von Kieselstein;
Er würde dich, alswie die Mühl ein Korn, zermalmen,
Zertreten, wie ein Tritt von Elefanten, Halmen.
Fest schnüren möchtest du am Leib dein Gürtelband;
Es würde locker, wenns erblickte Rostems Hand.
Allein zu deinem Glück ist nah nicht das Gewitter;
Denn mit Schah Keikawus hat sich entzweit der Ritter.
Erzürnt ist er vom Hof nach Sabul heimgeritten,
Dort sitzt er nun beim Schmaus in seines Schloßes Mitten.
Dort trinkt er fröhlich Wein beim Fest im Rosengarten,
Und will den Ausgang dieses Kriegs in Ruh erwarten.

So sprach er; ob ers nur erlog, ob ers erfur
Vom lügenden Gerücht, das kam von Irans Flur?
Das traurige Gerücht, das dort bei Nacht dem frohen
Erlag, war aus der Stadt villeicht zur Grenz entflohen.

81.

Doch Suhrab rief voll Zorn: So willst du mich verhöhnen?
Schweig, allerschlechtester von Guders achtzig Söhnen!
Willst du, ich glaube dir die knabenhafte Rede,
Rostem, der Herr der Schlacht, enthielte sich der Fehde!
Er hielte sich zu Haus, und hielte Fest und Schmaus!
Da lachten billig ihn die Mägd und Kinder aus!
Wol möglich, daß er mit Keikawus sich gezankt,
Wenn der undankbar ist, der ihm den Thron verdankt!
Doch, denk ich, Kawus wird geschwind mit reichen Gaben
Und guten Worten ihn zurückbeschworen haben,
Wenn er nicht unklug ist, und seinen besten Ritter
Nicht missen will am Ort, wo ihn ersetzt kein Dritter.
Denn was ist ohne Blitz und Donner ein Gewitter?
Was dieser Heerleib, unbeseelt von Rostems Mut?
Nicht in Bewegung ist dieß Heer und Rostem ruht!
Drum sag im Augenblick, wo ist der Pehlewan?
Von Guders Söhnen ists um einen sonst getan!
Da schauderte Hedschir und sprach im Herzensgrund:
Aufschließen mit Gewalt will mir der Türk den Mund.
Verschließen aber will ich ihn nun ihm zum Trutz,
Sowahr ich jemals selbst getragen Ritterputz,
Und je noch tragen will! und fall ich seiner Wut,
So wird nicht schwarz der Tag, und nicht das Waßer Blut.
So ist um einen Sohn von achtzig Guders schwächer,
Und neunundsiebenzig sind meines Todes Rächer.
Er sprach: Was wütest du? was stürmest du und tobest?
Denkst du, daß du dich so dem Rostem gleich erprobest?
Weil einen Namen ich nicht nennen will und kann,
Willst du dafür den Tod mir geben, gib ihn dann!
Den Namen nenn ich nicht, wüßt ich ihn zehnmal auch;
Entreißen ehr als ihn kannst du mir diesen Hauch!
Ich trotze dir! es mag mein Blut die Schmach versöhnen,
Der schlechteste zu sein von Guders achtzig Söhnen!
Er sprachs; da wendete Suhrab sich unmutvoll,
Nachdenkend, ob er auf der Stell ihn töten soll.
Doch er besann sich, gab ihm einen Backenschlag,
Daß er besinnungslos davon am Boden lag;
Und rief: Will hier durchaus mir meinen Vater sagen
Niemand, so will ich gehn und selber ihn erfragen!

82.

Er stieg, von Zorn bewegt, hinab vom hohen Turm;
Gewaffnet schwang er sich aufs Ross, und ritt im Sturm.
Er ritt, sein fürstlich Haupt bedeckt mit goldnem Dache,
In ihm des Löwen Mut, und unter ihm ein Drache.
Und wie der scharfe Zorn ihm selbst die Sporen gab,
Gab er dem Ross den Sporn, und flog den Berg herab.
Der Kampflust heißes Blut in seinen Adern sott,
Ihm flog des Pulses Glut wie seines Rosses Trott;
Da kont in seinem Mut aufhalten ihn kein Gott.
Er ritt im Ungestüm dem Lager Irans zu;
Und alle, die ihn sahn anreiten, flohn im Nu.
Die alle flohn im Nu, die aus des Lagers Mitten
Dort waren auf den Plan zur Lust hervorgeritten.
Wie aus dem Waidehag, wo sie der Hut empfolen
Des Hirten sind, hervor sich wagen junge Folen,
Sich außerhalb des Hags neugierig umzutun;
Doch plötzlich einen Leun herkommen sehn sie nun;
Die Mähn am Nacken, die er sträubt, erregt ihr Graun,
Und eilig flüchten sie zurück in ihren Zaun:
So aus dem Lagerwall die sich hervorgewagt,
Wie sie den Suhrab sahn, umwandten sie verzagt.
Sie wendeten zur Flucht vor ihm ihr stolz Genick,
Und wagten nicht auf ihn zu richten einen Blick.
So furchtbar fanden sie den Türken anzuschaun,
Daß auf die Flucht allein sie setzten ihr Vertraun.
Er aber achtete der leichten Feinde nicht;
Es ward von ihm gesucht ein Gegner von Gewicht.
Er ritt vom hohen Wall des Lagers hart hinan,
Den tapfersten zum Kampf zu fordern auf den Plan.

83.

Suhrab vom Walle rief hinab ins Lager tief,
So laut, ihn hörte wol, wer nicht im Grabe schlief:
O Schah von hoher Macht, du rühmst dich großer Pracht
Im Lager, doch wie steht dein Ding im Feld der Schlacht?
Mußt du dein starkes Heer in einen Pferch einsperren?
Schützt keiner deiner Knecht' im freien Feld den Herren?
Dein Volk von Schafen fleucht in seinen Stall, verkreucht
Sich hinterm Wall, und keucht vor Angst, vom Wolf gescheucht.
Hier komm ich zu dir her geritten mit dem Speer,
Den zuck ich, so durchzuckt der Tod dein ganzes Heer.
Ich habe gestern laut um Send den Schwur beim Wein
Getan: Wer ihn erschlug, der soll nicht lebend sein!
Der heimlich in der Nacht den Send mir umgebracht,

Umbringen will ich ihn am Tag in offner Schlacht.
Wenn du den Recken kennst, der ihn erschlug, so send
Ihn her, daß ich erschlag ihn, der mir schlug den Send!
Und ists nicht der, so seis ein anderer, der scharf
Von Mut und Waffen ist, und mir begegnen darf!
Doch wenn aus deinem Pferch hervor, mit mir zu streiten,
Gar keiner will, so will ich in den Pferch einreiten,
Das Lager mitten durch, bis an das goldne Zelt,
Vor dessen Eingang Löw und Tiger Wache hält.
Vor den Türhütern soll mir nicht beim Eintritt bangen,
Und mit dem Speer will ich die Sonn herunter langen.
Den Geierkrallen soll die goldne Sonn entfallen,
Und vor der Hündlein Maul will ich den Maulkorb schnallen.
Ich will dir überm Haupt alswie ein Sturmwind rütteln
Das goldne Dach, und wenn du drunter schläfst, dich schütteln!
So rief er; Keikawus sprang auf und rief erschreckt:
Wer hat dem Wütenden das Königszelt entdeckt?
Ihr Edlen all! eilt mir zu Rostem hin! der Mann
Ist er allein, der diesen Knaben bändigen kann.

84.

Zu Rostem, wo er saß im Zelte, kam der Bot:
Keikawus ist in Not, der Türke Suhrab droht.
Er droht ins Königszelt durchs Lager einzureiten,
Und Niemand ist als du im Stand mit ihm zu streiten.
Von seinem Sitz erhob sich Rostem nicht, und sprach:
Der Dienst des Königes ist lauter Ungemach.
Nicht Ruh bei Tag und Nacht, viel Arbeit, wenig Schmaus;
Ich war die Nacht erst aus, und bleib am Tag zu Haus,
Dem ersten Boten kam ein zweiter nachgeflogen,
Ein dritter, vierter auch, wie Pfeil auf Pfeil vom Bogen;
Und alle meldeten: Der Suhrab ist im Feld;
Da kann ihm keiner stehn, nur Rostem kanns, der Held.
Doch Rostem, wie er sah das wachsende Getümmel,
Den Lärmen um ihn her, rief: Fällt denn ein der Himmel?
Um einen Knaben, welch ein Ahrimansaufstand!
Um einen einzeln Mann welch ein Weltendebrand!
Nun aber kamen, hergesandt von Keikawus,
Die Fürsten, auch sein Sohn, auch sein Kronfeldherr Tus.
Die Waffen wurden ihm schnell von den Fürsten allen
Gebracht; er sagte nichts, und ließ es sich gefallen.
Den Panzer legt' ihm Tus, Gurgin die Schienen an,
Doch von Ferabors ward der Helm aufs Haupt getan.
Gurase reicht' ihm Pfeil und Bogen; Schwert und Sper
Und Keule trugen ihm drei Söhne Guders her.
Von seinem Eidam ward zuletzt ihm vorgefürt,

Gesattelt und gezäumt, der Rachs, wie sichs gebürt.
Doch wie Rostem den Rachs kampffertig sah, da rürte
In seiner Brust sich auch die Kampflust, und er spürte,
Daß er, ins Feld zu gehn, die volle Rüstung fürte.
Er gieng, und im Vorbeigehn nam er noch den Schild,
Indem er sprach: den braucht man auch im Kampfgefild.
In voller Rüstung sprang er auf den Rachs, und jach
Ritt er davon, ihm sahn mit Staunen alle nach.

NEUNTES BUCH.

85.

Er ritt hinaus, wo ihn der gleichgeartete,
Ein Kämpe seines Bluts, sein Sohn erwartete.
Auf Bogenschuß hinan ritt er, da hielt er an,
Da wieherten sich laut die beiden Kampfross' an:
Rachs, der den Rostem trug, und jener, der Suhrab,
Den Sohn des Rostem, jetzt entgegen trug dem Grab.
Der trug des Rostem Sohn, war selbst vom Rachs ein Sohn;
Und doppelt kam zum Kampf ein Vater und ein Sohn.
Doch eh zum Tode nun die Reiter sich anranten,
Wieherten erst sich an die Rosse, die sich kanten:
Das Wiehern war der Gruß der beiden Blutsverwandten.
So in den Thieren dort, o Wunder, sprach die Stimme
Des Blutes, die erstickt ward von der Männer Grimme.
Soviel ist blinder, als das blindgeborne Thier,
Der Mensch, der sehende, geblendet von Begier.
Die Reiter sahen an das Wiehern für ein Zeichen,
Daß ihre Rosse selbst an Kampflust ihnen gleichen;
Und selber wollten sie nun nicht den Rossen weichen.
Doch riefen sie sich nicht mit lautem Schlachtgruß an,
Entgegen hielten sie stillschweigend auf dem Plan,
Und Sohn und Vater sahn sich stumm todblickend an.
Nun kamen auch heran die Zeugen ihrer Schlacht,
Von beiden Seiten die und jene Heeresmacht:
Die Heermacht Irans hier, gewaffnet und geschmückt,
Vom Feldherrn Tus gefürt, vom Lager ausgerückt;
Die Heermacht Turans dort, den Berg herabgedehnt,
Von Barman aufgestellt, und an die Burg gelehnt.
Entgegen standen sich die beiden Heere schweigend,
Die Kampfbegier vereint nur in zwei Kämpfern zeigend.
Wie auf dem weiten Hof ein zahlreich Volk von Hennen
Untätig zusieht, wie zum Kampf zwei Hähne rennen,
Die, für ihr ganz Geschlecht von Kampfbegier entbrant,
Wenn sie erst zum Gefecht zusammen sind gerant,
Lebendig alle zwei nicht mehr zu trennen sind;
Sosehr macht Eifersucht und heißes Blut sie blind:
Die Hennen sehen zu, wie sie zusammen rennen,
Und warten, welchen sie als Herrn des Hofs erkennen;
So dort erwarteten die beiden Heere nun,
Wer als des Schlachtfelds Herr hervor sich würde tun,
Und sahen zu, bewehrt, alsob sie wehrlos wären:
Für alle ließen sie das eine Paar gewären.

86.

Doch näher kamen an die beiden Helden licht
Geritten nun, und sahn einander ins Gesicht.
Suhrab, den Ungeduld hinan zum Vater trieb,
Sprach, während eine Hand er in der andern rieb:
Komm, alter Held, wie ich gesehn noch keinen habe,
Nicht übel nim es mir! dich will bestehn ein Knabe.
Von Iran brauchen wir und Turan hier dazu
Sonst keinen außer uns, genug sind ich und du.
An Wuchse bist du hoch, an Schultern bist du stark;
Die Jahre haben doch versehrt bereits dein Mark.
Du wirst mich nicht bestehn in diesem Waffengange!
Er sprachs, und Rostem blickt' auf seine Rosenwange,
Und sprach zu ihm: Gemach, feuriges Heldenkind!
Die Erd ist kalt und hart, die Luft ist lau und lind.
Schon manche glichen dir, die nun gleich Staube sind.
Wol altershalb hab ich gesehn genug Walstätten,
Und half manch stolzes Heer im kalten Lager betten.
Die schlafen tief genug, die meinem Streich erlagen;
Und wo ich selber schlug, da ward ich nie geschlagen.
Nun komm heran, blick her, wie ich dich morden will;
Entkommst du mir, so fürcht hinfort kein Krokodill!
Allein es fühlt mein Herz mit dir, Kind, ein Mitleiden,
Vom schönen Leib will ich nicht deine Seele scheiden.
Gar einem Türken gleichst du nicht, o schlanker Baum!
Deinsgleichen viele wüßt ich auch in Iran kaum.
Wie Suhrab hörte, daß so sanfter Rede pflegte
Der Recke, fühlt' er auch, wie sich sein Herz bewegte,
Und sprach: O alter Held, ich will ein Wort dich fragen,
Du aber mußt nun auch mir alle Wahrheit sagen.
Vermelde mir, eh wir uns schlagen, dein Geschlecht!
So, hör ich, hielten es die Alten im Gefecht.
Ich glaube wirklich, daß du Niemand auf der Welt
Als Rostem bist, der Fürst im grünen Heergezelt.
So sprach er, und so nah daran wars, daß gewendet
Würd alles Weh in Lust, und aller Streit geendet.
Da kam ein finstrer Geist auf Rostem, und er sprach:
Ich bin nicht Rostem! was fragst du dem Rostem nach?
Er ist ein Ritter, ist ein Fürst, ich bin ein Knecht;
Mit ihm nicht, nur mit mir ist dir der Kampf gerecht.
Ich bin der Späher, der dir auf der Burg erschlug
Den Mann, der thöricht Lust mich auszuspähen trug.
Nun komm zum Kampf, mein Sohn, des Schwatzens ist genug.

87.

Da schwenkte sich im Zorn zur Linken ab Suhrab
Von Rostem, Rostem lenkte rechts von Suhrab ab.
Doch als auf Bogenschuß sie auseinander waren,
Da wendeten sie schnell, und kamen hergefaren.
Entgegen stoben sich zu Ross die beiden Ritter,
Entgegen schoben sich die beiden Ungewitter;
Entgegen schnoben sich ein Sohn und Vater bitter:
Die Schläge hoben sich, und jeder Schlag gab Splitter.
Zuerst versuchten sich in diesem Waffentanze
Der Vater und der Sohn mit fernentsandter Lanze.
Sodann erprobten sich der alte und der junge
Anrückend mit der nahgezückten Schwerter Schwunge.
Und endlich giengen sich die beiden Heeressäulen
Hart auf den ehrnen Leib mit ihren ehrnen Keulen.
Was von der Lanze da verschont blieb, schlug das Schwert;
Die Keule schmetterte, was jenes nicht versehrt.
Laut stöhnten beid', es war des andern jeder wert.
Am Helme blieb kein Glanz, am Helmbusch kein Gefieder,
Kein Ring am Panzer ganz, keins ungequetscht der Glieder;
In Strömen floß der Schweiß vom Mann aufs Ross danieder.
Wie sich entgegen zwei Gewitterwolken wettern,
Mit Blitz und Gegenblitz einander zu zerschmettern;
Sie selber können sich mit Streichen nicht verletzen,
Doch unter ihrem Kampf ergreift die Welt Entsetzen:
Der Hagel braust herab und schlägt der Erde Saat;
Das Land ist wie ein Feld, das eine Schlacht zertrat:
Dann, wenn sie sich erschöpft, zieht jede ihre Bahn,
Und aus der Ferne noch sehn sie sich finster an:
So standen jetzt vom Kampf die beiden ab ermattet,
Und eine Lebensfrist war noch dem Sohn gestattet.

88.

Sie schieden sich, voll Weh der Vater, und das Kind
Voll Schmerz: sie hatten sich begegnet ungelind.
Die Rosse langsam ließen sie bei Seite laufen,
Um von der stürmischen Begrüßung zu verschnaufen.
Suhrab im Herzen sprach: Der da so grimmig drein
Auf mich geschlagen hat, kann nicht mein Vater sein.
Zwar alle treffen ein die Zeichen, die von ihm
Die Mutter gab, nur sprach sie nichts von solchem Grimm.
Zum Gatten hätte nie genommen ihn Tehmine,
Wär er gekommen ihr mit solcher Löwenmiene.
Er sagt es selbst: er ist der Mann, der mir erschlagen
Den Vetter hat, der mir den Vater sollte sagen.

Den Vetter wollt ich ja an seinem Mörder rächen;
Und was nun hindert mich, zu lösen mein Versprechen?
Doch Rostem sprach bei sich: Ei, wäre der mein Sohn;
Von ihm zerbleut, hätt ich nun meiner Thaten Lohn!
Den hat kein menschliches, ein Riesenweib getragen;
Wie ich so alt erst war, konnt ich noch so nicht schlagen.
Nim dich zusammen nun und wehr dich, alter Held!
Denn zu Zuschauern hast du beide Heer im Feld.
Es wär ein Spuck, wenn mirs mit diesem Türken fehlte,
Und in Semengan ers einst meinem Sohn erzählte!
Denn, wer ich bin, wird er am Ende doch erfaren,
Wielang ich auch vor ihm mag das Geheimnis waren.
So sprachen sie, indem sie sich erholten jetzt
Von Streichen, welche Sohn und Vater sich versetzt;
Die Rosse hatten so einander nicht verletzt.
Sie hatten sich geschont, und waren nur benetzt
Vom Schaume, weil zum Kampf die Reiter sie gehetzt.
Die hatten nun beiseit ein wenig ihren Streit
Gelegt und waren schon zu neuem Weh bereit.

89.

Nunmehr begannen sie, wie um sich zu erholen,
Ihr Schützenkampfgerät gemach hervor zu holen.
Zum Köcher langten sie, und zogen ihre Bogen,
Und von der Senne kam Pfeil gegen Pfeil geflogen.
Im Fluge trafen sich die zwei, und sanken nieder;
Doch andre rüsteten schon Sohn und Vater wieder.
Die Pfeile regneten, dicht, wie bei rauhem Wetter
Des Herbstes unterm Baum hernieder rieseln Blätter;
Wie wenn am Frühlingstag des Landmanns Bienen schwärmen,
Wann rings das Bienenhaus des Mittags Stralen wärmen;
Wann sich die Einigkeit des Brudervolks zerschlug,
Die Honig mit gemeinschaftlichem Fleiß eintrug,
Sich nun vom alten Stock der junge Stamm lossagt,
Und auf gut Glück den Flug mit eignem Weisel wagt:
So nun mit einem Schwarm geschärfter Stacheln wandten
Zum Kampfe sich die mutentbranten Blutverwandten.
Sie spannten, legten an und schoßen ab, und spannten,
Indem mit jedem Pfeil sie sich Zornblicke sandten.
Sowenig aber als ein Blick, sowenig leid
Tat ihnen auch ein Pfeil am festen Wehrgeschmeid;
Sie schüttelten mit Scherz den Staub vom Waffenkleid,
Die Köcher raßelten, und ihre Schätze klirrten;
Die Sennen winselten, und ihre Bogen schwirrten,
Die laut im Fluge gleich blutgierigen Vögeln girrten.
Nicht kamen sie zum Zweck, die doch vom Ziel nicht irrten.

Alswie der Sonne Pfeil prallt ab vom Felsgestein,
Ihm dringen kann er nicht ins feste Fleisch und Bein,
Und an der obern Haut erhitzt er ihn allein:
So drangen dort nicht ein die Pfeil, und prallten ab,
Und mehr in Hitze nur kam Rostem und Suhrab.
Mit goldnen Spitzen war, gleich Stralen, jeder Schild
Besetzt, und leuchtete recht wie der Sonne Bild.
Doch als es sie verdroß, vergebens nur die Scheibe
Zu treffen, ließen sie nunmehr vom Zeitvertreibe,
Und giengen, Ross und Mann, ernsthafter sich zu Leibe.

90.

Sie ritten nah sich auf den Leib, und legten Hand,
Zu ringen, einer an des andern Gürtelband.
Wann sonst im Rossringkampf Rostem saß auf dem Rachs,
War er wie Erz, und, was zur Hand ihm kam, wie Wachs.
Doch nun legt' er die Hand an Suhrabs Gürtelband,
Und staunte, daß er fand solch einen Widerstand.
Wie nicht ein Bergfels wankt, den eine Schlang umflicht,
In Rostems Armgeflecht so wankte Suhrab nicht.
Wo Rostem matt ließ ab, fieng mutig an Suhrab;
Doch auch vergeben war die Müh, die er sich gab.
Wie nicht der Erdleib schwankt, weil ihn der Arm umflicht
Der Luft, so schwankte nicht Rostem im Gleichgewicht.
Da ließ der Sohn erzürnt den starken Vater faren
Am Gürtel, und ergriff ihn an dem Schopf von Haaren,
Der, halbergraut, doch straff drang unterm Helm hervor;
Daran vom Sattel hofft' er ihn zu ziehn empor.
Doch Rostem saß wie Blei im Sattel, wie ein Stück
Von Erzguß; nur das Haar blieb in der Hand zurück.
Suhrab fand in der Hand das Haar, und rief erschrocken:
Du unbezwinglicher mit schon ergrauten Locken!
Du spannst die Glieder unnatürlich an mit Krampf;
Was suchest du, o Greis, mit einem Jüngling Kampf?
Ein alter Mann, wennauch sein Wuchs wär eichbaumschäftig,
Mit einem jungen ist er doch zum Streit unkräftig.
Dein Thier auch unter dir hat seinen Mut verloren,
Und wie ein Esel läßt es hangen seine Ohren.
Vor meinem Hengste sucht' es gern das Heil in Flucht,
Und ihm verbietet es nur seines Reiters Wucht;
Doch mir verbeut den Kampf mit dir nun Scham und Zucht.
Als ich das graue Haar in meiner Hand gewart,
War mirs als legt ich Hand an meines Vaters Bart.
Sind denn um uns im Feld nicht andre Kriegerhaufen?
Was müßen wir allein uns mit einander raufen!
So sprach der junge; doch der alte sagte nichts,

Er wendete sich ab ergrimmten Angesichts.

91.

Da stürzt' er sich, wie sich ein Wolf stürzt auf die Herde
Der Schaf', aufs Turanheer, zu würgen mit dem Schwerde.
Und Suhrab, als ers sah, da warf er, wie ein Tieger
Sich auf die Rinder wirft, sich auf die Iranskrieger.
Den ersten, den er traf, streckt' er in Todesschlaf,
Den zweiten, dritten auch, und jeden, den er traf.
Doch Rostem, als er dort ans Heer von Turan kam,
Hielt plötzlich an den Rachs, zurück hielt ihn die Scham
Und Ueberlegung, wie es nun dem Kawus gienge,
Wenn jener Türk im Heer erst an zu morden fienge?
Dem selber Rostem kaum im Kampfe konte stehn;
Wie sollten seiner Wut die andern dort entgehn!
Drum, ohn ein Tröpflein Blut von Türken zu versprützen,
Umwandt er mit dem Rachs, die Perser zu beschützen.
Den Suhrab im Gewühl sucht er und fand, und schaute,
Wie auf der Flur Smaragd er Blutrubinen thaute.
Ihn rief er zürnend an: Was kühlst du deine Hitze
Am schwachen Volk, das dir nicht bieten darf die Spitze?
Was haben, tobender, die Leute dir getan,
Die du mit unversehnem Kampf hier rennest an?
Doch Suhrab sprach erstaunt: Ei, alter Held unhuldig,
Sind nicht am Kampfe dort die Türken auch unschuldig?
Warum hast du auf sie geworfen deine Wucht?
Wer hat von ihnen Streit an dich zuerst gesucht?
Doch willst du wieder nun zu mir zurück dich wenden,
So komm, laß uns das Werk erneuen und vollenden!
Doch Rostem sprach: der Tag hat sich geneigt zur Nacht;
Die ist zur Ruh gemacht, und nicht zum Werk der Schlacht.
Gehorchen wir der Nacht! doch wann im Osten lacht
Das goldne Schwert, von dessen Glanz die Welt erwacht,
Erneuern wir die Schlacht! sei mir hieher bestellt!
Hier stell ich morgen mich; jetzt geh, wohins gefällt!
Hier soll zu Fuß ein Faust- und Ringkampf uns vereinen,
Und als Zuschauer mag dieß Heer und jen's erscheinen;
Dann sehn wir, welches wird um seinen Kämpfer weinen!

92.

Sie giengen; finster ward das Angesicht der Luft;
Der Himmel hüllte sich in einen trüben Duft:
Vorzubereiten schien er Suhrabs Totengruft.
Doch Suhrab ritt vergnügt mit seinem Heer nach Haus,
Und unterm Reiten noch fragt' er den Barman aus:

Von jenem Löwenmann, von dessen Kraft die Spangen
Mir krachten heut am Tag, wie ist es euch ergangen?
Da er dieß Heer, wie ein berauschter Elefant
Anrante, wieviel hat er nieder da gerant?
Nie ward von mir erprobt, in jedem Kampf belobt,
Solch einer; wie hat er hier seinen Grimm vertobt?
Doch Barman sprach: Es war dein eigner Fürstenwille,
Daß diesen Tag das Heer sich hielt' in Waffen stille.
Gerüstet aber war all unser Ding zum Streit,
In jedem Nu ins Feld zu treten kampfbereit.
Da kam ein einzelner daher, ein unbekanter,
Und blindlings tollkühn vor die Heeresmitte rant er.
Er kam alswie im Rausch, oder vom Rausch erwacht,
Im Taumel, um allein zu liefern eine Schlacht.
Ich aber ordnete die Reihen, dem verwegnen,
Wo er sich wagt' heran, mit Nachdruck zu begegnen.
Da ward er plötzlich andern Sinns; die Zügel wandt er,
Und spornstreichs, wie er hergekommen war, entrant er.
Froh lachend sprach Suhrab: Also von diesem Heer
Erlegte keinen er, und ritt vergebens her!
Ich hab Iranier indessen viel getötet,
Mit Blut wie Rosen dort den Rasengrund gerötet.
Er hat den müßigen Beschauer hier gemacht!
Nun heute hat die Nacht geschieden unsre Schlacht.
Doch morgen, wann der Welt der hehre Tag aufgeht,
Dann wird sich zeigen, wer von beiden fällt und steht.
Denn so bedangen wir: dort wieder zu erscheinen,
Wie heut mit Heergeleit, ein jeder mit den Seinen.
Dort soll zu Fuß ein Faust- und Ringkampf uns vereinen;
Dann seht ihr, welches Heer um seinen Mann muß weinen!
Jetzt aber ziemt es uns, die Sorgen wegzuwischen,
Die spröden Lippen nach dem Kampfstaub anzufrischen
Mit Weinthau; Baruman, laß einen Schmaus auftischen!

93.

Indess im Lager lag schon Rostem beim Gelag,
Der noch beim kühlen Wein dacht an den heißen Tag.
Nur Suhrab wars, von dem er da erzälen mußte,
Suhrab, von dem man auch ihm zu erzälen wußte.
Keikawus sprach: Warum hast du den Wüterich
Uns auf den Hals geschickt, da du ihn namst auf dich?
Und hättest du nicht bald auf seine Bahn gerichtet
Dein Augenmerk; wer weiß, was er hätt angerichtet!
Wir haben hier ein Teil von seiner Art empfunden;
Doch selber sag uns nun, wie du ihn hast gefunden!
Er sprachs; doch Eifersucht und Aerger schwemmt' hinab

Rostem mit Wein, und tat den Mund auf von Suhrab:
Ich habe nie gesehn die gleichen Heldengaben,
Die Löwenmannheit nie, an so unreifem Knaben.
Ich hätte nicht gedacht, daß solchen Mann der Schlacht
Die Welt hervorgebracht, der mir so warm gemacht.
Er hat in jedem Kampf, in jedem Waffenwerke,
Mit mir die gleiche Kunst, mit mir die gleiche Stärke;
Und nur die Jugend die hat er vor mir voraus:
Mit ihm muß ich bestehn noch einen schweren Strauß.
Erst mit dem Sper hab ichs, dann mit dem Schwert versucht,
Mit meiner Keule dann, und er bestand die Wucht.
Zuletzt da dacht ich noch: Vor diesem rang ich doch
Schon manchen Helden hoch herab vom Satteljoch!
Da streckt' ich meine Hand nach seinem Gürtelband,
Und zerrte wacker; doch ich fand: er widerstand!
Ich dacht, er sollte nur sogleich vom Sattel fliegen,
Wie soviel andre schon ich sah im Staube liegen.
Doch wenn ein Berg im Grund wird wanken von dem Wind,
So wird vom Sattel nicht wanken das edle Kind.
Für heute hat die Nacht nun unsern Kampf geschieden;
Ich weiß nicht, ob ers war, ich war es wol zufrieden.
Und wenn er morgen mir wird zum Kampfplatze kehren,
Hab ich für Irans Ruhm und meinen mich zu wehren.
Denn so bedangen wir: dort wieder zu erscheinen,
Wie heut mit Heergeleit, ein jeder mit den Seinen.
Dort soll zu Fuß ein Faust- und Ringkampf uns vereinen;
Dann seht ihr, welches Heer muß seinen Mann beweinen!
Heut aber ziemt es uns, die Sorgen wegzuwischen,
Für morgen auf den Kampf die Herzen anzufrischen;
O König Keikawus, laß neuen Wein auftischen!

94.

So sprach er, und sein Wort macht' alle Gäste staunen;
Dann tranken sie mit ihm, und wurden froher Launen.
Sie tranken ihm auf Glück und Sieg die Becher zu,
Und suchten, wohlbezecht, in Zelten Schlaf und Ruh.
Doch Rostem, als er in sein Zelt gekommen war,
Sprach er noch in der Nacht zum Bruder: O Sewar!
Heut haben wir im Feld des Kampfes dieß gesehn;
Und Niemand sieht voraus, was morgen wird geschehn.
Sobald am Himmel dort der Sonne goldner Schild
Hervortritt, tret ich an den Gang ins Schlachtgefild.
Du laß in Gottes Hut, allein mit meinem Mut,
Mich gehn, und halte du mein Sabulheer in Hut.
Wenn ich den Feind erleg in diesem Waffengange,
Nicht auf der Walstatt werd ich dann dir säumen lange.

Doch anders wenn ergeht der himmlische Bescheid,
Vollführe du kein Weh, und mache du kein Leid!
Einbrechen sollt ihr nicht, um meinen Tod zu rächen,
Ins Feindesheer; ihr sollt nach Sabul gleich aufbrechen;
So sollt ihr unterwegs, und so zu Hause sprechen:
So war es ihm verhängt an seines Alters Rand,
Daß seinen Tod er fand von eines Jünglings Hand.
Zur Mutter dort im Ton der Tröstung sollst du sagen:
Um Rostem, deinen Sohn, sollst du zusehr nicht klagen!
Soviel erschlug er schon, und ward nun auch erschlagen.
Du wurdest alt, und sahst alt werden deinen Sohn;
Nun lebe länger noch, wenn er gestorben schon!
Er hat sein Werk getan, und hat nun seinen Lohn.
So manches Abenteur im Heldenungestüm
Bestand er, Ungeheur und Riesenungetüm.
So manches feste Schloß mit Mauerkranze brach er,
So manchen Mann vom Ross mit seiner Lanze stach er.
Doch an des Todes Schloß am Ende pochen muß,
Wer immer auf ein Ross gehoben seinen Fuß.
In diesem Jagdrevier ist ungejagt geblieben
Kein Jäger, ewig hier kein Treiber unvertrieben;
Ein Freibrief ward auch mir vom Himmel nicht geschrieben.
Sewar! zum Schlaftrunk gib mir noch den Becher Wein,
Und laß das Uebrige dem Glück empfolen sein!
So sprach er, und die Nacht ward mit Gespräch von Schlacht
Und Suhrab halb, und halb mit Ruh und Schlaf verbracht.

ZEHNTES BUCH.

95.

Wie nun des Tages Pfau sein farbiges Gefieder
Entfaltet', und der Rab der Nacht den Kopf bog nieder;
Umgürtete der Held den Stahl, den lebenraubenden,
Und seinen Drachen schirrt' er an, den feuerschnaubenden.
Zum Kampfplatz wie ein Sturm kam er hinan geschnaubt,
Hell glänzt' im Morgenstral der Helm auf seinem Haubt.
Im Felde sah er dort sich um, es nam ihn Wunder,
Daß noch nicht war am Ort der junge Feuerzunder.
Der trank noch Morgenwein vergnügt bei Lautenton,
Und seiner wartete der Tod, der Vater, schon.
Er sprach zu Baruman: Der grimmige Löwengreis,
Mit dem ich heute nun mich tummeln soll im Kreiß;
Er ist nicht unter mir an ragender Gestalt,
Und steht nicht hinter mir zurück an Kampfgewalt.
Wenn ich ihn seh an Brust, Arm, Schulter und Genicke,
Ist mirs alsob ich selbst im Spiegel mich erblicke;
Alsob ich selber so müßt anzusehen sein,
Wenn soviel Jahr als ihm die Sterne mir verleihn!
Des Helden Anblick treibt die Scham auf meine Wangen,
Und regt im Busen mir ein liebendes Verlangen.
O sag mir, ob er ist der Vater, den ich suche!
Damit die Welt mir nicht als Vatermörder fluche!
Was sollt ich, kehrt ich heim, der armen Mutter sagen?
Daß ich den Gatten ihr, den Vater mir, erschlagen!
Der Gatte zwar ist schon der Mutter lang entflohn;
Und desto mehr verlangt sie nun zurück den Sohn.
Zu ihr möcht ich zurück, hätt ich den Vater nur
Gefunden erst, den ich hieher zu suchen fur!
Die Zeichen treffen ein, die mir die Mutter gab;
Nicht töten will ich ihn für den Afrasiab!
Zwar gestern ist mir der Gedanke, den ich trug,
Vergangen, als der Mann so lieblos auf mich schlug.
Doch in der Nacht ist es mir wieder aufgestiegen,
Im Traume fand ich mich in seinen Armen liegen:
Da lag ich gut und sanft! ich will mit ihm nicht kriegen!

96.

Zu ihm sprach Baruman, nachdem er still bedacht,
Wozu Afrasiab verbindlich ihn gemacht:
Ich dächt, es hätte doch dir müßen nun verfliegen
Der Traum, im Arme sei sanft diesem Mann zu liegen!
Denn warlich muß, nach dem was du von ihm gesprochen,

Kein Herz, ein menschliches, in seinem Busen pochen.
Dein Mut hat einmal mit den mörderischen Händen
Den Kampf begonnen; mag den Kampf dein Mut vollenden!
Willst du nicht lösen dein verpfändetes Versprechen?
Du gabst dein Wort zurückzukehren; willst dus brechen?
Er wartet draußen schon, und wird dich mürrisch fragen:
Wo bleibst du, lieber Sohn? du scheinst vor mir zu zagen!
Ein Feigling bist du ihm, und bist du dir, erschienen;
Mit diesem Mut wirst du den Vater nicht verdienen!
Von deinem Vater ist mir Sichres nicht bekant;
Doch dich hat seinen Sohn Afrasiab genant.
Des Namens machest du dich wert, wann mutentbrant
Du jenen, der dir trotzt, hast in den Staub gerant.
Ich kenne nicht den Mann, und frage nicht, warum
Er seinen Namen birgt; befrag ihn selbst darum!
Doch lieber, wenn du mir gehorchest, frag ihn nicht!
Schlag ihn, eh er dich schlägt! brich ihn, eh er dich bricht!
So warst du deinen Ruhm, und übest deine Pflicht.
So sprach er, und sein Rat klang Suhrabs Ohren hohl;
Dem Redner selber war dabei ums Herz nicht wol.
Doch Sorg und Zweifel nun schlug Suhrab in den Wind,
Legt' an sein Heergeschmeid, und sprang aufs Ross geschwind;
Entgegen flog in Eil dem Vater nun sein Kind.

97.

Als beide Kämpfer nun erschienen auf dem Plan,
Da kamen ihres Kampfs Zuschauer auch heran;
Die Heermacht Irans hier, gewaffnet und geschmückt,
Vom Feldherrn Tus gefürt, vom Lager ausgerückt;
Die Heermacht Turans dort, den Berg herabgedehnt,
Von Barman aufgestellt, und an die Burg gelehnt.
Vor diesen Zeugen ritt zu seinem Gegner hin
Suhrab, und mit dem Mund anlächelnd grüßt' er ihn:
Wie hast du in der Nacht geruht, und bist erwacht
Am Morgen? Früh, o Greis, hast du dich aufgemacht.
Das Aug und jeden Sinn erlabend ist der Morgen;
Doch welchen Abend er uns bringt, das ist verborgen.
Der Berge Häupter sind vom Stral der Frühe golden,
Mit Morgenwein gefüllt sind alle Blumendolden.
Die Morgenlüfte gehn, die Schläfer einzuladen,
Schnell aufzustehn, und sich im Maienthau zu baden.
Die Vögel singen laut, die klaren Bäche fließen,
Die Anger sonnen sich, und alle Blumen sprießen;
Das ist durchaus kein Tag zu Mord und Blutvergießen,
Ein Tag, das kurze Glück des Lebens zu genießen.
Komm, lieber Alter, steig herab von deinem Drachen

Ins grüne Gras, und laß uns Waffenstillstand machen!
Im Angesichte des und jenes Heeres laß,
Daß froh sie staunen, uns ablegen Groll und Haß!
Des Krieges Schauplatz sei in eine Friedensbühne
Verwandelt, und ein Fest erblüh uns auf dem Grüne.
Ich wink, und Saitenspiel und Wein kommt zum Gelag;
Ich feir im Rosenhag mit dir den Frülingstag.
Vom Haupte legest du des schweren Helmes Glanz,
Und um dein Haar leg ich von Rosen einen Kranz.
Dann sitzen wir beim Wein, und plaudern vom Gefecht;
Und alles, was ich weiß von mir, sag ich dir recht:
Du selber sagest auch mir Stammbaum und Geschlecht.
Nach deinem Namen hab ich ohne Rast und Ruh
Gefragt, und Niemand sagt ihn mir, o sag ihn du!
Nicht ziemt es zwischen uns, so Herz und Mund verschloßen
Zu halten, denn wir sind von gestern Kampfgenoßen.

98.

So sprach das Kind; ihm hatt aus Waßer, Luft und Flur
Gesprochen sanft ans Herz die Sprache der Natur.
Wie eine Knospe war das Herz ihm aufgegangen,
Und das Verlangen blüht' auf seinen Rosenwangen.
Doch wie die Knosp am Strauch, vom Frülingsstral geweckt,
Zurück vom kalten Hauch des Nordwinds wird geschreckt;
Und wie die Blume, die den Kelch geöffnet hält
Dem Früthau, wenn auf sie der giftge Melthau fällt:
So schrumpfte Suhrabs Herz zusammen, und es brach
Der Hoffnung grüner Stiel ihm ab, als Rostem sprach:
Nicht also haben wir, o liebes Kind, gewettet,
Zu ruhn in Friedensruh auf Frülingsgrün gebettet.
Wir haben uns bestellt, im Ringkampf uns zu tummeln,
Nicht stachellos umher zu schwärmen wie die Hummeln.
Wenn du ein Jüngling bist, so bin ich doch kein Knabe;
Du siehst, daß ich den Gurt geschnallt zum Ringen habe.
Du hast mich lang genug aufs Tagwerk laßen warten,
Rosen zu brechen, wie sie blühn in unserm Garten.
Der Hauch des Morgens ist belobt zu jedem Werke,
Und mir erneuet er der alten Glieder Stärke.
Drum, eh des Mittags Glut der Sehnen Kraft abspannt,
Zeig, ob du bist ein Mann, wann ich dich übermannt!
Ich habe nicht gehört, daß auf dem Kampfplatz plaudern
Kampflustige, wenn froh die Hengst im Frühwind schaudern.
Ich habe mich versucht mit Männern hier und dort;
Ich bin ein Mann der Tat, kein Mann von vielem Wort.
Drum meinen Namen nenn ich ehr nicht, sei verbürgt!
Als bis du liegst; dann sollst du wißen, wer dich würgt!

99.

Da rief Suhrab erzürnt: Wolan denn, alter Mann,
Wenn dich mein gutgemeinter Rat nicht beugen kann!
Mein Wunsch war, daß du einst auf einem sanften Pfühl
Den Geist aushauchtest, nicht im heißen Kampfgewühl,
Wer nach dir blieb, die Gruft dir ehrenvoll bedächte,
In Türkisschrein den Leib Sohn oder Enkel brächte.
Doch nun, mit Gott! wenn ist in meiner Hand dein Hauch,
Mit meiner Hand hier will ich ihn entbinden auch!
So rief er, und vom Ross sprang er gewaffnet nieder;
Der Helm klang auf dem Haupt, der Panzer um die Glieder.
Und ihm genüber schwang sich Rostem ab, ihm klang
Laut an der Hüft ein Schwert, das halb der Scheid entsprang.
Mit Schweigen giengen beid und füreten mit Schweigen
Die Ross' an ihrer Hand zum Bach hin unter Zweigen;
Wo an des Baches Rand ein einzler Felsen stand,
Der tauglich schien, ein Ross zu halten fest am Band:
Um den schlang Rostems Hand den Zaum des Rachs im Nu,
Und Suhrab eilig band sein Ross dort an dazu.
So standen dort in Ruh, das eine bei dem andern,
Die Rosse, da zum Kampf die Männer mußten wandern.
Friedfertig schnaubten sie sich an, und legten, als
Umarmeten sie sich, vertraulich Hals an Hals.
Sie unterredeten sich schweigend: ach, sie brächen
Ihr Schweigen gern auch, daß sie ihren Herrn zusprächen!
Doch diese ließen stehn mit seinem Sohn den Rachs,
Und schritten auf den Plan zum Faust- und Ringkampf stracks.

100.

Sie gürteten sich fest die Mitte, stülpten dicht
Die Aermel um den Arm, und furchten das Gesicht.
Zwei Löwen gleich an Wut, herschoßen sie zumal;
Vom Leibe Schweiß und Blut vergoßen sie zumal.
Zwei Leiber wurden da Ein Leib, indem sie rangen,
Um den vier Arm' im Knäul wie Schlangen sich verschlangen.
Wie eine Goldspang eng den Frauenarm umschmiegt,
Und wie fest an dem Leib ein naßes Kleid anliegt:
So mit den Armen eng umschmiegten sich die beiden;
Anstrengten hin und her und wiegten sich die beiden:
An Kraft nicht, noch an Kunst besiegten sich die beiden.
Sie hätten Stein und Erz zerdrückt in ihren Armen;
Sie drückten sich umsonst, und drückten ohn Erbarmen.
Angst fühlte Brust an Brust, und Glied um Glieder Schmerz,
Als Vater dort und Sohn sich drückten so ans Herz.
Indessen oben sie sich mit den Armen klemmten,

Den Odem in der Brust, das Blut im Herzen hemmten;
Indessen hielten sie am Boden die gestemmten
Füß' eingewurzelt. So rang Suhrab mit Tehemten
Mit mächtigem Umfahn, gewaltigem Umschlingen,
Vermochten sie sich doch zu Boden nicht zu ringen,
Vermochten sie sich nicht vom Grund empor zu bringen,
Vermochten sie sich auch vom Platz nicht wegzudringen.
Umsonst umschlangen sie, umsonst umflochten sie;
Vergebens rangen sie, vergebens fochten sie.
Voll Wut andrangen sie, voll Wut aufkochten sie;
Sich nicht bezwangen sie, noch übermochten sie.
Nun wollten sies, anstatt mit Ringen und mit Dringen,
Mit Schwingen in die Luft vollbringen und erzwingen.
Los ließen Vater sich und Sohn, und seine Hand
Ausstreckte jeder nach des andern Gürtelband.
Und Rostem schwang den Sohn empor mit einem Schwunge
Am Gürtel: fast erlag dem Alten da der Junge.
Doch dieser fiel, vom Glück geschleudert, auf die Brust
Des Gegners schwer, und warf ihn nieder in den Dust.
Da kniet' er auf der Brust des Vaters, und besann
Sich selber nicht, wie er die Oberhand gewann.
Da zuckt' er rasch den Dolch, und, ohne dran zu denken,
Wollt er den kalten Stahl ins Herz des Vaters senken.

101.

Rostem, aufblickend, sah das nahe Ungemach
Schweben ob seinem Haupt, und rief: Gemach, gemach!
Gemach! was willst du tun? Bist du aus Heldensamen,
So schände deinen Ruhm nicht jetzt und deinen Namen!
Du kommest her und stammst aus wilder Türken Mitte:
Nach Iran kommst du, kämpfst, und kennst nicht Irans Sitte.
Die Sitt ist hier zu Land, daß, wer den Kampf mit Ringen
Beginnen mag, und in den Staub den Gegner bringen;
Das erstemal, da er ihn an den Boden legt,
Umbringet er ihn nicht, wie sehr ihn Zorn bewegt.
Ihn schelten würde man und seinem Namen fluchen!
Mit einem zweiten Gang läßt ers den Feind versuchen.
Vermag er dann zu Fall ihn wiederum zu bringen;
Dann ists erlaubt, ist Sitt und Recht, ihn umzubringen.
So sprach er, ob villeicht er sei durch List errettet
Vom Gegner, unter dem er unsanft lag gebettet.
Suhrab hielt zweifelnd inn, und sprach: Ich habe nicht
Von dieser Sitt im Land vernommen den Bericht.
Sag an, ob wirklich so es alle Helden halten,
Obs so gehalten wird von Rostem auch, dem alten?
Doch Rostem sprach: Was geht dichs an, wies Rostem macht?

Nun ja doch! diesen Brauch hat Rostem aufgebracht. --
Wie Rostems Sohn aus Rostems Mund dieß Wort gehört,
Das Schwert zog er zurück, und ließ ihn los, betört:
Einmal, von Selbstvertraun, sodann von Schicksalsfug,
Am meisten aber, weil sein Herz von Großmut schlug;
Sonst hätt ihn nicht allein betört des Vaters Trug.
Rostem sah froh erstaunt sich los vom Feind gekettet,
Doch war er unmutsvoll, daß ihn nur List gerettet.
Vom Boden sprang er auf, und schüttelte die Glieder
Vom Staub, und ein die ausgerenkten renkt' er wieder.
Doch Suhrab wendete von ihm sich ins Gefild,
Und jagte vor sich her ein aufgesprungnes Wild.
Auf dieses macht' er Jagd zur Kurzweil, und vergaß
Des Mannes ganz, mit dem er erst im Kampf sich maß.

102.

Doch Rostem, als er war entbunden seiner Qual,
Gieng an den Bach hinauf, dort in ein Felsental,
Wo er vor langer Zeit einmal mit einem Geiste
Zusammentraf, als er des Wegs aus Turan reiste,
Als er dort aus dem Krieg mit Beute schwer beladen
Zurückkam, mühsam gieng er da auf seinen Pfaden.
Dem Rostem damals war solch eine Kraft verliehn,
Die nicht nur seinen Feind, die drückte selber ihn.
Denn wo er auf dem Grund mit seines Leibs Gewicht
Auftrat, gab nach der Grund, und widerstand ihm nicht.
Den Fußtritt drückt' er tief auch härterem Gestein,
Nicht lockerm Sande nur und weichem Boden ein:
So wehrlos schon, vielmehr wann er die Waffen trug,
Und nun trug er dazu noch schweren Raubs genug.
Im Melme sank ihm ein der Fuß bis an den Knöchel;
Da lachte neben ihm der Berggeist mit Geröchel.
Wer, fragte Rostem, lacht? Dumpf sprach der Berggeist: Ich!
Worüber? Weil ich seh im Grund einsinken dich.
Die dir die Mutter gab, die Kraft ist lästig dir,
Du bist zu schwach für sie, gib sie zu tragen mir!
Und brauchst du sie einmal, wann matt sind deine Glieder,
So komm und ruf! so geb ich deine Kraft dir wieder.
Da gab der Pehlewan dem Berggeist in Verwar
Den Ueberschuß der Kraft, die ihm beschwerlich war.
Jetzt aber kam er her, um, ehr im Berge modern
Er ließe seine Kraft, sie nun zurück zu fodern.
Denn gegen Suhrab war der Sieg ihm zweifelhaft,
Wenn er nicht näme ganz zusammen seine Kraft.

ELFTES BUCH.

103.

Zu Suhrab aber, der froh seiner Jagd nachgieng,
Kam Barman, als der Tag sich an zu neigen fieng.
Er kam, von bangem Mut und Ungeduld getrieben,
Was in den Sternen nun ob Suhrab sei geschrieben,
Und welchen Wunsch erfüllt sehn sollt Afrasiab,
Von beiden wen im Grab, ob Rostem ob Suhrab?
Er wußte nicht, warum sie ihren Kampf geschieden,
Und fürchtete, daß Sohn und Vater machten Frieden.
Doch als er wolgemut herwandeln jenen sah,
Rief er ihn an, indem er trat mit Staunen nah:
Was ist es? was geschah? wo ist dir hingekommen
Der Gegner, den du dir zu würgen vorgenommen?
Doch Suhrab lächelnd sprach: Er ist mir nicht entwischt;
Auf einen neuen Gang hab ich mich angefrischt.
Ihn fragte Baruman: Warum ward aufgehoben
Der Kampf? Doch Suhrab sprach: Er ward nur aufgeschoben.
Im Ringen hatt ich ihn geworfen auf den Plan,
Schon zuckt ich meinen Dolch, da wars um ihn getan;
Doch er mit lautem Ruf rief mich um Schonung an:
Gemach! was willst du tun? Bist du aus Heldensamen,
So schände deinen Ruhm nicht jetzt und deinen Namen!
Die Sitt ist hier zu Land, daß, wer den Kampf mit Ringen
Beginnen mag, und in den Staub den Gegner bringen;
Das erstemal, da er ihn an den Boden legt,
Umbringet er ihn nicht, wie sehr ihn Zorn bewegt.
Ihn schelten würde man und seinem Namen fluchen!
Mit einem zweiten Gang läßt ers den Feind versuchen.
Vermag er dann zu Fall ihn wiederum zu bringen;
Dann ists erlaubt, ist Sitt und Recht, ihn umzubringen.
So sprach er, und ich gab auf dieses Wort ihn frei,
Daß er mir erst erlegt im zweiten Gange sei!
So sprach Suhrab vergnügt; doch Barman sah das Walten
Des Himmels, daß Rostem für Iran sei behalten.
Zu Suhrab sprach er: Weh! du bist des Lebens satt:
Ein Glück begegnet nie zweimal an Einer Statt.
Den Pardel ließest du entspringen aus den Schlingen,
Darein ihn Gott dir gab: nun wird er dich verschlingen!
So sprach er misvergnügt, und wendete sich ab
Vom Knaben rasch, den er nunmehr verloren gab.
Er gieng hinweg, und sprach: Das Schicksal mag es lenken
Mit ihm, wies ihm gefällt! ich will das Heer bedenken.

104.

Auf einem Felsenthron saß dort der Geist und sah,
Das Tal herauf ein Mann kam seinem Sitze nah.
Voll Muts und unmutsvoll umschauend kam er bei;
Da merkte wol der Geist, daß er gesuchet sei.
Ein Abendnebel lag als Helm auf seinem Haubte;
Den hob er weg, indem er mit dem Atem schnaubte.
Auf seinem Throne saß der Geist nun unverhüllt,
Doch finster, von des Bergs verborgner Kraft erfüllt.
Den Rostem rief er an: Wen und was suchst du? sprich!
Darauf sprach Rostem: Dich und meine Kraft such ich.
Ich seh und kenne dich, wie ich dich schon geschaut;
Du bist nicht seit der Zeit gealtert noch ergraut;
Doch kennst du mich? und weißt, was ich dir anvertraut?
Mit düsterm Lächeln gab zur Antwort ihm der Geist:
Ich kenne dich nicht mehr, Rostem! du bist ergreist.
Doch was bemühest du die alten Heldenglieder
Zu mir? Tehemten sprach: Gib meine Kraft mir wieder!
Bis heute kam ich aus mit dem, was ich gespart;
Das Ganze brauch ich heut; gib her, was du bewart!
Da sprach der Geist: Die Kraft des Menschenkinds, wann sie
Von ihm gewichen ist, kehrt ihm zurücke nie.
Denn keinem kann er sie zur Wiedergabe geben;
Du aber gabest mir die deine aufzuheben.
Wol aufgehoben hier ist sie und aufbehalten;
Viel beßer als bei dir ruht sie in Bergesspalten.
Warum willst du mit ihr dein alterndes Genick
Beladen? Held, du nimmst auf dich ein Misgeschick.
Doch weigern werd ich sie dir keinen Augenblick,
Wenn du sie ernstlich willst, und dreimal sie verlangest;
Allein bedenk es recht, wozu du sie empfangest!
Ich gebe, Stück für Stück, dir deine Kraft zurück,
Ich gebe sie dir, doch zum Unglück, nicht zum Glück.
Laß deine Kraft hier ruhn! du hast der Taten nun
Genug getan: zum Leid wirst du dir eine tun!
Tehemten, ja, ein Leid, ich fürchte, wirst du finden
Durch deine Kraft, davon dir selbst die Kraft wird schwinden.

105.

So unterhandelten sie dort um Rostems Kraft;
Doch Rostems Sohn sah sich im Feld um zweifelhaft,
Und wußte nicht, was er vom Gegner denken sollte,
Der nicht erschien; und ob er heimwerts lenken sollte,
Ob warten noch, bis doch villeicht er wiederkäme,
Damit er heute noch das Leben hier ihm näme!

Am Ende dünkt' es doch das Beste seiner Meinung,
Im Feld zu warten noch auf seines Feinds Erscheinung.
Denn, sprach er, heute früh hat er auf mich gewartet,
Nun wart ich spät auf ihn, so ist es wolgeartet.
Der Abend ist so schön nicht, als es uns versprach
Der Morgen; in der Welt kommt Herbes Frohem nach.
Die Sonne sinkt, und läßt ein blutges Abendrot
Zurück als Abschiedsgruß, den sie dem Leben bot.
Wo aber bleibt der Mann, den ich nicht missen kann?
Ich töt ihn in der Nacht, weil er am Tag entrann!
So sprechend, blickt' er auf, und sah den Rostem kommen,
Alswie ein Meteor trübrötlich angeglommen.
Dem Suhrab schien er ganz verwandelt zauberhaft,
Von wunderbarem Glanz, in voller Jugendkraft.
Mit Staunen grüßt' er ihn, mit Zittern und Verzagen;
Wo er gewesen sei, hatt er nicht Mut zu fragen.
Er fragt': Und ringen wir noch heute vor der Nacht?
Und Rostem sprach: Ei ja! es ist geschwind vollbracht.
Da traten an zum Kampf der Vater und der Sohn;
Der angetan mit Kraft, die diesem war entflohn.
Wie, wann die Sonne sinkt, die Nacht siegjauchzen mag,
Und wann die Nacht erliegt, so triumfirt der Tag:
So mochte Rostem leicht ob Suhrab triumfiren,
Der nicht gewinnen konnt, und jener nicht verlieren.
Da zog die Dämmerung aus Abendwolkenflor
Dem Schauplatz dieses Wehs den dichten Vorhang vor;
Daß von dem Doppelheer, das als Zuschauer nah
Dem Schauspiel war, was da geschah, kein Auge sah.
Da griffen an die zwei, da war es schon getan;
Vom Vater war es ab-, und um den Sohn getan.
Rostem tat einen Ruck, und Suhrab lag im Dust;
Rostem tat einen Zuck, sein Dolch traf Suhrabs Brust.

106.

Suhrab sprach todeswund: O ungetreuer Mann!
Das ist der Schonung Lohn, den ich von dir gewann.
Von Rostem hast du mir ein Märchen vorgelogen,
In Rostems Namen um mein Leben mich betrogen.
Doch sei ein Fisch im Meer, ein Vogel in der Luft,
Die Rach ereilet dich, wo ich lieg in der Gruft.
Wenn Rostem das erfärt, und er wird es erfaren;
Nicht wird ihm das Gerücht die Trauerkund ersparen --
Wenn Rostem es erfärt, so gibt er dir den Lohn
Dafür, daß du erschlugst sein und Tehminas Sohn.
Er sprachs und von dem Wort getroffen, Rostem schrak
Zusammen, alsob ihm der Dolch im Busen stak.

Er rief: O Unglückskind, was sagst du? sags geschwind,
Sags recht, wer deine unglückseligen Eltern sind!
Doch Suhrab sprach mit Stolz und Trauer in der Miene:
Ich bin Suhrab, der Sohn von Rostem und Tehmine;
Er Irans Hort, und sie Semengans Frauenzier.
Die Mutter hat mich hergesandt, den Vater hier
Zu suchen, weil er dort solang nicht kam zu ihr.
Die Spange gab sie mir mit als Erkennungszeichen;
Die Spange, die er ihr einst gab, sollt ich ihm reichen.
Die Spange trug ich nicht am Arme; vor Verlust
Sie zu bewaren, trag ich hier sie auf der Brust.
Reiß das Gewand hier auf am Busen, das mich drückt,
Und sieh das Zeichen, das den Sohn von Rostem schmückt!
So sprach er, und vor Weh dem Vater wollt entweichen
Die Seel, und harrte nur noch aufs Erkennungszeichen.
Wegriß er das Gewand, und sah, wie einen Molch
In Rosen, in der Brust dort sitzen seinen Dolch;
Der stak noch in der Wund, als Scheide, die er schloß;
Nun zog ihn Rostem aus, und Suhrabs Leben floß.
In Purpurwellen floß das Leben hin, und tränkte
Das Gold der Spange, die Tehminen Rostem schenkte.
Er zog der Spange Gold, besetzt mit den Rubinen
Vom Blut des Sohns, hervor, selbst mit blutlosen Mienen,
Und rief: Suhrab, mein Sohn! Weh Rostem und Tehminen!

107.

Dumpf einen Augenblick in seines Jammers Füllen
Hinstarrte Rostem noch, dann hub er an zu brüllen.
Alswie ein Tiger brüllt, wann er, im Busch verhüllt,
Gelaurt auf einen Raub, von heißer Gier erfüllt:
Er lauert auf ein Rind, das von der Rinderherde
Dem grünen Busche nahn, und ihm verfallen werde.
Inzwischen geht einher des Tigers einzges Junges,
Das er im Neste glaubt, untüchtig noch des Sprunges.
Das kommt dem Busche nah, worin sein Vater lauert;
Der hört den Tritt im Gras, und ist von Lust durchschauert.
Er denkt: Da ist das Rind! und stürzt, vor Gierde blind,
So denkt er, auf das Rind, und stürzt aufs eigne Kind.
Dann siehet er, was ihm die blutgen Branken füllet;
Da bricht sein Tigerherz; und wie er nie gebrüllet,
So brüllt er: wie er nie gebrüllt in Wut um Blut,
Brüllt er nun um des Sohns vergoßnes Blut in Wut.
So brüllte Rostem jetzt, bis, sein nicht mehr bewußt,
Er hinsank atemlos an seines Sohnes Brust.
Ohnmächtig sank er hin, in Ohnmacht lag er da;
Das erstemal, daß dieß im Leben ihm geschah!

Erschöpft war seine Macht, und seine Kraft gebrochen,
Die Kraft, die er solang im Mark der alten Knochen
Getragen, samt der Kraft, die ihm aufs neu geworden
Recht eigentlich dazu, den eignen Sohn zu morden.
So lag er bei dem Sohn, selbst einem Toten gleich,
Und bei ihm lag der Sohn, im Antlitz todesbleich,
Im Antlitz todesbleich, am Herzen todeswund,
Mit Rosen seines Bluts blümend den grünen Grund.
Noch floß das Blut, noch stand der Odem nicht, noch sah
Und fühlt' er, sterbend freut' er sich dem Vater nah.
Den Vater, ob ihm schon von ihm dieß Leid geschah,
Den er allein gesucht, den hatt er doch gefunden,
Und lag, wie er geträumt, von seinem Arm umwunden.

108.

Dort das Zuschauerheer, nichts schauend in der Hülle
Der Nacht, nachdem es erst vernommen ein Gebrülle
Vom Kampfplatz, nam es war jetzt eine Totenstille.
Sie ahneten, daß dort ein Unglück sei geschehn,
Und hatten nicht den Mut, mit Augen es zu sehn.
Da machten aus dem Heer von Iran einige Kühnen
Sich auf, und naheten zuletzt des Todes Bühnen.
Am Bache fanden sie, am Felsen, unter schaurig
Gesenkten Zweigen stehn die beiden Rosse traurig.
Wie sie da sahn den Rachs, den Thron des Rostem, leer
Von Rostem, eilten sie mit Klaggeschrei zum Heer,
Mit lautem Klaggeschrei: Tehemten ist nicht mehr!
Dahin ist Irans Hort! Rachs ist von Rostem leer!
Da kam ein Schreck aufs Heer, und wie ein Sturm das Meer
Bewegt, bewegte sie die Botschaft, dumpf und schwer.
In Aufruhr kam das Heer, und Alles trat in Wehr.
Die Pauke ward gerürt, und die Trommete klang;
Wie Wogen setzte sich das ganze Heer in Gang.
Vor ihrem Nahen drang den Kommenden voraus
Zur stillen Walstatt dort das wachsende Gebraus.
Rostem bei seinem Sohn aus seinem Todesschlummer
Erwachend, neu empfand er seinen Todeskummer.
In neuen Jammerton ausbrechen wollte schon
Sein Schmerz, da sänftigt' ihn mit sanftem Wort der Sohn,
Der seinen letzten Geist und letzten Hauch gewann,
Und sammelt' ihn, womit hinsterbend er begann
Die Rede, die ihm leis', alswie sein Blut, hinrann:

109.

O Vater! eh mir fort das Leben rinnt, und dort
Die Fremden nahn, vernim des Sohnes letztes Wort!
Sein erstes, welches dich nicht zweifelnd Vater grüßt!
Von diesem Gruß ist mir der bittre Tod versüßt.
Ich habe nicht zu teur des Herzens Stolz gebüßt,
Tehemtens Sohn zu sein! mit dem vereint ich wollte
Die Welt bezwingen, die mich so bezwingen sollte!
Was klagest du und weinst? nicht du hast mich erschlagen;
Dazu bestimmt hat mich der Mutter Leib getragen.
Darum hat sie umsonst dem Sohne nachgesandt
Den Vetter, dem allein der Vater war bekant.
Erschlagen hast du ihn, Nachts auf die Burg gerant,
Damit von Niemand mir der Vater sei genant!
Wenn es die Mutter nun erfärt, was wird sie sagen?
Beklagen soll sie mich, und Rostem nicht verklagen.
Schick heim zu ihr von hier all meine Waffenzier,
Und auch die Spange, die von ihr ich brachte dir!
Laß auch den Baruman mit seinen Türken gehn
Unangefochten, die durch mich in Waffen stehn!
Nicht fechten werden sie, weil sie mich liegen sehn;
Denn dieser Aufbruch ist allein durch mich geschehn.
Auch den Hedschir, den ich im Schloß gefangen habe,
Mit Bitt und Drohungen ihn angegangen habe,
Dich mir zu zeigen, was hartnäckig er verschwieg,
Bis ich mein Ross, dich aufzusuchen, selbst bestieg;
Bestraf ihn nicht darum, daß er mir nicht gesagt
Den Namen! hab ich doch dich selbst umsonst gefragt!
Daß Guders nicht durch mich um einen ärmer werde
Der achtzig Söhne, weil durch ihn an kalter Erde
Tehemtens einer liegt! Weils ihm das Glück beschied,
Laß ich ihm gern das Schloß, und selber Gurdafrid.
Gurdaferid, so ist ein schönes Weib genant,
Die hat unlängst mich hier mit Waffen angerant,
Und mir verheißen, daß um mich sie wollte weinen,
Wann Rostem mich erlegt; das mag sie nun bescheinen!
O daß nicht bitterer die Mutter weinen müßte,
Wenn sie nun statt des Sohns die goldne Spange küsste!
Die Spange send ihr nur, mein Ross und meine Waffen;
Doch meinen Leib sollst du von hier nach Sabul schaffen
In deine Fürstengruft! und hier dein grünes Zelt
Spann über mir! so nem ich Abschied von der Welt.
Ich kam alswie ein Blitz, und gieng alswie ein Wind;
Nun, Rostem, sieh mit einem Blick noch an dein Kind!
Und mit gelindem Ton, eh mir die Kraft entflohn
Zu hören, nenne mich Suhrab, Tehemtens Sohn!

110.

Er sprachs, und Rostem schwieg; er öffnete den Mund
Zu reden, aber zugeschnürt war ihm der Schlund.
Hinstarrt' er schweigend auf des jungen Dochts Verglühn.
So sieht ein Wanderer das Abendrot verblühn,
Das seinem Wege noch als letzte Fackel lacht;
Die Fackel lischt, und um ihn her ist finstre Nacht:
So war für Rostem bald nun ganz hinweggenommen
Des Lebens Lust, sobald das Leben dort verglommen.
Doch näher kam der Klang und Waffengang der Schar,
Und Rostem sprang empor, zerrüttet wie er war.
Von seinem Sohn hinweg entgegen trat er ihnen,
Mit Staub auf seinem Haupt, und Jammer in den Mienen;
Nie den Iraniern war Rostem so erschienen.
Allein sie sahen, daß am Leben Rostem sei,
Und übers ganze Heer erscholl ein Freudenschrei.
Wie eine Reiterschaar, die über ihrem Haubte
Die Fahne wieder sieht, die sie verloren glaubte,
Jauchzt, daß gerettet ist die Fahn, obgleich zerfetzt;
So jauchzten sie dem tiefgebeugten Helden jetzt.
Doch als er näher kam, sprach er, von Grimm und Gram
Zugleich bewegt, zugleich erregt von Stolz und Scham:
Ihr Fürsten Irans all und Edlen, kommt heran,
Und seht, was Rostem hier für Irans Ruhm getan!
Den Helden Turans, der sein Haupt im Himmel trug,
Den Schrecken Irans schlug Tehemten schwer genug.
Ich hab in Tag und Nacht geschlagen manche Schlacht,
Doch meinem Ruhm nie solch ein Opfer dargebracht.
Iranier, für euch hat Rostem hier geschlachtet
Den Suhrab, seinen Sohn, damit ihr ihn betrachtet!
Er sprachs, da war verstummt ihr Jauchzen in Entsetzen;
Er sprachs, ohn eine Wang, ein Auge nur zu netzen.
Sie sahn in seinem Blut den jungen Helden liegen,
Den Adler, dessen Mut zur Sonne war gestiegen;
So schön, so groß, so frei, so edel, kühn und stark,
Ob schwach auch, todesmatt, der Kern von Rostems Mark.
Sie riefen: Weh, daß solch ein Schmuck der Welt verdorben!
Er sah ihn an und sprach: Er ist noch nicht gestorben,
Und soll nicht sterben! Geh, Guders, zu Keikawus,
Und bring dem Könige von Rostem Bitt und Gruß.
Den Lebensbalsam, der des Todes Wunden stillt,
Der tropfenweis der Höl im Kaukasus entquillt,
Hat er in seinem Schatz; davon soll er mir geben
Drei Tropfen, daß Suhrab, mein Sohn, mir bleib am Leben!

ZWÖLFTES BUCH.

111.

Hilfeile flügelte des greisen Boten Fuß,
Schnell bracht er an Kawus von Rostem Bitt und Gruß:
Von Rostem ist Suhrab, der Sohn Rostems, erschlagen;
Der Sieg am Feinde hat dem Vater Weh getragen;
Er wehklagt laut, und alle, die ihn sehn, wehklagen.
Er bittet dich durch mich, und all wir andern bitten:
Wenn Rostem je für dich gekämpft hat und gestritten,
Komm ihm zu Hilfe jetzt im Weh, das er erlitten!
Vom Lebensbalsam, der dem Kaukasus entquillt,
Den du im Schatze hast, der Todeswunden stillt,
Gib ihm drei Tropfen schnell, so du ihn retten willt!
Doch langsam sprach der Schah: Gottlob, der Sorg entkettet
Bin ich und aller Furcht, da Rostem ist gerettet;
Im Staube liegt sein Feind, da ist ihm wol gebettet.
All meinen Balsam gäb ich ja für Rostems Leben;
Doch keinen Tropfen werd ich einem Türken geben.
Rostem für Iran ist schon stark genug allein;
Mit solchem Sohn vereint, möcht er zu stark uns sein.
Der stolze Mann, soll ich ihm diesen Dienst erzeigen,
So muß er selber nahn und mir zu Fuße neigen!
Er sprachs, und jener sah des Königs harten Sinn,
Von seinem Flehen sei zu hoffen kein Gewinn;
Die üble Antwort trug er schnell zu Rostem hin:
Der Schah ist herbgelaunt; er will für Rostems Leben
All seinen Balsam, doch nicht einen Tropfen geben
Für Rostems Sohn. Soll er dir diesen Dienst erzeigen,
So mußt du selber gehn, und ihm zu Fuße neigen.
Da kämpfte Stolz und Schmerz in Rostem einen Kampf,
So heiß, daß sichtbar ihm vom Haupte stieg der Dampf:
Er hob und hielt den Schritt, und zuckte wie im Krampf.
Dann beugt' er sein Genick demütig dem Geschick;
Ertragen wollt er des feindselgen Königs Blick.
Drei schwere Schritte hatt er schon im Weg gemacht;
Da ward die Botschaft ihm in Eile nachgebracht:
Die Sonne, deren Ruhm der Welt geleuchtet, barg
Sich in die Nacht; dein Sohn braucht nichts als einen Sarg.

112.

Tehemten gieng zurück zu seinem toten Sohn;
Sie hatten zugedeckt des Toten Antlitz schon.
Der Vater aber hob mit seiner Hand die Hüllen

Hinweg, um neu sein Herz mit Jammer zu erfüllen.
Rings war dreifache Nacht: am Himmel Nacht, im Herzen
Tehemtens Nacht, und Nacht verlöschte Suhrabs Kerzen.
Ihn sah beim Sternenlicht der Vater, und erschreckt
Stand er, dann rief er aus, als er ihn zugedeckt:
Oft hab ich wol dem Tod ins Angesicht geschaut
In mancher Schlacht, und nie hat mir vor ihm gegraut.
Und schöner hab ich ihn, als hier im Angesicht
Des Jünglings nie gesehn, doch ohne Grauen nicht!
Weh, Rostem, dir! weh dir! mit deinem Heldenruhme
Kaufst du vom Tod zurück nicht diese Liebesblume.
Zäl in Gedanken auf nur alle deine Taten!
Durch diese letzte hier sind alle schlecht geraten.
O unglückseliger geliebter Jüngling du,
So ruhest du durch mich, und raubest mir die Ruh!
Dich hat von Kindheit an ein falscher Glanz entzündet;
Das, was von Rostems Ruhm dir das Gerücht verkündet,
Das trieb zum Vater dich; dein Stolz und deine Lust,
Dein Leben wars, dein Tod, zu ruhn an seiner Brust.
Du hast mit Ungestüm dich an mein Herz gedrängt;
Dafür mit deinem Blut hab ich mein Erz getränkt!
Ich habe dich als Feind bewundert und beneidet,
Und finde dich als Sohn, daß mirs das Herz durchschneidet.
Dazu ward meinem Leib die Jugendkraft erneut!
Doch unerneubar nun brach sie mit dir mir heut.
Durch dich den größten Schmerz, durch dich hab ich erlitten
Die größte Schmach: erniedrigt hab ich mich zu bitten!
Zu bitten einen Schah, von dem ich war gewohnt,
Gebeten selbst zu sein, seitdem durch mich er thront.
Um dich demütigt ich dieß stolze Haubt in Staub,
Und habe nicht dadurch dem Tod geraubt den Raub!
Das laß die Sühnung sein, o Sohn, für alle Kränkung,
Die dir der Vater tat, nach unsrer Sterne Lenkung!
So wars verhängt, daß, der sein Haupt im Himmel trug,
Es brächt in Staub dadurch, daß er sein Kind erschlug.

113.

So klagt' er in der Nacht, und um ihn klagend saßen
Die Fürsten her, die heut den Schmaus der Nacht vergaßen.
Voll war von Tröstungen der weisen Freunde Mund,
Vergebens, Rostem war um seinen Sohn herzwund.
Er hielt in seiner Hand die blutgenetzte Spange,
Und sprach zu ihr: Du kalte, glatte, gelbe Schlange!
Du hast mit deiner giftgen Heimlichkeit gestochen
Das Herz des Sohnes, und des Vaters Herz gebrochen.
Du selber brachest nicht; was hast du nicht gebrochen

Dein tötlich Schweigen, und der Rettung Wort gesprochen?
Dem Vater kontest du, daß der sein Sohn sei, sagen!
Warum hat er versteckt im Busen dich getragen?
Warum antwortet ich nicht seinen Liebesfragen?
Nun muß des Unglücks Schuld die arme Spange tragen!
Die Schuld trägt mir der Rachs, der Rachs, der, als ich schlief
Dort müde von der Jagd, sich im Geheg verlief,
Der von den Türken dort sich fangen ließ und füren
Zur Stadt, wohin ich dann nachgieng, ihn aufzuspüren.
O beßer wär ich nach Semengan nie gekommen!
Kein Leben hätt ich dir gegeben, noch genommen.
Nicht hätt ich in der Nacht mir dort antrauen laßen
Das blühnde Weib, um früh am Tag sie zu verlaßen.
Warum von einem Sohn gab sie mir Nachricht nie?
Warum erkundigt ich mich nie um ihn und sie?
O Rachs, geritten sind wir damals nicht mit Glück
Auf jene Jagd: dieß Weh bracht ich als Fang zurück.
Drum wirst du niemehr auch mit frölichem Behagen
Deinen Reiter wie sonst zu Jagd und Schlachten tragen!

114.

So klagt' er in der Nacht, da stieg der Tag empor;
Und Kawus selber kam mit seines Hofes Chor.
Dem Helden bracht er dar Entschuldigung und Trost;
Kühl aber war sein Wort, alswie des Morgens Frost:
Des Reiches Pehlewan! was sitzest du im Staub,
Dem Kummer untertan, und deines Leides Raub?
Ob auf der Erde Grund des Himmels Zelt du würfest,
Ob Feuer in den Mund der weiten Welt du würfest;
Du brächtest nicht vom Gang zurück einen Gegangnen,
Und kauftest von dem Fang nicht los einen Gefangnen.
Das Leben ist ein Wild, vom Tode stets gehetzt;
Schnell ist das Leben, doch schneller der Tod zuletzt.
Kein Starker ist so stark, so rasch ist nicht der Rasche,
Den überwältigend sein Tag nicht überrasche.
Von ferne hab ich angestaunet diese Seule
Des Heeres, diese Brust und Schulter, diese Keule.
Ich sprach zu mir: An Art den Türken gleicht er nicht;
Von Sabuls Heldenstamm den Fürsten weicht er nicht.
Was wußt ich, daß er, Held, so nah dir sei verwandt,
Durch dich zu fallen hier, vom Schicksal hergesandt!
Mein Lebensbalsam nun vermag ihn nicht zu heilen;
Doch edle Spezerein will ich der Leich erteilen.
Ich ordne selbst die Pracht der Totenfeier an,
Zu ehren ihn und dich, des Reiches Pehlewan!

Sein Grab will ich aus Gold und schwarzem Marmor baun;
Nun laß das Antlitz mich des toten Helden schaun!

115.

Er sprachs, und rührete der Totendecke Rand;
Doch Rostem deckte schwer auf seinen Sohn die Hand,
Und sprach, zum König nicht erhebend sein Gesicht:
Der König Keikawus sieht Rostems Jammer nicht!
Herr König, geht nach Haus! aus ist hier Kampf und Schmaus;
Des Sohnes Leichenfeir richt ich nun selber aus.
Geschlichtet mit dem Heer der Türken ist mein Streit;
Ich gebe bis zur Grenz ihm sicheres Geleit,
Auf Suhrabs Bitte, der darum mich sterbend bat,
Weil nur das ganze Heer für ihn die Fart antrat.
Von diesem Geiste war allein das Heer beseelt,
Und ist ein toter Leib, da dieser Geist ihm fehlt.
Genommen hab ich ihm den Geist mit dieser Hand;
Nun geb ich alle frei, der eine bleibt mein Pfand.
Keikawus, geh nach Haus, in Istachar zu sagen,
Wie leichten großen Sieg du hier davongetragen:
Geschlagen sei ein Heer, weil ich den Sohn erschlagen!
Geht alle heim, und laßt mich meinen Sohn beklagen!
Er sprachs, und schwieg, und nicht erhob er sein Gesicht;
Er blickt' auf seine Leich, und hielt die Decke dicht.
Keikawus sprach: Was er verordnet, sei getan;
Mich schmerzt in seinem Schmerz des Reiches Pehlewan.
Ihr alle folget mir, Heerfürsten groß und klein!
Den Rostem laßen wir mit seinem Schmerz allein.
Der König sprachs, und gieng, und alle folgten nach,
Und Rostem blieb allein mit seinem Weh und Ach.

116.

Ins Lager zog das Heer, und ab ward Zelt um Zelt
Gebrochen schnell, als gieng in Trümmer eine Welt.
Die Rosse wieherten, es schmetterten Trommeten,
Die Fahnen flatterten, die Fart ward angetreten.
Sie furen heimwärts nun, doch traurig, ihre Bahn,
Denn ihnen fehlete des Reiches Pehlewan.
Doch Rostem richtete sich auf von seinem Sohn,
Und sah das Heer im Zug, und leer das Lager schon.
Von allen Zelten stand nur noch sein grünes da,
Hochragend, und umher die niedrigern ihm nah
Von seiner Sabulschar; die ordnete Sewar,
Sein Bruder, dort, dann stellt' er selber ihm sich dar.
Tehemten sprach zu ihm: So ist der Kampf geschieden!

Geh hin ans Türkenheer, Sewar, und bring ihm Frieden!
Zuerst räum ein die Burg dort oben dem Hedschir;
Sag ihm: Die schenkt Suhrab für treue Dienste dir!
Dann sprich zu Baruman: Auch dich zum Lohn der Treue
Entläßt Suhrab, damit Afrasiab sich freue!
Du selbst, o Bruder, gibst dem Türken das Geleit,
Bis er die Grenz erreicht, sie ist von da nicht weit.
Dann wende dich von ihm links auf Semengan zu,
Und an Tehmina dort die Spang hier bringe du!
Verwische nicht daran von Suhrabs Blut die Spur!
Es ist das einzige, was von ihm heimwerts fur.
Nim auch sein Waffenkleid, sein Ross und Kriegsgeschmeid,
Und gib ihrs, daß sie sich ersättige am Leid!
Sie wird des Rosses Huf an ihren Busen drücken,
Das Schwert (entwind es ihr!) nach ihrem Herzen zücken.
Die Hände ringen wird sie und das Haar zerraufen,
Blut weinen, und das Blut des Sohnes nicht erkaufen.
Vom Vater ihren Sohn wird sie zurückverlangen,
Und klagen, daß sie nicht einmal die Leich empfangen.
Zu Boden wird sie sich, ins Waßer, auf das Feuer
Sich werfen, und es dient nicht ihrem Weh zum Steuer.
Dann sag ihr das zum Trost, wie du mich hast gesehn:
Daß sie nicht mein', ihr sei das Leid allein geschehn!
Dann kehre schnell! hier wart ich dein bei Tag und Nacht;
Damit uns dieser dann nach Sabul sei gebracht!

117.

So sprach er, und Sewar gieng an die Sendung schnell;
Doch Rostem rief: Schafft mir das grüne Zelt zur Stell!
Ich geh nicht hier vom Ort, wo ich den Sohn erschlagen;
Doch über ihn im Tod soll auch mein Heerzelt ragen.
So rief er, und geschwind ward von der Sabulschar
Das grüne Heerzelt aufgespannt, wo Suhrab war.
Der Vater ließ sodann in edle Spezereien
Ihn legen, daß bewart die schönen Glieder seien.
Wie eine Rose, die den ganzen Stock geschmückt,
Im Morgenthau am Stiel vom Gärtner abgepflückt,
Damit sie bleibe frisch, ins Waßer wird gesteckt;
So blühend lebensgleich lag er vom Tod gestreckt.
Auf Purpur und Brokat lag er in Gold und Seide;
So schmückt' ihn sich zur Lust der Vater und zum Leide.
Dann aber ordnet' er die Totenfeier an,
Und feierlich im Zug zog Sabuls Heer heran.
Sie zogen, Ross und Mann, am grünen Zelt vorbei,
Im Kreiß umher, mit Feldmusik und Feldgeschrei.
Den Rossen aber war geschoren Mähn und Schweif,

Und an den Pauken abgespannt der ehrne Reif;
Die Bogen ohne Senn, und alle Spitzen stumpf:
So zogen sie, und all die Pauken schollen dumpf.
Dreimal an jedem Tag, am Morgen, um die Mitte
Des Tags, und vor der Nacht, pflogen sie dieser Sitte.
Rostem auf seinem Rachs ritt nicht dem Zug voran;
Bei seinem Sohne saß im Zelt der Pehlewan.
Doch jeden Morgen sprach er da: Suhrab, mein Sohn!
Hörst du den Kriegsheerton, und wachst nicht auf davon?
Und jeden Abend dann sprach er: Mein Sohn Suhrab!
Die Sonne geht hinab, und du gehst in dein Grab.
Als er zum neuntenmal um sein erloschnes Glück
Am Abend trauerte, kehrt' ihm Sewar zurück.

118.

Und als vom Schlaf der Nacht war neu das Heer erwacht,
Sprach Rostem, der verwacht bei seinem Sohn die Nacht:
Sewar, mein Bruder! jetzt brecht überm Haupt mir ab
Das grüne Zelt, und nehmt von mir hinweg Suhrab!
Bringt ihn nach Sabul in die Gruft, in der ich wollte
Gern schlafen, wenn ich ihn damit erwecken sollte.
Sag unsrer Mutter dort, der alternden Rudabe,
Die oft gewünscht, von mir würd ihr ein Enkelknabe:
Hier schick ich einen ihr, so schön, wie sie ihn nur
Gewünscht; von einem Fehl an ihm ist keine Spur,
Nur daß des Vaters Dolch fehl gieng in seine Brust:
Verdorben hat der Sohn am Enkel ihr die Lust.
Ihr geht! ich bleibe hier; fragt nicht warum! was mir
Begegne, fragt nur nicht! doch laßt den Rachs mir hier!
Grüß alle Mannen dort, das ganze Volk und Land;
Sewar, das alles geb ich nun in deine Hand.
Der Mutter wag ich nicht zu sehn ins Angesicht,
Und keinem Menschen dort; nach Sabul kann ich nicht.
Umtummeln muß ich hier mich etwas in der Oede,
Daß ich den Schmerz in mir, den grimmen Drachen, töde.
Das ist das kleinste nicht der Rostemsabenteuer,
Denn grimmig ist der Drach, und speiet Gift und Feuer.
Nun Glück zur Fart nach Haus! und laßts euch nicht beschweren,
Daß ich euch fürt' heraus, und laß euch so rückkehren!
Lebt alle wol! wenn man daheim von Rostem spricht,
Und fragt, wohin er kam? so sagt, ihr wißt es nicht.

Printed in Poland
by Amazon Fulfillment
Poland Sp. z o.o., Wrocław

55904047R00181